BASTEI
LÜBBE
TASCHENBUCH

Über die Autorin:

2003 verliebte sich die damals 14-jährige Engländerin Megan Stephens während eines Griechenlandurlaubs in einen Albaner. Sie nennt ihn Jak. Jung, naiv und im Glauben an die große Liebe beschloss Megan, bei ihm zu bleiben. Lange Zeit weigerte sie sich zu erkennen, dass Jak sie benutzte und betrog, doch am Ende musste sie sich eingestehen, dass sie in die Hände von Menschenhändlern geraten war. Sechs Jahre lang lebte Megan als Zwangsprostituierte in Griechenland und durchlitt bereits im Alter von fünfzehn Jahren ihre erste Schwangerschaft und Fehlgeburt. Ohne Papiere, ohne Geld und unter ständiger Androhung von Gewalt, konnte sie sich nicht gegen ihre Zuhälter wehren. Erst nach einem Selbstmordversuch wurden die griechischen Behörden auf sie aufmerksam, und Megan wurde endlich befreit. Aus Angst vor Rache, aber auch aus einem falschen Schuldgefühl heraus hat sie die Menschenhändler nie angezeigt und nennt auch nicht ihre echten Namen. Heute lebt Megan Stephens wieder in England und versucht die Vergangenheit zu bewältigen. Mit ihrem Buch möchte sie anderen Mädchen die Augen für mögliche Gefahren öffnen.

Megan Stephens
mit Jane Smith

Du nanntest es Liebe

Als 14-Jährige in der Gewalt eines Menschenhändlers

Aus dem Englischen von
Axel Plantiko

BASTEI LÜBBE
TASCHENBUCH

BASTEI LÜBBE TASCHENBUCH
Band 60915

MIX
Papier aus verantwortungsvollen Quellen
FSC® C083411

Deutsche Erstausgabe

Titel der englischen Originalausgabe: *»Bought and Sold«*
Originalverlag: HarperCollins

Umschlaggestaltung: Christin Wilhelm, www.grafic4u.de unter
Verwendung eines Motivs von © Trevillion Images: Rekha Garton
Satz: Urban SatzKonzept, Düsseldorf
Gesetzt aus der Pro Garamond
Druck und Verarbeitung: CPI books GmbH, Leck – Germany
Printed in Germany
ISBN 978-3-404-60915-4

2 4 5 3

Sie finden uns im Internet unter
www.luebbe.de
Bitte beachten Sie auch: www.lesejury.de

Prolog

Sechs Jahre lang verbrachte ich jeden Tag in unbändiger Furcht. In diesen Jahren lernte ich, mit der Angst zu leben, und ich erkannte, dass man nie genau weiß, wie man in einer bestimmten Situation reagieren wird, die jenseits der eigenen Erfahrung liegt. Vielleicht glaubt man voraussehen zu können, wie man sich verhalten wird, doch damit liegt man falsch. Tatsächlich gibt es eine Menge Dinge, die ich vermutlich nie erfahren hätte – über mich selbst und darüber, wozu andere Menschen fähig sind –, wenn ich nicht im Alter von vierzehn Jahren mit meiner Mutter nach Griechenland gereist wäre und mich dort verliebt hätte.

Wenn ich jetzt darauf zurückblicke, kann ich nur schwer einschätzen, ob es wirklich Liebe war, die ich für Jak empfand: Mit vierzehn sind alle Gefühle heftig. Doch ganz gewiss *glaubte* ich, ihn zu lieben, und auch, dass er mich liebte. Das ist die einzige Erklärung, weshalb ich – noch lange nach dem Zeitpunkt, zu dem es unsinnig und lächerlich geworden war, mir Gedanken über ihn zu machen – meine eventuelle Fluchtchance verpasst habe. Heute hege ich natürlich keine Gefühle mehr für ihn, und ich habe endlich akzeptiert, dass er mich nie geliebt hat.

Ich hoffe, dass Sie nach der Lektüre meiner Geschichte verstehen werden, weshalb ich die Identität des Mannes, dem ich den Namen Jak gegeben habe, niemals preisgeben werde und weshalb ich die Namen sämtlicher Personen geändert habe. Weshalb ich derartige Angst habe, die Furcht könnte mich wieder beherrschen.

Mein mangelnder Mut macht mir Schuldgefühle, nicht

zuletzt, weil es andere Mädchen gibt, die von denselben Menschenhändlern in die Prostitution gezwungen wurden, die mich getäuscht und ausgebeutet haben. Ich brauche mir nicht vorzustellen, wie verzweifelt und verängstigt diese Mädchen sind. Ich weiß, wie sie sich jede Nacht fühlen, wenn sie in der Hoffnung einschlafen, der nächste Morgen möge nicht kommen, damit sie nicht einen weiteren Tag voller Gewalt, Erniedrigung und schmerzhafter Einsamkeit durchleben müssen. Sechs Jahre lang spürte ich dies selbst fast Tag für Tag. Jetzt, fünf Jahre später, habe ich immer noch Albträume, und zuweilen weiß ich nicht mehr, wie ich mich von meiner Angst befreien soll.

Was mir in Griechenland widerfuhr, raubte mir den letzten Rest meines Selbstwertgefühls. Und wenn man überzeugt ist, wertlos zu sein, dann kann man nur schwerlich glauben, *irgendjemand* könne einen lieben. Doch ich weiß, dass mich meine Mutter liebt, und bevor ich Ihnen meine Geschichte erzähle, möchte ich vorausschicken, dass ich sie ebenfalls liebe.

Vielleicht wären die Dinge anders gelaufen, wenn meine Mutter konsequenter durchgegriffen hätte, als ich in Griechenland meine ersten wirklich üblen Entscheidungen traf. Das Problem war, dass sie genauso wenig wie ich eine Vorstellung von Leuten hatte, die tatsächlich Menschen kaufen und verkaufen. Daher glaubte sie mir, als ich ihr erzählte, ich sei glücklich. Sie brachte die Fotos, die ich ihr schickte, an der Wand der Bar an, in der sie arbeitete, und sie verschwendete keinen einzigen Gedanken daran, dass ich sie belügen könnte.

Es gibt viele Begebenheiten in meiner Geschichte, bei denen Sie sich fragen werden, wie sich jemand dermaßen bescheuert verhalten kann. Ich verstehe es selbst immer noch nicht ganz, außer, dass ich eben noch sehr jung und naiv war, als ich mich in Jak verliebte. Vielleicht kann dies zumindest teilweise als

Erklärung dafür herhalten, weshalb ich mich von dem bisschen Vernunft verabschiedete, die mir noch verblieben war, und weshalb ich einfach alles akzeptierte, was er von mir verlangte. Und wenn ich nicht wahrhaben wollte, was sich entwickelte, dann kann ich gewiss meiner Mutter nicht vorwerfen, dass sie es ebenfalls nicht mitbekam.

Erst seit Kurzem weiß ich, dass man die Zahl der Opfer von Menschenhändlern weltweit auf über *20 Millionen* schätzt. Das heißt, dass es über 20 Millionen Männer, Frauen und Kinder gibt, denen das Leben gestohlen wurde, die von ihren Familien und ihrem Freundeskreis getrennt wurden und die gezwungen werden, unglaublich lange zu arbeiten, oft unter entsetzlichen Bedingungen. Ein Großteil dieser Menschen wurde wie ich von jemandem getäuscht, an dessen Liebe sie glaubten, oder durch das Versprechen einer regulären Arbeit. Keinem von ihnen kann ich auch nur einen Moment Vorhaltungen machen. Daher weiß ich auch, dass ich mir selbst nicht alles vorwerfen sollte, was mir zugestoßen ist, obwohl ich immer noch Schwierigkeiten damit habe.

Mir ist klar, dass ich mich dem Urteil anderer Menschen ausliefere, indem ich meine Geschichte erzähle, und manche dieser Fremden werden nicht so verständnisvoll sein, wie ich vielleicht hoffe. Doch vielleicht veranlasst diese Lektüre einen einzigen Menschen, zwei Mal nachzudenken, bevor er jemandem vertraut, dem er nicht vertrauen sollte. Und wenn er dann einen Schritt unterlässt, den er für den Rest seines Lebens bereuen würde, dann habe ich das Gefühl, das Ganze habe doch noch zu etwas Positivem geführt.

1

Ich war vierzehn, als ich mit meiner Mutter nach Griechenland reiste. Anfangs hielt ich dies für den naheliegenden Anfang meiner Geschichte. Doch als ich intensiver darüber nachzudenken begann, wurde mir klar, dass alles schon sehr viel früher angefangen hat, als ich noch ein kleines Mädchen war. Die Beschäftigung mit meiner Kindheit hat mir klar gemacht, weshalb ich später auf eine ganz bestimmte Weise handelte und reagierte.

Im Alter von knapp zwölf Jahren entwickelte ich mich vom »Kind mit Problemen« zum »Problemkind«. Schon in diesem zarten Alter trug ich eine gehörige Portion Wut mit mir herum, die sich als schlechtes Benehmen entlud. Sie schlug nie in Gewalt um; ich war nur streitsüchtig und beharrte darauf, das zu tun, was ich mir an verrückten, unvernünftigen Dingen in den Kopf gesetzt hatte. Obwohl ich sie beide immer liebte, hatte ich mich ständig mit meiner Schwester in der Wolle und gab meiner Mutter patzige Antworten, in der aufsässigen lauten Art, wie es manche Teenager tun. Danach, mit ungefähr zwölf, fing ich an, die Schule zu schwänzen und von zu Hause wegzulaufen.

Wenn ich heute darüber nachdenke, tut es mir um meiner Mutter Willen leid. Es muss alles ziemlich schockierend für sie gewesen sein, zumal ich bis dahin ein ziemlich wohlerzogenes kleines Mädchen mit guten schulischen Leistungen war. Ich weiß, dass es schwierig für sie war, mit mir zurande zu kommen, da sie bereits genug eigene Probleme zu bewältigen hatte.

Ich war vier, als sich meine Eltern trennten. Meine erste schlechte Erinnerung ist der Tag, an dem mein Vater uns verließ. Ich saß in unserem Haus auf der obersten Treppenstufe und schluchzte. An diesen Tag habe ich mich immer wieder erinnert, und ich glaube, dass ich weinte, weil ich furchtbare Bauchschmerzen hatte, und später kam ich dahinter, dass ich jedes Mal fürchterliche Bauchschmerzen bekomme, wenn ich mich fürchte oder aufrege. Daher gehe ich davon aus, dass die Tränen – und die Bauchschmerzen – auf den Auszug meines Vaters zurückzuführen waren.

Als er aus dem Wohnzimmer in den Flur kam, rief ich zu ihm hinunter: »Bitte, Papa, geh nicht!«

Er blieb stehen, schaute zu mir hinauf und ich hielt für einen Moment den Atem an, da ich glaubte, er würde uns vielleicht doch nicht verlassen. Aber dann winkte er mir zu und ging durch die Haustür davon.

Ich vergötterte meinen Vater, und irgendwie habe ich es nie verwunden, dass er uns verließ. Doch ich habe auch viele gute Erinnerungen an meinen Stiefvater John, der schon kurz nach Papas Verschwinden bei uns einzog. Als Kind mochte ich die Schule, und was mir an John unter anderem wirklich gefiel, war die Art, wie er mit mir immer über alles sprach, was ich gerade lernte. Und er half mir bei den Hausaufgaben. Im Gegensatz zu meinem Vater war er auch sehr ordentlich, und solange er da war, war unsere Wohnung immer sauber und aufgeräumt.

Zu jener Zeit lebten wir in einer guten Gegend der Stadt. Dafür hatte meine Mutter gesorgt. Sie meinte, sie wolle meiner Schwester und mir mehr Möglichkeiten eröffnen und uns ein besseres Leben sichern, als sie es gehabt hatte, weshalb sie auch darauf bestand, dass wir uns immer »anständig« ausdrückten und benahmen.

Mein Vater war sehr weit weggezogen, als er uns verließ – genau ans andere Ende der Stadt –, und manchmal besuchten meine Schwester und ich ihn am Wochenende und übernachteten dort. Meine Mutter erzählte mir später, er habe vor ihrer Trennung angefangen, zu trinken und Drogen zu nehmen. Als Kind wusste ich nichts über Drogen, aber ich glaube, ich habe mitbekommen, dass er trank, oder zumindest registrierte ich die Folgen seines Trinkens, da er sich manchmal schrecklich benahm, wenn er betrunken war.

Wenn meine Schwester und ich ihn besuchten, gab ihm meine Mutter Geld, damit er für uns sorgen konnte. Doch er muss es in Alkohol umgesetzt haben, denn in den Nächten auf den Sonntag erschien er zu Hause mit wirrem Haar, schmutziger Kleidung und unheimlichem Hunger. Meine Gefühle für ihn beeinflusste das aber nicht: Ich bewunderte ihn immer noch, und jedes Mal, wenn wir uns von ihm verabschieden mussten, heulte ich Rotz und Wasser.

Ich weiß nicht, ob er seine Sucht zu bekämpfen versuchte oder mit seinem Leben zufrieden war. Vielleicht waren Drogen und Alkohol wirklich alles, was ihn noch interessierte. Gewiss machte es manchmal diesen Eindruck, und als er sich zwischen seiner Sucht und seiner Frau sowie den Kindern entscheiden musste, gab er uns auf. Schließlich verzichtete er sogar darauf, meine Schwester und mich an den Wochenenden zu sehen, und er wurde so merkwürdig und unberechenbar, dass meine Mutter uns die Besuche bei ihm untersagen musste.

Eine Weile vermisste ich meinen Vater noch sehr, doch dann kamen einige Freunde von meiner Mutter und John an den Wochenenden mit ihren beiden Kindern, und ich begann mich daran zu gewöhnen, dass ich ihm nicht mehr begegnete. Meine

Mutter machte jeden Samstagabend eine große Schüssel Popcorn für uns Kinder, die wir verputzen konnten, während wir uns einen Film anschauten. Danach gingen wir nach oben ins Bett, und die Erwachsenen drehten die Musik auf. Ich genoss diese Wochenenden.

Meinen Vater vermisste ich immer noch, aber in seiner Gegenwart hatte ich etwas Angst und um ehrlich zu sein, es tat mir nicht leid, ihn nicht mehr zu besuchen. Er hatte nie etwas zu essen im Haus, und wenn wir ihm sagten, dass wir Hunger hatten, wurde er nur wütend und schimpfte uns aus, was mich beunruhigte – meinetwegen, wegen meiner Schwester und seinetwegen. Daher war es schön, die Wochenenden einfach als Kind zu Hause verbringen zu können, wo wir spielten und unseren Spaß hatten und uns über nichts Sorgen zu machen brauchten.

Da ich die Älteste war, schien es in meiner Verantwortung zu liegen, mich um meine Schwester und die beiden anderen Kinder zu kümmern, die das Wochenende bei uns verbrachten. Daher erzählte ich ihnen Geschichten und tat so, als hätte ich überhaupt keine Angst, wenn mich die drei mit großen, verschreckten Augen anschauten, weil von unten Kreischen und Gebrüll heraufscholl. Am nächsten Morgen schlichen wir nach unten und räumten das Chaos weg, das die Erwachsenen im Wohnzimmer hinterlassen hatten. Wir hofften, sie würden sich über uns freuen, wenn sie aufwachten, und nicht mürrisch und schweigsam miteinander umgehen.

Später, als ich in Griechenland war, spürte ich häufig den gleichen wild entschlossenen Optimismus, den ich an diesen Sonntagmorgen zu Hause gehabt hatte, wenn wir die überquellenden, oft umgestoßenen Aschenbecher, Bierdosen und Flaschen beseitigten und die zerschmetterten Überreste der

Gegenstände entsorgten, mit denen sich die Erwachsenen quer durchs Zimmer beworfen hatten. Ich erinnere mich noch an das Gefühl schrecklichen Grauens, das mich eines Morgens erfasste, als wir nach unten kamen und an die Wände des Wohnzimmers mit Blut beschmiert vorfanden. Auch Wörter standen da, als hätte jemand die Buchstaben mit dem Finger gemalt. Ich weiß nicht mehr, welche Wörter es waren. Ich erinnere mich nur noch, wie sich mein Magen schmerzhaft verkrampfte, als ich sie las, und dass ich dachte, ich müsste mich übergeben.

Auch wenn es anders klingen mag, aber meine Mutter verhielt sich meistens gut und fürsorglich uns gegenüber. Ich weiß, dass sie für mich und meine Schwester wirklich das Beste wollte, und sie arbeitete hart, damit wir alles bekamen, was wir brauchten. Ich wünschte nur, sie hätte damals bemerkt, dass diese ganzen Streitereien einen schädlichen Einfluss hatten – zunächst die Kämpfe zwischen ihr und meinem Vater, danach die alkoholgeschwängerten Keilereien, die an den Samstagabenden mit John und dem Pärchen stattfanden, das bei uns am Wochenende übernachtete. Jeder, der mal als Kind aufgewacht ist, weil sich die Eltern anbrüllten, wird wissen, wie es ist, wenn man wach im Dunkeln liegt und zuhören muss, und wie man versucht, es nicht zu hören.

Manchmal, wenn meine Mutter und John einen besonders heftigen Streit gehabt hatten, stürmte John aus dem Haus und knallte die Tür hinter sich zu. Häufig blieb er mehrere Tage weg, und dann saß meine Mutter nach der Arbeit einfach nur im Wohnzimmer herum, schaute Fernsehen oder hörte Musik und heulte. Für ein Kind ist es ein furchtbares Gefühl, sich um die Mutter oder den Vater Sorgen zu machen: Das ist ein Gefühl, als wenn man etwas tun müsste, um die Dinge wieder zurechtzurücken, aber man hat nicht die leiseste Ahnung, was man tun soll oder wie man es anpacken sollte.

Es geschah oft, dass ich meine Mutter umarmen und ihr alles leichter machen wollte. Und es gab Zeiten, in denen ich wütend auf sie war, weil sie etwas tat, was mir Angst machte, obwohl ich dieses Gefühl zu jener Zeit nicht in Worte fassen konnte.

Als wir aus dem Haus auszogen, wollte meine Mutter nicht gehen. Doch das Verhältnis zwischen ihr und John geriet aus den Fugen, und ich glaube, sie hoffte, die unvermeidliche Trennung vielleicht verhindern zu können, indem sie ihm bei allem nachgab, was er wollte. Natürlich klappte das nicht. Wir wohnten noch nicht lange in dem neuen Haus, als sich die Lage weiter verschärfte. Meine Mutter und John stritten sich fast ständig, und dann verlor John seinen Job und hing den ganzen Tag zu Hause herum und trank. Von Zeit zu Zeit hatten sie großen Krach, John stürmte dann aus dem Haus und blieb bei seiner Schwester, während meine Mutter heulte und Trübsal blies und laute Musik hörte. Nach einer Weile taten sie sich wieder zusammen, ich atmete erleichtert auf, und ein paar Tage lang war alles in Ordnung. Danach aber drehte sich der ganze Teufelskreis wieder von vorne.

Hinter dem Haus, aus dem wir auszogen, befanden sich Felder; es lag in einer schönen Gegend der Stadt, an einer angenehmen Straße, wo zwei meiner besten Freundinnen wohnten. Daher war ich sauer, als meine Mutter mir sagte, wir würden umziehen. Und ich war am Boden zerstört, als ich feststellte, dass sich unser neues Haus in einer üblen Wohnsiedlung befand, in der Kinder wie ich, die sich nicht trauten, den Mund aufzumachen, aus mir unerfindlichen Gründen schikaniert und manchmal auch tätlich angegriffen wurden.

Das einzig Positive an der neuen Wohnsituation war Dean. Dean lebte nebenan bei seinen Eltern. Als meine Schwester und ich ihn am Tag unseres Einzugs zum ersten Mal sahen, saß er auf der Gartenmauer und hielt einen Igel in den Händen. Wir hatten ihn durch das Fenster unseres neuen Schlafzimmers beobachtet, und als er sich umdrehte, duckten wir uns, um nicht gesehen zu werden. Aber wir waren nicht schnell genug, er hatte uns bereits entdeckt, und als wir wieder nach draußen schauten, winkte er uns zu und gab uns zu verstehen, wir sollten in den Garten kommen.

Dean war ein wirklich toller Bursche. Ich lernte ihn im Laufe der nächsten Jahre gut kennen, und wir wurden dicke Freunde. Es bricht mir immer noch das Herz, wenn ich daran denke, wie gemein er von einigen anderen Kindern in der Siedlung drangsaliert und gequält wurde. Er war ungefähr vier Jahre älter als ich, sah sehr gut aus und hatte eine Freundin als ich ihn kennenlernte. Vielleicht wussten die Leute, die ihm das Leben so schwer machten, indem sie sein Haus wiederholt angriffen, ihn verprügelten und bösartige, völlig haltlose Gerüchte über ihn verbreiteten, bereits vor ihm selbst, dass er schwul war.

Ich war immer gerne zur Schule gegangen und hatte gute Noten bekommen, daher freute ich mich darauf, eine weiterführende Schule zu besuchen. Da wir umgezogen waren, musste ich eine andere als die ursprünglich zuständige besuchen; ich kam auf eine Schule in der Nähe unseres neuen Zuhauses, wo die anderen Kinder nicht lange brauchten, um mich als Streberin hinzustellen, und in der ich fast vom ersten Tag an gemobbt wurde. Ich bekam die besten Noten, und während mich die Lehrer lobten und zu ermutigen versuchten, schubsten mich die Kinder auf dem Schulhof herum, rissen an meinen Haaren und verprügelten mich gelegentlich. Anscheinend mochten sie die Art nicht, wie ich sprach oder wie ich aussah oder wie ich angezogen war – oder einfach die Tatsache, dass ich eine Streberin war.

Einer der Gründe, weshalb ich so gute Noten bekam, war meine schnelle Auffassungsgabe. Daher brauchte ich nicht lange, um zu kapieren, dass ich mein eigenes Verhalten ändern musste, wenn ich anerkannt werden wollte, da sich die Einstellung der anderen mir gegenüber durch das Mobben nicht besserte. Innerhalb weniger Monate auf der neuen Schule trug ich andere Kleidung, hatte meine vornehme Aussprache abgelegt und sämtliche Slangausdrücke übernommen, die die anderen Kinder benutzten. Und ich begann während der Unterrichtsstunden herumzualbern.

Das war das erste Mal, dass ich meine Fähigkeit einsetzte, zu verbergen, wer ich wirklich bin, und mich als jemand anderes auszugeben. Ich hasste mich deswegen, doch es funktionierte: Meine Schulnoten wurden schlechter und die Plagegeister richteten ihre bösartige Aufmerksamkeit auf andere Opfer. Was ich aber wirklich hasste, war die Tatsache, dass meine Lehrer enttäuscht von mir waren, wenn auch nicht ganz so enttäuscht wie ich selbst, trotz meiner scheinbaren Gleichgültigkeit ihrer Besorgnis gegenüber. Immer wieder fragten sie mich, ob irgendetwas nicht stimme.

Nachdem ich jetzt selbst zu den Rabauken gehörte, wenn auch nur als Mitläuferin, konnte ich Freundschaften schließen, und eine Freundin hieß Carly. Wie ich hatte sich Carly zunächst durch gute Schulleistungen ausgezeichnet und war dann abgesackt, nachdem sie sich ein schlechteres Benehmen zugelegt hatte. Allerdings fiel es ihr leichter als mir, sich über Dinge hinwegzusetzen, und eines Tages, als wir gemeinsam die Schule schwänzten, lotste sie mich zu einem Parkplatz eines Bürogebäudes in der Nähe ihres Zuhauses, zeigte auf einen Lieferwagen und sagte: »Lass uns mal sehen, was da drin ist.«

Der Gedanke, *irgendwo* einzubrechen, machte mich vor Angst ganz krank. Doch ich spürte, dass dies ein Test war, und wenn ich ihn nicht bestand, würde es nicht lange dauern, bis ich wieder da landete, wo alles begonnen hatte.

Es war ein blödsinniges Unterfangen, vor allem am helllichten Tag auf einem öffentlichen Parkplatz. Jemand beobachtete uns und informierte die Polizei, die uns auf frischer Tat ertappte, in einem Polizeiauto zur Schule brachte und mich danach zu Hause ablieferte. Ich hatte Glück, dass ich mit einer Verwarnung der Polizei davonkam, aber mit meiner Mutter geriet ich in einen ganzen Strudel von Schwierigkeiten. Niemand, der mitbekommen hätte, wie ich meine Mutter anbrüllte, als sie mit mir schimpfte, hätte jemals geglaubt, dass ich mich schämte und dass mir leidtat, was ich angestellt hatte.

Das zweite Mal, dass ich es mit der Polizei zu tun bekam, war, als ich mit einer anderen Freundin beim Ladendiebstahl von Make-up in einem Einkaufszentrum erwischt wurde. Diesmal riefen die Polizisten von der Wache aus bei meiner Mutter an und baten sie, mich abzuholen. Sie war furchtbar aufgeregt und stocksauer, als sie dort ankam, und obwohl ich lieber gestorben wäre, als es zu zeigen, hatte ich ein schlechtes Gewissen.

Die Polizisten sagten meiner Mutter, sie solle dafür sorgen, dass ich am nächsten Morgen pünktlich vor Gericht erschien, und als ich sagte, ich dächte nicht daran, dieser Forderung Folge zu leisten, erwiderte einer von ihnen: »Du hast keine Wahl. Du musst kommen!«

»Ach ja?« Die arrogante Feindseligkeit in meiner Stimme klang überzeugend. »Und wer zwingt mich dazu?«

Die Antwort war, dass *sie* dafür sorgten, indem sie mich

über Nacht in eine Zelle steckten und am nächsten Morgen in einem Mannschaftswagen zum Gericht fuhren. Ich glaube, dafür brauchten sie die Zustimmung meiner Mutter, die sie ihnen sicher bereitwillig gegeben hat, da sie hoffte, der nächtliche Aufenthalt in einer Polizeizelle könnte mir einen Schock versetzen und mir klar machen, wie es enden würde, wenn ich mich nicht schleunigst besserte.

Als man mich, im wahrsten Sinne des Wortes um mich tretend und schreiend, in die Zelle schleppte, war ich wirklich wütend. Aber ich hatte auch Angst.

Nachdem ich eines Tages in der Schule etwas getan hatte, das ich nicht hätte tun dürfen, wurden meine Mutter und John zu einer Sitzung einbestellt, um über mein Verhalten zu reden. Der Schulleiter stellte mir Fragen, wie das Leben zu Hause sei – als wenn ich dazu irgendetwas im Beisein meiner Mutter und meines Stiefvaters gesagt hätte. Ich glaube nicht, dass meine Mutter jemals verstanden hat, weshalb ich zunehmend widerspenstig wurde. Ich verstand es ja selbst nicht, obwohl mir heute klar ist, es lag zumindest teilweise daran, dass es in unserem Zusammenleben zu Hause keine große Stabilität gab. Wir hatten einfach das Gefühl, niemanden kümmere es wirklich, was wir taten oder was uns zustieß, solange wir keinen Ärger verursachten.

Ich war schon ein paar Mal von zu Hause weggelaufen. Bei all diesen Gelegenheiten, wenn meine Mutter nicht wusste, wo ich steckte, wäre sie vermutlich schockiert gewesen, wenn sie gesehen hätte, mit was für Leuten ich mich eingelassen hatte. Wenn ich nicht gerade in der Siedlung herumstreunte, hielt ich mich in Wohnungen auf, in denen Drogen genommen, Gras geraucht und gesoffen wurde. Tatsächlich trank ich nicht, nicht nur, weil mir Alkohol nicht schmeckte, sondern auch, weil ich gesehen hatte, was er mit anderen Menschen angestellt hatte. Ich nahm auch keine Drogen. Doch ich rauchte, und ich fuhr im Auto mit Jungen herum, die insgesamt ziemlich hart drauf waren. Ich unternahm mit ihnen nichts, außer in ihren Autos zu sitzen: Hinter meiner harten Fassade war ich immer noch ängstlich und unsicher, und ich dachte überhaupt nicht daran, irgendeine emotionale oder sexuelle Beziehung einzugehen.

Manchmal rief meine Mutter bei der Polizei an, die dann kam und uns suchte. Doch man fand uns äußerst selten. Damals mochte ich meine Mutter nicht. In Wirklichkeit konnte ich niemanden aus meiner Familie leiden, außer meiner Schwester – was jeden überraschen musste, der uns ständig streiten hörte.

Eines Tages, als meine Tante uns besuchte und sie und meine Mutter wegen irgendetwas über mich herzuziehen begannen, rastete ich aus. Ich schnappte mir eine Ketchup-Flasche und schmiss sie durchs Zimmer. Als sie gegen die Wand knallte, schien die Flasche zu explodieren und verspritzte in sämtliche Richtungen jede Menge Scherben und eklig klebrige Soße.

Ich weiß nicht mehr, ob meine Tante oder meine Mutter die Polizei benachrichtigte. Jedenfalls wurde ich zur Polizeiwache geschleift und mehrere Stunden festgehalten, was meinen Zustand der Säuernis noch ein bisschen dauerhafter machte, nachdem mein ursprünglicher Ärger schon längst verraucht war. Tatsächlich war es furchtbar; es war, als müsste ich jemandem zuschauen, den ich nicht wiedererkannte, weil er scheußliche, ungehörige Dinge von sich gab. Das Problem war, ich hatte eine Art Eigendynamik entwickelt und wusste nicht, wie ich wieder zurückschalten sollte.

Ein Teil meines Verhaltens war vermutlich das, was man von einem Teenager erwarten kann, der eine Phase des Zorns durchmacht und die Grenzen der Autoritäten ausloten will. Doch es nahm andere Formen an, als ich mich selbst zu verletzen begann, obwohl ich es nur ein paar Mal tat. Ich schnitt mich mit einem Rasiermesser. Weshalb weiß ich nicht. Vielleicht wollte ich Aufmerksamkeit erregen, vielleicht wollte ich mit meinem *gesamten* schlechten Benehmen nichts anderes ausdrücken als: »Schaut mich an! Unternehmt endlich etwas, um mich zu stoppen. Lasst mich nicht damit durchkommen.«

Wenn ich es müde wurde, mich heimlich selbst zu kritisieren, konnte ich meine Aufmerksamkeit immer leicht auf die Dinge richten, von denen ich meinte, dass sie bei meiner Mutter nicht stimmten. Ich besuchte die Wohnungen von Freundinnen, in denen gerahmte Familienfotos über dem Kamin hingen und wo ein tolles Auto in der Auffahrt stand, und ich fragte meine Mutter: »Weshalb kannst du nicht wie die Mutter von der und der sein?«

Ich glaube, mehr als alles andere wollte ich angepasst sein. Den Normen entsprechen zu müssen war ein gewaltiger Druck, besonders in dem Wohngebiet, in dem wir lebten, und es machte mich immer völlig fertig, mich wie eine Außenseiterin zu fühlen. Ich schätze, dies war der Grund, warum die anderen unseren Nachbarjungen Dean ständig hänselten und quälten: Sie meinten, er sei anders, und deshalb ignorierten sie die Tatsache, dass er freundlich, witzig und clever war.

Meine Mutter gehörte anfangs, nachdem John bei uns eingezogen war, zu den »normgerechten Müttern«. Sie hatte einen guten Job und machte nebenberuflich eine Ausbildung mit staatlich anerkannter Qualifikation. Und wenn sie nicht arbeitete, unternahm sie an den Wochenenden mit meiner Schwester und mir etwas, ging manchmal mit uns auswärts essen und danach in den Zoo oder ins Kino und wir hatten richtig Spaß miteinander. Sie war allerdings nicht so eine Mutter, die einem die Schulter hinhält, damit man sich daran ausweinen kann. Immer wenn ich versuchte, mit ihr über etwas zu reden, was mich beunruhigte oder aufregte, reagierte sie ärgerlich und ungeduldig. Heute vermute ich, es lag daran, dass sie nicht wusste, wie sie mit ihren eigenen Problemen umgehen sollte. Da war es wohl zu viel verlangt, dass sie auch noch fremde Probleme lösen sollte.

Sie war eine fantastische Mutter, solange sie nüchtern war. Es war der Alkohol, der alles kaputt machte. Und im Hintergrund war der Alkohol immer im Spiel. Meine Mutter und John tranken, wenn sie mit Verwandten oder Freunden zusammen waren, was noch in Ordnung war, bis ich etwa zwölf Jahre alt war und es unser aller Leben in Mitleidenschaft zog. Meine Mutter sagt, es sei Johns Schuld gewesen, und ich glaube gewiss nicht, dass er es ihr letzten Endes leichter machte. Doch aus eigener Erfahrung weiß ich, dass man die Verantwortung für das übernehmen muss, was man tut und in gewissem Maße auch für das, was einem zustößt. Man kann nicht den gesamten Müll vor der Tür eines anderen abladen und sich selbst von jeglicher Schuld freisprechen.

Schließlich wandte sich meine Mutter an das Jugendamt, als ich weiterhin die Schule schwänzte und von zu Hause abhaute. Ich glaube, sie erhoffte sich davon, ich würde schmerzhaft erkennen, dass das Leben zu Hause doch nicht so schlimm war. Besonders schwer fiel es ihr, mit meiner Wut umzugehen, was ich verstehen kann, da ich selbst nicht weiß, weswegen ich so wütend war oder weswegen ich ein Muster schlechter Entscheidungen entwickelte.

Das Jugendamt teilte mir einen Sozialarbeiter zu, den ich wirklich mochte. Er redete mit mir und unternahm mit mir lustige Dinge, wie sie auch meine Mutter und John mit uns gemacht hatten. Daher war das Ganze für mich ein ziemlicher Erfolg. Allerdings hielt die Vereinbarung nur, bis ich wieder davonlief. Diesmal setzte ich mich zu meinem Vater ab.

Ich war jetzt fast vierzehn, und es war ein paar Jahre her, dass meine Schwester und ich die Wochenenden bei unserem Vater verbracht hatten. Doch als ich ihn eines Tages nach einem Krach mit meiner Mutter anrief, der damit endete, dass ich wütend aus dem Haus stürmte, kam er in die Stadt, um mich zu treffen. Obwohl es mir ein bisschen peinlich war, dass er aus einer Bierdose trank, während wir zusammen auf der Straße gingen, ging ich nicht davon aus, dass irgendetwas mit ihm nicht stimmen könnte. Tatsächlich hatte er sich aber bis zur Unkenntlichkeit verändert.

Er nahm mich mit in seine Wohnung, in der es keinen Strom gab, kein Geld für den Zähler und nichts im Kühlschrank oder in den Schränken, das man essen oder trinken konnte, mit Ausnahme von Bier. Hätte meine Mutter gewusst wie es um meinen Vater stand, hätte sie mich vielleicht selbst dorthin geschickt, um den Weckruf zu bekommen, den sie mir wünschte. Mein Vater war jedoch nicht beunruhigt wegen des Zustands seiner Wohnung; er schien ihn nicht einmal zu bemerken. Nachdem er mich abgeliefert hatte, machte er sich auf den Weg, um meine Halbschwester Vicky abzuholen, die bei ihm übernachten wollte.

Als er mit Vicky zurückkam, fragte er sie: »Weißt du, wer das ist?«

Das letzte Mal, dass ich sie gesehen hatte, lag ungefähr acht Jahre zurück. Damals war sie noch ein Baby, kurz bevor ihre Mutter meinen Vater verlassen hatte. Daher hatte sie keine Ahnung, wer ich war. Nachdem sie mich eine Weile vorsichtig betrachtet hatte, fragte sie: »Ist das deine neue Freundin?«

Mein Vater lachte und sagte: »Nein, du Dummerchen. Das ist deine Schwester Megan.«

Vicky brach in Tränen aus. Dann umarmte sie mich so heftig, dass sie mir fast die ganze Luft aus der Lunge presste.

Ich blieb beinahe einen ganzen jämmerlichen Monat bei meinem Vater. Das Einzige, was nicht völlig negativ war, war die Erkenntnis, dass meine Kindheit vermutlich eher schlechter als besser gewesen wäre, wenn er bei uns geblieben wäre, was ich mir früher immer gewünscht hatte. In der Wohnung drängten sich ständig irgendwelche Freunde von ihm, die einfach nur herumsaßen. Ich versuchte die Tatsache zu verbergen, dass mir die meisten von ihnen ein unangenehmes Gefühl vermittelten, doch er merkte es mir offenbar an und machte dann vor den anderen peinliche Bemerkungen über mich und brach in schallendes Gelächter aus.

Ich hätte nach Hause gehen können, doch ich blieb, weil ich noch immer wütend auf meine Mutter war. Sie hatte mich nicht verstoßen: Sie schrieb mir und schickte meinem Vater das Kindergeld, das sie jede Woche für mich bekam. Ich weiß, dass sie entsetzt gewesen wäre, wenn sie gesehen hätte, wie ich lebte. Vor allem, wenn sie gewusst hätte, dass ich nicht mehr zur Schule ging. Ich glaube nicht, dass mein Vater sich überhaupt Gedanken darüber machte, wie alt ich war und was ich eigentlich jeden Tag hätte tun müssen. Und da ich für das Jugendamt offenbar von der Bildfläche verschwunden war, hing ich nur in seiner Wohnung herum, genau wie seine Freunde, und rauchte Zigaretten.

Ich hielt mich seit annähernd drei Wochen bei meinem Vater auf, als meine Schwester ebenfalls einzog. Es war wirklich schön, sie in meiner Nähe zu haben.

Manchmal erschien einer der Männer mit einem Kind, um das sich meine Schwester und ich kümmern sollten. Eines Abends waren wir oben im Schlafzimmer und spielten mit einem kleinen Jungen, dessen Vater unten war, als dort ein Streit ausbrach. Wir saßen da und hörten das Gebrüll und hofften, es würde aufhören, und schließlich schlich ich die Treppe hinab. Mein Vater lag in einer Blutlache auf dem Fußboden des Wohnzimmers, und einer seiner Freunde beugte sich über ihn, hielt ein Messer in der Hand und schrie: »Ich bringe dich um!«

Zunächst dachte ich, der Mann hätte bereits zugestochen und mein Vater sei tot. Doch dann stöhnte er und bewegte sich. Später erfuhr ich, dass der Mann meinem Vater irgendetwas übelgenommen hatte, was dieser gesagt hatte. Daraufhin hatte er den Fernsehapparat genommen und ihm auf den Kopf geschmettert.

Ich stand immer noch auf der untersten Treppenstufe und war zu geschockt, um mir einen Reim auf das zu machen, was da geschehen war, als ich hinter mir ein Geräusch hörte. Ich drehte mich um und sah, wie sich meine Schwester und der kleine Junge aneinander klammerten und zitterten. Ich legte einen Finger an die Lippen und flüsterte: »Pst!«

Danach scheuchte ich die beiden vor mir her die Treppe hinauf und ins Schlafzimmer. Nachdem ich die Tür leise hinter mir geschlossen hatte, sagte ich zu ihnen: »Wir müssen irgendwie aus dem Haus kommen. Wir müssen wieder nach unten.«

Der kleine Junge schüttelte wimmernd den Kopf. »Es ist alles in Ordnung«, sagte ich und versuchte, ein Gefühl von Selbstvertrauen zu vermitteln, das ich nicht besaß. »Folgt mir einfach und macht kein Geräusch!«

Unten herrschte immer noch Streit und Gebrüll, als wir auf

Zehenspitzen hurtig und leise die Treppe hinabglitten, den Flur überquerten und in die Küche huschten. Sobald wir alle drei das Haus durch die Hintertür verlassen hatten, liefen wir los. Wir blieben erst stehen, als wir eine Gasse erreichten, wo wir uns gegenseitig in die Arme nahmen und versuchten, wieder zu Atem zu kommen. Einfach davonzulaufen war eine instinktive Reaktion gewesen. Doch als ich mir Gedanken darüber machen wollte, was jetzt zu tun sei, starrte ich ins Nichts. So standen wir also in der Gasse und schauten alle paar Sekunden nervös über die Schulter zurück, da wir Angst hatten, der Mann mit dem Messer könnte uns verfolgen, als wir das Heulen einer Sirene hörten. Nach dem Polizeiwagen erschien fast direkt der Krankenwagen, und als wir wieder zum Haus zurückgeschlichen waren, hatte man meinen Vater bereits auf eine Trage gelegt.

Der Vater des kleinen Jungen brachte ihn nach Hause, und um meine Schwester und mich kümmerten sich in dieser Nacht irgendwelche Nachbarn. Als mein Vater aus dem Krankenhaus kam, zog meine Schwester endgültig zu ihm. Ich hingegen hatte bereits beschlossen, nach Hause zu meiner Mutter zurückzukehren.

Theoretisch war das eine gute Entscheidung. In der Praxis erwies sie sich als ein Beispiel, wie man vom Regen in die Traufe kommen kann.

2

Meine Mutter und John hatten sich während meines Aufenthalts bei meinem Vater getrennt, diesmal endgültig. Obwohl sie John zum größten Teil die Schuld daran gab, was geschehen war, weiß ich doch, dass sie völlig aufgelöst war und ihn vermisste. Mir tat es auch leid: Ich hatte immer gehofft, die Dinge könnten sich wieder so einrenken, wie sie zu Beginn ihrer Beziehung gewesen waren.

Ich glaube, meine Mutter war deprimiert und einsam bevor ich nach Hause zurückkam, daher war sie froh, als sie mich wieder bei sich hatte. Wir kamen sehr viel besser miteinander aus als früher, bevor ich weggelaufen war, und wir standen uns wirklich näher – teilweise, nehme ich an, weil ich in dem Monat, den ich bei meinem Vater verbracht hatte, ein wenig erwachsener geworden war.

Kurz nachdem ich nach Hause zurückgekehrt war, wurde meine Schwester in Pflege genommen. Ich war gerade vierzehn geworden und hätte die Schule besuchen müssen, daher war man vermutlich auch hinter mir her. Obwohl ich vor dem Aufenthalt bei meinem Vater Freundschaften geschlossen hatte, sowohl in meinem Wohnviertel als auch in der Schule, war ich immer noch Mobbing und Nachstellungen ausgesetzt. Folglich gab es keinen Grund, mir die alten Zeiten zurück zu wünschen. Es schien, als wäre das Leben für meine Mutter und mich zum Stillstand gekommen.

Und dann verkündete meine Mutter, wir würden Urlaub in Griechenland machen.

Ich habe mich oft gefragt, was geschehen wäre, wenn mein Vater nicht zu trinken angefangen hätte. Ob wir als Familie zusammengeblieben und in dem schönen Haus gelebt hätten, in dem wir wohnten, und ob meine Schwester und ich die Schule beendet und vielleicht studiert hätten. Ich weiß, das war der Wunsch meiner Mutter für uns gewesen – eine gute Ausbildung als Voraussetzung für vernünftige Jobs. Unser Lebenslauf hätte möglicherweise auch anders ausgesehen, wenn John und meine Mutter miteinander ausgekommen und zusammen geblieben wären.

Ich habe einige schöne Erinnerungen an die Zeit, als John bei uns einzog. Zum Beispiel feierten wir jedes Jahr am Silvesterabend in unserem Haus, als ich klein war. Alle waren fröhlich und lachten, und selbst wenn alle ein bisschen betrunken waren, wurde doch niemand wütend oder aggressiv. Danach zogen wir in das neue Haus, alles änderte sich, und ich begann mir zu wünschen, wir könnten das Rad der Zeit zurückdrehen, sodass meine Mutter ein paar andere Entscheidungen treffen könnte. Doch das ging nun mal nicht, daher lohnte es auch nicht, darüber zu jammern.

Ich fand es nicht gut, dass meine Schwester in England bleiben musste, als meine Mutter und ich uns nach Griechenland aufmachten. Aber wenn ich gewusst hätte, was alles passierte, nachdem wir dort angekommen waren, wäre ich froh gewesen, dass sie nicht mitkam. Ich war vorher noch nie im Ausland gewesen. Im Flugzeug war ich dermaßen aufgeregt, dass ich kaum stillsitzen konnte. Nachdem wir in Griechenland gelandet waren, nahmen wir ein Taxi und fuhren zu dem kleinen und einfachen, aber sauberen Apartment, das meine Mutter gemietet hatte. Sobald wir unsere Koffer ausgepackt und einen kurzen Tanz durch das Zimmer gemacht hatten, gingen wir an den Strand. Der Sand war goldgelb, das Wasser war warm und kristallklar; tatsächlich war alles an dem Ort, an dem wir uns aufhielten, genauso, wie ich es mir vorgestellt hatte, eigentlich sogar schöner.

An diesem ersten Abend gingen wir in eine Bar direkt am Strand, und während meine Mutter und ich dort saßen und lachten und schwätzten, fühlte ich mich so entspannt wie schon lange nicht mehr. Ich trank normalerweise immer noch keinen Alkohol, doch an diesem Abend genehmigte ich mir ein paar Bacardi Breezer – und wechselte dann wieder zu Cola, als meine Mutter merkte, dass ich ein bisschen beschwipst wurde. Wir tanzten und unterhielten uns mit anderen Touristen und dem Barbesitzer, der ein wirklich gutes Englisch sprach und alle Besucher unterhielt, indem er Cocktails mixte und Witze erzählte.

An einem Tisch im hinteren Teil der Bar saßen drei junge Männer, und jedes Mal, wenn ich verstohlen in ihre Richtung linste, schien mich einer von ihnen anzuschauen. Er war der am besten Gekleidete und Hübscheste der drei, und als sich unsere Blicke trafen, begannen in meinem Bauch Schmetterlinge zu tanzen. Einer der anderen beiden kam zu uns und bat meine Mutter und mich um einen Tanz. In Wirklichkeit *bat* er uns nicht richtig; er war Albaner und sprach kein Wort Englisch, daher wiederholte er nur ständig das Wort »Hallo« und machte dazu eine Art Pantomime, über die wir herzlich lachen mussten. Wir tanzten mit ihm – mittlerweile tanzten und schwätzten alle in der Bar wild durcheinander –, und er schien ein angenehmer Zeitgenosse zu sein. Doch ich interessierte mich mehr für seinen Freund.

Es war bereits spät, als meine Mutter und ich an diesem Abend in unser Apartment zurückkehrten. Beim Einschlafen dachte ich an den jungen Mann, mit dem ich nicht gesprochen hatte, und vielleicht träumte meine Mutter von dem Barbesitzer, der offensichtlich Gefallen an ihr gefunden hatte und dessen Aufmerksamkeiten sie wie ein Schulmädchen hatten kichern lassen.

Am nächsten Vormittag gingen wir wieder an den Strand, nahmen in der Sonne in einem Café unser Mittagessen zu uns und machten uns dann abends in dieselbe Bar auf, wo die gleichen drei jungen Männer am selben Tisch saßen wie am Abend zuvor. Kaum hatten wir uns gesetzt, da erschien Zef, der Bursche, der gestern mit uns getanzt hatte, und fragte mich – erneut mit Zeichensprache –, ob ich etwas trinken wollte. Und nachdem er mir eine Cola gekauft hatte, stellte er mir seine beiden Freunde vor.

Alle drei waren Anfang oder Mitte zwanzig. Einer der beiden Freunde von Zef hieß Veli, der andere schüttelte mir die Hand und hielt sie dann ein paar Sekunden fest, während er mir tief in die Augen schaute und in gebrochenem Englisch sagte, sein Name sei Jak. Obwohl ich nicht einen Moment daran dachte, jemand wie Jak könnte scharf auf mich sein, spürte ich, wie meine Knie weich wurden.

Meine Mutter hatte ebenfalls Grund gehabt, an diesem Abend die Bar zu besuchen, und während ich bei Zef, Veli und Jak saß, unterhielt sie sich mit Nikos, dem griechischen Barbesitzer. Tatsächlich schien es ihr so gutzugehen, dass sie vermutlich kaum mitbekam, als wir uns gegen zwei Uhr morgens aufmachten, um an den Strand zu gehen. Ich wusste, dass Zef mich auf dem Rücksitz seines Motorrads mitnehmen wollte, doch obgleich er offenbar ein netter Kerl war, machte sein zögerlicher Eifer weniger Eindruck auf mich als die offensichtliche Selbstsicherheit seines Freundes. Daher fuhr ich mit Jak.

Die nächsten paar Stunden saßen wir im warmen Sand, rauchten Zigaretten und redeten miteinander. Danach setzten sie mich wieder bei der Bar ab, und meine Mutter und ich marschierten die Straße zu unserem Apartment hinauf. Das chaotische Leben, das ich in England geführt hatte, schien plötzlich unheimlich weit hinter mir zu liegen.

Danach verliefen die Tage und Nächte immer nach dem gleichen Muster. Vor- und nachmittags gingen meine Mutter und ich schwimmen und lagen am Strand. Dann kehrten wir in das Apartment zurück, um zu duschen und uns für das Essen in einem Café oder einem der Restaurants entlang des Platzes im Zentrum der Stadt umzuziehen. Und anschließend machten wir uns in Nikos' Bar auf. Ich fand es toll, die Zeit mit meiner Mutter zu verbringen, am Strand zu liegen, zu lachen, mit ihr zu reden und mich zu erholen, während die Kraft der Sonne sämtliche Verspannungen aus meinen Muskeln löste.

Meine Mutter hatte in der Bar gleich mehrere Freundschaften sowohl mit Einheimischen als auch Touristen geschlossen. Daher war es ihr recht, dass ich abends tat, wozu ich Lust hatte, was zumeist darauf hinauslief, mit Jak und seinen Freunden am Strand zu sitzen. Dennoch hatte sie einen Vorbehalt.

»Mir gefallen Jaks Augen nicht«, sagte sie. »Da ist irgendetwas Totes und Kaltes in ihnen. Ich glaube nicht, dass ich ihn auch nur ein einziges Mal habe lachen sehen. Du etwa?«

»Ach, Mama«, knurrte ich und zog die Stirn kraus.

»Ich meine doch bloß«, sagte sie. »Ihn umgibt eindeutig etwas Zwielichtiges – während Zef wirklich ein lieber Bursche zu sein scheint, und der hat es ganz klar auf dich abgesehen. Ich an deiner Stelle würde mich von Jak fern halten. Denk lieber mal über Zef nach.«

Ich frage mich, ob es jemals irgendwelchen Eltern gelungen

ist, ihren Sohn oder ihre Tochter davon zu überzeugen, sich von jemandem »fernzuhalten«, zu dem sie sich hingezogen fühlen, und stattdessen ihre Zuneigung jemandem zu schenken, den Vater oder Mutter für geeigneter halten. Ich bezweifle es stark! Und ich frage mich, wie viele dieser Söhne und Töchter später auf den Ratschlag ihrer Eltern zurückblicken und denken: »Hätte ich doch bloß darauf gehört.«

Aber als junger Mensch hört man auf niemanden – außer vielleicht auf die Freunde, deren Vorstellungen wahrscheinlich genauso unausgegoren sind wie die eigenen –, da man davon überzeugt ist, man wisse bereits alles. Für mich war es in diesem speziellen Fall sowieso schon zu spät: Ich war Feuer und Flamme für Jak, und ich ignorierte vollständig den vermutlich besten Ratschlag, den mir meine Mutter jemals gegeben hat.

Mitte der Woche hatte Jak begonnen, uns tagsüber am Strand zu besuchen. Er beherrschte nur ein halbes Dutzend Wörter auf Englisch, daher verständigten wir uns – erstaunlich gut – mittels einer Art Zeichensprache. Was er eines Tages allerdings ziemlich deutlich sagte, war: »Baby, ich liebe dich.«

Und als er mich küsste, dachte ich, ich würde gleich in Ohnmacht fallen. Wir klebten fast aneinander. Er hatte mir bereits mehrmals gesagt, er wolle nicht, dass ich abreise, und als er an unserem letzten Abend weinte, brach es mir beinahe das Herz. Der Gedanke, er könne mich mögen oder sich gar zu mir hingezogen fühlen, schenkte mir den Glauben, mein Leben müsste vielleicht doch nicht in einer Katastrophe enden.

Am nächsten Tag waren meine Mutter und ich auf dem Flughafen sehr schweigsam. Zwischen ihr und Nikos war es ebenfalls äußerst gut gelaufen, und ich wusste, dass sie sich genauso elend fühlte wie ich. Wir hatten bereits für den Flug eingecheckt und befanden uns auf dem Weg durch die Halle zum

Eingang des Abflugbereichs, als ich stehen blieb, eine Hand auf ihren Arm legte und sagte: »Bitte, Mama, können wir nicht hier bleiben? Ich will nicht nach Hause. Weswegen sollte ich denn zurückkehren? Bitte, überleg es dir doch wenigstens.«

Ich begann zu weinen, aber meine Mutter seufzte nur und sagte: »Ich weiß, Megan. Ich fühle genau wie du. Aber uns bleibt keine Wahl. Komm, meine Kleine. Wir müssen uns beeilen.«

»Schau, Mama ...« Ein paar Tage zuvor wäre ich vermutlich noch total ausgeflippt und man hätte mich ins Flugzeug schleppen müssen, während ich um mich getreten und gebrüllt hätte. Diesmal jedoch spielte das, was ich wollte – nämlich Jak nicht verlassen zu müssen –, *wirklich* eine Rolle, und ich wusste instinktiv, dass der Tobsuchtsanfall eines Teenagers nicht zum Ziel führen würde.

»Aber Mama ...«, schniefte ich pathetisch und warf ihr einen Blick zu, von dem ich hoffte, dass er traurig und gleichzeitig mitfühlend wirkte. »Wie kannst du auch nur daran denken, Nikos zu verlassen, wo er dich doch liebt?«

»Wie kommst du denn darauf?« Sie klang fast verlegen, und in ihren Augen versteckte sich ein wehmütiges Lächeln, als sie hinzufügte: »Nikos liebt mich nicht.«

»Doch, das tut er!«, sagte ich und fühlte mich wie ein Angler, der ein zaghaftes, aber eindeutiges Zupfen an der Schnur spürt. »Er hat es mir gestern Abend gesagt. Er meinte, er will nicht, dass du gehst, aber er wusste nicht, was er unternehmen sollte, um dich daran zu hindern.«

»Ist das wahr?«

Als ich die Tränen in den Augen meiner Mutter sah, fühlte ich mich so schlecht als hätte ich sie geschlagen.

»Ja, er war richtig aufgeregt.« Ich konnte sie nicht anschauen, als ich das sagte.

Wie konnte ich meine Mutter nur dermaßen belügen? Diese Frage habe ich mir eine Million Mal gestellt, und ich muss heute noch heulen, wenn ich darüber nachdenke. Es war egoistisch und unglaublich dumm. Denn wenn ich ihr das nicht gesagt hätte, als wir an diesem Tag in dem Flughafen in Griechenland standen, wären wir nach Hause geflogen, mein gebrochenes Herz hätte sich mit der Zeit von selbst erholt, und mein restliches Leben wäre vielleicht nicht unbedingt glücklich oder aufregend verlaufen, aber ich hätte wenigstens nicht die sechs Jahre in der Hölle aushalten müssen, zu der ich gerade die Tür aufgestoßen hatte.

Ich wusste, dass meine Mutter eine Entscheidung getroffen hatte – sie machte eine Miene, wie Kinder sie haben, wenn sie etwas Ungezogenes anstellen werden. Und als sie sagte: »Na gut, dann lass uns gehen«, und sich zielstrebig auf den Weg zum Check-in-Schalter machte, trippelte ich mit klopfendem Herzen hinter ihr her.

»Es tut mir leid«, sagte sie zu der Frau am Schalter, »aber wir haben uns entschieden, den Flug doch nicht zu nehmen.«

»Das tut mir leid für Sie«, erwiderte die Frau, »aber damit kommen Sie etwas zu spät. Ihr Gepäck wurde bereits abgefertigt.« Sie warf meiner Mutter ein frostiges Lächeln zu, das ziemlich deutlich machte, was sie dachte: *Ich brauche schon ein gehöriges Maß an Selbstkontrolle, um Sie nicht als Idiotin zu bezeichnen.*

»Bitte«, meine Mutter schien die Verachtung der Frau nicht wahrnehmen zu wollen, »gibt es nicht irgendetwas, das Sie unternehmen können? Meine Tochter und ich *müssen* hier bleiben, nur noch eine Woche. Bitte!«

Ich weiß nicht, was dazu führte, dass die Frau ihre Meinung änderte. Vielleicht war sie nicht wirklich so hart und gleichgültig, wie sie erschien, und sie hatte Mitleid mit uns, die wir da aneinandergeschmiegt, tränenreich und bedauernswert vor ihrem Schalter standen. Was auch immer der Grund gewesen sein mag, sie schaffte es, das Verladen unserer beiden großen Koffer ins Flugzeug zu verhindern, und ein paar Minuten später befanden wir uns außerhalb des Flughafens in der Hitze und überlegten, was wir als Nächstes tun sollten.

Meine Mutter hatte das ganze Geld ausgegeben, das sie auf ihrem Konto in England hatte, und solange ihr letztes Gehalt dort nicht eingegangen war, würde sie auch nichts mehr abheben können. Daher konnten wir uns noch nicht einmal ein Taxi leisten. Schließlich gingen wir ein Stück die Straße hinab, versteckten die Koffer in ein paar Büschen – nachdem wir vereinbart hatten, uns später darüber Gedanken zu machen, wie wir wieder an sie herankommen sollten – und versuchten es dann per Anhalter. Das war kein großartiger Plan, aber uns fiel nichts anderes ein. Und wir hatten Glück, denn jemand hielt an und nahm uns mit und war sogar bereit, uns bis zur Küste bei der Stadt zu fahren, wo wir uns vorher aufgehalten hatten.

Der Mann setzte uns außerhalb eines Restaurants ab, in dem wir schon ein paar Mal gegessen hatten und das an der gleichen Straße wie Nikos' Bar lag. Als wir aus dem Auto ausstiegen, strich meine Mutter ihren Rock glatt, holte tief Luft und meinte: »Ich bin furchtbar nervös. Was soll ich ihm nur sagen?«

Während der ganzen Fahrt hatte ich kaum einen Ton von mir gegeben, da mir schwer im Magen lag, was ich getan hatte. Jetzt brach ich in Tränen aus. »Es tut mir leid«, sagte ich zu meiner Mutter, »aber ich habe gelogen. Nikos hat nicht wirklich gesagt, dass er dich liebt.«

Sie stand nur einen Moment da, vollkommen regungslos, als wäre ihr ganzer Körper zur Salzsäule erstarrt.

»Aber ich bin fest davon überzeugt, dass er es tut«, fügte ich hastig hinzu. »Ich habe doch gesehen, wie aufgeregt er jedes Mal wurde, wenn du von der Abreise gesprochen hast.«

Als sie mich schließlich anschaute, machte sie ein Gesicht als sähe sie mich zum ersten Mal. Sie brach in Tränen aus, ließ sich schwer auf einen Stuhl vor dem Restaurant fallen und sagte immer noch nichts, bis sie etwas zu trinken bestellt und einen großen Schluck zu sich genommen hatte. Dann sagte sie: »Ach, Megan, was hast du da bloß angerichtet?«

»Es tut mir ganz furchtbar leid, Mama. Ich habe Panik bei dem Gedanken bekommen, nach England zurück zu müssen. Alles war so anders – für uns beide –, nachdem wir hierhergekommen sind. Ich habe die schönste Zeit seit Jahren erlebt. Und ich weiß, dass es bei dir nicht anders ist. Ich *weiß* einfach, dass Nikos dich mag, und er ist so ein toller Kerl. Weshalb willst du nach Hause zurück, wo dich nichts erwartet, wenn du doch hier jemanden wie ihn hast? Ich bin sicher, alles wird gut.«

Ich klang überzeugend, doch in Wirklichkeit hatten mich längst Zweifel beschlichen und ich war alles andere als sicher, dass sich die Dinge sowohl für sie als auch für mich positiv entwickeln würden. Glücklicherweise war meine Mutter zu geschockt, um wütend auf mich zu sein, und nachdem wir unsere Gläser ausgetrunken hatten, machten wir uns gemeinsam auf den Weg zu Nikos' Bar.

Meine Mutter blieb mehrere Sekunden vor der Bar stehen und atmete nur tief durch. Dann gab sie eine Art unterdrücktes Schluchzen von sich und durchschritt den aus Perlenketten bestehenden Vorhang, der die Bar von der Straße trennte. Nikos richtete den Innenraum für die Gäste her, die abends erwartet wurden. Als er das Klimpern der Perlen hörte, drehte er sich mit einem nichtssagenden Lächeln zum Eingang um, und ich glaube, mein Herz blieb stehen. Doch plötzlich, als er erkannte, dass wir es waren, warf er das Tuch, mit dem er hantierte, in die Ecke, stürmte fast auf uns zu und schloss zunächst meine Mutter und danach mich lange in die Arme.

»Wir haben beschlossen, noch eine Woche zu bleiben«, sagte meine Mutter nervös, nachdem sie wieder zu Atem gekommen war.

»Ich bin so froh«, wiederholte Nikos mehrfach. »Ich schufte hier in meiner Bar und wünsche mir, dass ihr nicht abgereist wärt, und schon seid ihr wieder da! Wo übernachtet ihr denn?«

»Wir haben noch nichts gefunden, aber ...« Meine Mutter klang äußerst verlegen.

»Das ist kein Problem«, unterbrach sie Nikos. »Ich erledige das.«

Er goss meiner Mutter ein Getränk ein, schnipste den Deckel einer Cola-Flasche für mich weg und rief dann jemanden an. Innerhalb von Minuten war alles geregelt. Meine Mutter und ich würden in einem Apartment unterkommen, das einem Freund von ihm gehörte – und sich als groß und geräumig mit Meerblick erwies. Als meine Mutter ihm erzählte, was wir mit unseren Koffern gemacht hatten, lachte Nikos und fuhr uns dann zurück zum Flughafen, um in den Büschen unser Gepäck aufzusammeln. Während der folgenden Tage fütterte er uns durch und bezahlte sogar die Miete für unser Apartment bis das Gehalt meiner Mutter auf ihrem Bankkonto in England angekommen war.

Nachdem ich Nikos' Reaktion auf das Auftauchen meiner Mutter erlebt hatte, war ich bei der Aussicht, Jak wieder zu treffen, sehr nervös, gleichzeitig aber auch äußerst aufgeregt. Ich brauchte nicht lange zu warten: Er kam noch am selben Abend in die Bar und war genauso überrascht und glücklich, mich zu sehen, wie ich es mir nur hatte wünschen können.

Im Laufe der nächsten Tage entwickelten sich die Beziehung meiner Mutter mit Nikos und meine mit Jak so gut, dass sie für die kommende Woche keinen Rückflug nach England für uns buchte, wie sie es ursprünglich vorgehabt hatte. Tatsächlich dauerte es weitere sechs Wochen, bis sie irgendwelche Pläne für eine Rückkehr machte.

Ein paar Tage nachdem wir vom Flughafen in die Stadt getrampt waren, holte mich Jak vom Apartment ab und nahm mich mit zu seiner Familie, die in einem kleinen Haus auf dem Land lebte. Niemand dort sprach Englisch, doch als seine Mutter um mich herumwirbelte, mit der Zunge schnalzte und mit ihren dürren Fingern an mir herumstocherte, lernte ich den albanischen Ausdruck für »zu mager«. Was ich allerdings nicht verstand, war ihr Wunsch, unverzüglich die Aufgabe in Angriff zu nehmen, mich zu mästen.

Ich hatte bereits zugestimmt, mit Jak zum Mittagessen zu bleiben und wir hatten uns gerade an den Tisch gesetzt, als seine Mutter mit einer großen Platte aus der Küche erschien. Sie stellte sich neben mich und hielt die Platte dicht vor mein Gesicht und als ich mich umdrehte, um darauf zu schauen, stieß sie ihre Finger in den Mund des gekochten Ziegenkopfes und zog die Zunge daraus hervor. Dabei nickte sie mit dem Kopf und gab ein genüssliches Summen von sich. Ich denke, diese unmittelbare Nähe zum Kopf einer toten Ziege hätte ich selbst dann als widerlich empfunden, wenn ich nicht als Vegetarierin aufgewachsen wäre. Zum Glück schaffte ich es gerade noch, meinen Kopf von der Platte abzuwenden, bevor ich mich heftig übergeben musste.

Die Verlegenheit, die ich sowieso schon wegen der prüfenden Blicke empfand, war nichts im Vergleich zu meiner Beschämung, nachdem ich meinen Mageninhalt über den ganzen Fußboden ausgebreitet hatte. Ich hatte so sehr gewünscht, Jaks Familie zu gefallen. Doch nachdem ich endlich mit Spucken und Würgen fertig war, versuchte seine Schwester erst gar nicht, ihren Ärger zu verbergen, sondern schnalzte nur ungeduldig mit der Zunge und drängte mich zum Badezimmer.

»Entschuldigung!«, wiederholte ich immer wieder. »Es tut mir so leid.« Doch Jaks Mutter hatte bereits einen Wischlappen und einen Eimer aus der Küche geholt und beseitigte die Sauerei, die ich angerichtet hatte. Ich weiß nicht, ob sie mich überhaupt hörte.

Nach dem Mittagessen – an dem ich mich nicht beteiligen konnte – schienen sie ihren größten Ärger überwunden zu haben, und wir setzten uns draußen vor das Haus, tranken Saft und hörten albanische Musik. Sie sprachen mit mir Albanisch, und da Jak nur gelegentlich ein Wort ins Englische übersetzen konnte, verständigten wir uns hauptsächlich über Gebärden und Zeichnungen. Ich bin schüchtern und ziemlich leicht unter Druck zu setzen, während die anderen laut und theatralisch waren. Daher war ich erleichtert, als Jak meinte, wir müssten jetzt gehen, und mich auf seinem Motorrad zurück zum Apartment brachte.

Ein paar Tage nachdem ich Jaks Familie besucht hatte, sprach meine Mutter mit mir über Sex. Ich weiß nicht mehr genau, was sie sagte, außer dass sie meinte, ich sollte noch damit warten. »Lass es erstmal sein, Megan«, sagte sie. »Aber wenn du es wirklich machst, dann sorge dafür, dass du ein Kondom benutzt.« Ich kann verstehen, weshalb sie das Gespräch für erforderlich hielt, obwohl ich überhaupt nicht vorhatte »es zu machen«. Ich konnte störrisch und patzig wie ein Teenager sein, aber ich war noch sehr naiv. Als ich mit meiner Mutter nach Griechenland reiste, war ich noch Jungfrau, und es war mir nie auch nur in den Sinn gekommen, mit *irgendjemandem* Sex zu haben. Es war Liebe, nicht Sex, wonach ich gierte, obwohl mir das zum damaligen Zeitpunkt natürlich nicht klar war.

Tatsächlich hatte ich den Gedanken an Sex im Alter von zwölf Jahren weggeschoben. Ich war irgendwo zu Besuch gewesen und dort hatte man mir einen Porno gezeigt. Ich habe ihn mir nur ein paar Minuten angeschaut; es war brutal und hatte nichts mit meiner Vorstellung von Verliebtheit zu tun; ich fand es ausgesprochen unangenehm. Danach betrachtete ich Sex untrennbar in Verbindung mit Dingen, die traumatisch und ekelhaft waren. Als mein Vater anfing, zu mir vulgäre, schreckliche Sachen zu sagen, und mich aufforderte, mit seinen Freunden zu schlafen, hatte ich die fast unterbewusste Entscheidung getroffen, Sex so lange wie irgend möglich zu vermeiden.

Während der dritten Woche unseres verlängerten Aufenthalts erschien Dean, mein Freund aus unserer Nachbarschaft in England, und verbrachte mehrere Tage mit meiner Mutter und mir in unserem Apartment. Ich war richtig begeistert, als er sein Kommen ankündigte, und anfangs fand ich es auch toll, dass er da war. Nachts, nachdem die Bars geschlossen hatten, gingen wir alle zusammen zum Strand – Dean, Jak und seine Freunde und ich – und unterhielten uns bis zum Sonnenaufgang. Dean verstand sich ausgezeichnet mit Zef, und nach ein paar Tagen fragte er mich, wie meine Mutter es getan hatte: »Weshalb magst du Jak eigentlich lieber als Zef? Ich verstehe überhaupt nicht, was du an ihm findest. Er lächelt nie, und dann hat er diesen unheimlich harten Blick. Ich mag ihn nicht und ich würde ihm ganz bestimmt nicht trauen.«

Wahrscheinlich hätte ich schon auf niemanden mehr gehört, denn ich hatte längst angebissen. Richtig traurig war allerdings, dass Deans Worte an jenem Tag unsere zuvor unbeschwerte, entspannte Beziehung beeinträchtigten und wir während des Rests der Woche, die er bei uns verbrachte, nicht mehr so gut miteinander auskamen. Nachdem er nach England zurückgekehrt war, verlor ich den Kontakt zu ihm, was ich tief bedaure, da ich ihm nie wieder begegnet bin. Er hat sich vor einigen Jahren das Leben genommen.

Was Menschenhändler tun, ist böse und abscheulich, aber ich vermute, dass es finanziellen Sinn für diese Kriminellen macht, Handel mit dem Leben von Menschen zu treiben, die sie nicht kennen oder deren Schicksal sie nicht kümmert. Ich verstehe nur wirklich nicht, was man an Schikane und Tyrannei gut finden kann. Offenbar haben Leute wie jene, die Dean verfolgten und marterten und letztendlich sein Leben zerstörten, einzig und allein das Ziel, Verzweiflung zu säen. In gewisser Weise macht sie dies fast noch schlimmer als die Menschenhändler und Dealer, für die die Zerstörung des Lebens anderer Menschen nur eine Nebenerscheinung ihres Geschäfts ist mit dem sie enorme Geldsummen verdienen.

Als mich Jak kurz nach Deans Rückkehr nach England im Apartment abholte, überreichte er mir eine Tragetasche und sagte feierlich: »Für dich.«

In der Tasche befanden sich ein blaues Oberteil mit Trägern und eine abgeschnittene Baumwollhose.

»Die sind sehr schön«, sagte ich, »aber weshalb schenkst du mir Kleidung?«

»Du brauchst sie«, erwiderte er und zuckte mit den Schultern. »Meine Mutter kauft sie für dich. *Sie* sagt, du brauchst sie.«

»Dein Englisch wird ja schon richtig gut«, meinte ich lachend. Doch ich war verlegen, denn ich wusste, dass seine Familie arm war.

Jak nahm mich mit in ein Café, wo er auf die Toilette zeigte und mir sagte, ich solle mein neues Outfit anprobieren. Ich war überrascht, dass mir die neue Kleidung wirklich gut stand, und seine Reaktion erfreute mich, als ich darin durch das Café zurückstolzierte. Nachdem wir eine Tasse Kaffee getrunken hatten, brachte er mich auf seinem Motorrad zu sich nach Hause, wo mich seine Mutter vor sich herumdrehte und mir dabei das Oberteil richtete, sodass es perfekt auf meinen Schultern saß. Danach sagte sie etwas, was Jak für mich übersetzte: »Jetzt siehst du wie ein albanisches Mädchen aus.«

Ich errötete, da mich die Zuwendung seiner Mutter in Verlegenheit brachte und da es den Anschein hatte, als wollte sie mich trotz des Ungemachs mit dem Ziegenkopf im Kreise ihrer Familie akzeptieren, wertete ich die Situation als etwas Besonderes und Beruhigendes.

Ich glaube, an jenem Tag zog ich zum ersten Mal die Möglichkeit in Betracht, mein Leben könnte sich vielleicht doch in eine andere Richtung entwickeln, als ich bisher angenommen hatte. Ich wagte es kaum zu glauben, als Jak mich jedes Mal, wenn er mich abends in unserem Apartment ablieferte, küsste und mir sagte, dass er mich liebe. Ich war ihm dankbar dafür, dass er so geduldig und behutsam mit mir umging, und auch dafür, dass er nie Druck auf mich ausübte, mit ihm Sex zu haben. Ich war Hals über Kopf in ihn verknallt, und an dem Tag, an dem seine Mutter die Kleidung für mich gekauft hatte und mir sozusagen die Anerkennungsurkunde überreichte, schaute ich ihn an und dachte: »Dies ist der Mann, mit dem ich zusammen sein möchte. Das ist es, was ich für den Rest meines Lebens will.«

Daher fiel mir die Entscheidung leicht, als er mich ein paar Tage später fragte, ob ich nicht aus dem Apartment ausziehen wolle, das ich mit meiner Mutter geteilt hatte, und stattdessen den Rest unseres Aufenthalts in Griechenland bei seiner Familie zu wohnen.

3

Obwohl meine Mutter Jak immer noch nicht mochte und ihm nicht traute, erhob sie keine echten Einwände dagegen, dass ich bei ihm und seiner Familie wohnte, wahrscheinlich weil sie wusste, dass seine Eltern im Haus waren. Sie verbrachte die meiste Zeit mit Nikos, doch ich traf sie fast jeden Tag, auch nachdem ich das Apartment verlassen hatte.

Jak arbeitete als Gärtner und ich konnte ihn begleiten, in der Sonne sitzen und mit ihm reden, während er seine Arbeit tat. Ungefähr zwei Wochen, nachdem meine Mutter und ich unseren Rückflug aufgegeben hatten, fiel mir auf, wie viel besser sein Englisch geworden war.

»Ich lerne unheimlich schnell«, sagte er mir, als ich ihn auf seine enormen Fortschritte ansprach. Und ich hatte keinen Grund, ihm nicht zu glauben.

Er sagte mir häufig: »Ich möchte nicht, dass du jemals nach Hause zurückgehst. Ich möchte, dass du für immer hier bei mir bleibst. Ich liebe dich.«

Und auch das glaubte ich. Ich wollte von ganzem Herzen, dass es wahr war, da ich wusste, dass ich ihn liebte. Ich gehe davon aus, dass mit vierzehn Jahren mein einziger Traum darin bestand, endlich von jemandem geliebt zu werden.

Ich wohnte nur ein paar Tage bei Jaks Familie, bevor Jak und ich in ein kleines Apartment in einer Stadt etwas weiter die Küste hinunter umzogen. Allerdings erzählte ich meiner Mutter nichts davon. Ich ließ sie in dem Glauben, wir lebten immer noch bei seinen Eltern. Jak und ich hielten uns erst ein paar

Tage in unserem neuen Heim auf, als wir einen heftigen Krach bekamen. Ich sagte ihm, ich würde an diesem Morgen nicht mit ihm zur Arbeit gehen, da ich etwas Zeit mit meiner Mutter verbringen wollte. Da sah er mich richtig verletzt an und meinte: »Weshalb willst du den Tag nicht mit mir verbringen?«

»Ich habe die ganzen letzten Tage mit dir verbracht«, sagte ich, »und heute Abend sehe ich dich doch wieder. Aber heute möchte ich meine Mutter treffen.«

Ich war total überrascht, als er mich plötzlich zu beschimpfen begann. Ich verstand nicht alles, was er sagte, da er das Englische immer weniger zu beherrschen schien, je wütender er wurde. Und dann brüllte er mir ins Gesicht: »Du liebst mich nicht! Ich will die *ganze* Zeit mit dir verbringen, aber du willst das nicht.«

Vielleicht hätte mir der Gedanke gefallen, dass er eifersüchtig war, wenn ich vorgehabt hätte, die Zeit mit einem anderen männlichen Wesen zu verbringen. Doch es ging um meine Mutter, die ich treffen wollte, und seine aggressive Reaktion erschreckte mich. Den pampigen Teil meines Teenager-Charakters hatte ich noch nicht völlig verloren, daher schrie ich ihn ebenfalls an. Und als sich unsere Nachbarn beim Vermieter über den lauten Streit beschwerten, der sich daraus entwickelte, wurden wir am nächsten Tag aus dem Apartment geworfen.

Jak war wegen seiner Eifersucht zerknirscht, und mir schmeichelte es, als er mir sagte, der Grund für seinen Ärger sei gewesen, dass er mich so sehr liebe und den Wunsch habe, dass ich die ganze Zeit bei ihm sei. Was ich natürlich nicht kapierte, war die Tatsache, dass es sich keineswegs um einen blöden Streit gehandelt hatte, sondern um den Beginn seines zielstrebigen Bemühens, mich von meiner Mutter fernzuhalten.

Kurz nach unserem Einzug in ein anderes Apartment – ein

paar Straßen weiter in der gleichen Stadt – erzählte mir meine Mutter, sie habe die Rückflüge für uns beide nach England gebucht. Anscheinend hatte sie während der letzten sechs Wochen keine Miete für unsere Sozialwohnung bezahlt, und eine Freundin hatte sie angerufen und ihr mitgeteilt, die Leute vom Sozialamt seien gekommen und hätten die gesamte Wohnung ausgeräumt, alles in einen Container verfrachtet und die Schlösser ausgetauscht.

»Ich will nicht weg«, sagte ich zu meiner Mutter. »Jetzt gibt es da doch wirklich nichts für uns, weswegen es sich lohnt, zurückzukehren.«

Doch sie blieb unerbittlich. »Ich möchte auch nicht weg«, sagte sie. »Aber wir müssen. Es ist ja nur für ein paar Wochen. Sobald wir zu Hause alles geregelt haben, kommen wir wieder her.«

Alles lief wirklich gut zwischen meiner Mutter und Nikos, daher wusste ich, dass es für sie genauso viel Grund gab, bleiben zu wollen, wie für mich. Dennoch erschienen mir selbst ein paar Wochen als eine lange Zeit, zumal die Erfahrung mich gelehrt hatte, wie schnell und unwiderruflich sich die Dinge ändern konnten.

Jak war völlig aus dem Häuschen, als ich ihm davon erzählte. »Ich weiß nicht, wie ich das überleben soll, wenn du mich verlässt«, sagte er in seinem mittlerweile perfekten Englisch.

Am Abend vor unserem Rückflug trank er ziemlich viel Whisky und weinte, während er mir immer wieder sagte: »Ich werde ungeheuer leiden, wenn ich ohne dich leben muss, selbst für ein paar Wochen.« Danach drückte er sich die Zigarette auf dem Arm aus und Tränen liefen ihm über das Gesicht.

Die Heftigkeit seiner Verzweiflung bereitete mir Angst, aber sie packte mich ebenfalls. Außerdem erschütterte mich der

Gedanke, dass er mich wirklich liebte und genau wie ich unter der bevorstehenden Trennung litt.

Obwohl wir in den Wochen, die wir zusammen waren, im selben Bett geschlafen hatten, hatten Jak und ich immer noch keinen Sex miteinander gehabt. Allerdings waren wir ein paar Mal kurz davor gewesen. Das war auch etwas, was ich wirklich an ihm mochte – die Tatsache, dass er sich immer zurückzog, sobald er spürte, wie ich mich verspannte. In dieser Nacht schlief ich schlecht und jedes Mal, wenn ich aufwachte und seine Arme um mich spürte, fürchtete ich mich vor der Vorstellung, wieder allein zu sein.

Am nächsten Morgen brachten meine Mutter und Nikos meinen Koffer in Nikos' Auto zum Flughafen und ich fuhr auf dem Rücksitz von Jaks Motorrad. Als er am Flughafen ankam, schwang ich ein Bein über den Sitz, und während ich mich umdrehte, um ihm einen letzten Kuss zu geben, bemerkte ich, dass er weinte.

»Geh nicht, Megan«, sagte er, nahm mein Gesicht in beide Hände und schaute mir tief in meine tränenfeuchten Augen. »Ich liebe dich so sehr. Bitte, geh nicht. Steig wieder auf das Motorrad, und dann fahren wir von hier fort und leben unser eigenes gemeinsames Leben. Bitte, Megan. Ich liebe dich.«

Und da spürte ich, dass ich ihn nicht verlassen konnte.

Wir brausten bereits über die Straße vom Flughafen weg, als Jaks Handy zu klingeln begann. Das Klingeln hörte nicht auf, bis er schließlich anhielt und das Gespräch annahm. Nachdem er einige Sekunden ungeduldig zugehört hatte, reichte er mir das Handy und sagte: »Sprich mit deiner Mutter. Sie ist sehr wütend.«

Ich hörte die Stimme meiner Mutter bereits, bevor ich den Apparat ans Ohr gelegt hatte, und sie war weiß Gott auf hundertachtzig: »Wo bist du, Megan?«, sagte sie. »Die Leute gehen schon zum Abfluggate. Wir verpassen unseren Flug, wenn du nicht *auf der Stelle* kommst. Was machst du denn? Bitte, Megan!«

»Ich komme nicht«, antwortete ich, obwohl ich spürte, dass meine Entschlossenheit zu bröckeln begann, sobald ich ihre Stimme hörte. Doch ich wusste, dass es bereits zu spät war, meine Meinung zu ändern. »Ich fliege nicht mit zurück, Mama. Ich kann Jak nicht verlassen. Ich liebe ihn und er liebt mich. Wir werden zusammen leben.«

»Um Gottes Willen, Megan ...« Für einen Moment ging ihre Stimme im blechernen Echo einer Flughafen-Durchsage unter. Als sie wieder zu verstehen war, hörte ich, dass sie weinte. »Bitte, Megan, tu das nicht«, flehte sie. »Komm jetzt mit mir. Wir kehren doch wieder hierher zurück, ich verspreche es dir.«

»Ich liebe ihn, Mama«, sagte ich erneut und wischte mir mit dem Handrücken die Tränen aus dem Gesicht.

»Ich glaube nicht, dass du mich richtig verstehst.« Meine Mutter klang jetzt verärgert. »Um Gottes Willen, Megan, du bist gerade vierzehn Jahre alt. Das ist keine Entscheidung, die du einfach so treffen kannst. Wenn du nicht sofort zum Flughafen kommst, muss ich die Polizei einschalten.«

Ich wusste nicht, was ich ihr antworten sollte und wie ich ihr klar machen konnte, dass ich auf keinen Fall zurückkehren würde.

»Megan, hör mir zu, du musst nach Hause mitkommen. Du kannst nicht allein hierbleiben!« Es war deutlich zu hören, dass sie langsam in Panik geriet. »Megan, *bitte!* Unser Flug wird aufgerufen!«

»Ich kann nicht nach Hause«, sagte ich, während mir Tränen die Wangen hinabliefen. »Ich bringe mich um, wenn du mich zwingst, nach Hause zu fliegen. Ich meine es ernst, Mama. Ich will bei Jak bleiben.«

Was sie erwiderte, hörte ich nicht mehr, da ich das Handy ausschaltete.

Ich muss immer noch heulen, wenn ich an dieses Telefongespräch denke. Ich mache meiner Mutter keinen Vorwurf, dass sie ohne mich abflog. Meine Entscheidung, in Griechenland zu bleiben, erwischte sie (und mich) völlig unvorbereitet, und meine glaubwürdige Drohung, mich umzubringen, muss bei ihr eine derartige Panik ausgelöst haben, dass sie nicht wusste, was sie tun sollte.

Nachdem Jak mir das Handy aus den zitternden Händen genommen hatte, fuhr er mich zu einem Hochhaus mit Apartments, in dem ein Freund namens Vasos wohnte. Sobald wir die Wohnung betreten hatten, begann ich zu schluchzen. Jak nahm mich in die Arme und sagte mir, alles würde in Ordnung gehen. Doch plötzlich konnte ich mir nicht mehr vorstellen, wie ich ohne meine Mutter leben sollte. Ich fand es auch schrecklich, sie so sehr aufgeregt zu haben, und obwohl ich noch vor ein paar Minuten geglaubt hatte, ich könne nie wieder glücklich sein, wenn ich Jak verlassen müsste, hatte ich jetzt Angst und bereute meine Entscheidung.

»Ich brauche etwas Ruhe«, sagte ich zu Jak, und als ich auf den Balkon ging, sah ich das Flugzeug. Es schien oberhalb einer Reihe von Dächern ganz langsam in den Himmel zu steigen, und während es näher kam, erkannte ich an seinem Heck die charakteristischen Farben der Fluggesellschaft und wusste, dass es sich um das Flugzeug handelte, in dem ich gemeinsam mit meiner Mutter hätte sitzen sollen. Von Verzweiflung in Hysterie verfallend begann ich wie wild zu winken und rief: »Mama, ich bin hier. Kannst du mich sehen? Komm zurück. Lass mich hier nicht allein. Bitte, Mama! Es tut mir leid. Flieg nicht ohne mich nach Hause.«

Für einen Moment glaubte ich fast, ihr Gesicht zu erkennen, wie sie aus einem der Flugzeugfenster schaute, und dass sie mich auf dem Balkon stehen sehen konnte. Dann überkam mich eine Welle der Panik, und ich konnte nicht mehr atmen. Ich zerrte an der Klinke der Balkontür und rief: »Ich will zu meiner Mutter.«

Danach rannte ich aus dem Apartment und die Treppen hinab und auf die Straße. Ich rannte immer weiter, bis ich das Ende der Straße erreichte, wo ich auf den heißen Pflastersteinen in die Knie sank und schluchzte: »Verzeih mir, Mama! Komm bitte zurück.«

Als Jak mich eingeholt hatte, winkte ich immer noch wie verrückt zum mittlerweile leeren Himmel hinauf. »Komm schon. Komm mit nach oben. Du packst das«, sagte er, legte seine Arme um meinen zitternden Körper und hob mich auf die Füße, bevor er mich die Straße entlang schleppte.

Zurück im Apartment, gab mir Jak einen Becher mit heißer Schokolade und sagte: »Trink das. Und nimm eine Dusche. Danach geht es dir besser.«

Doch ich fühlte mich nicht besser, und den Rest des Tages verbrachte ich damit, auf die Wand des Wohnzimmers zu starren, während die beiden Männer fernsahen.

Diesmal war mein Koffer zusammen mit dem meiner Mutter in das Flugzeug geladen worden, daher besaß ich nichts außer meiner Handtasche und der Kleidung, die ich trug. »Ich kaufe dir morgen etwas«, sagte Jak, als wir in dieser Nacht nebeneinander im Bett lagen. Aber obwohl ich wusste, dass nicht er schuld daran war, was ich getan hatte, ging es mir schlecht, und ich riss mich von ihm los, als er mich zu berühren versuchte.

»Ich bin noch nicht bereit«, sagte ich.

»Ich verstehe«, erwiderte er. »Ich liebe dich.«

Als ich am nächsten Morgen noch genauso erschöpft wie am Abend zuvor aufwachte, waren Jak und Vasos gerade dabei, sich zur Arbeit fertigzumachen.

»Du bleibst hier«, sagte Jak. »Du kannst das Apartment saubermachen.«

Ich fühlte mich benommen und der Tag ging unglaublich langsam vorüber. Ich konnte an nichts anderes denken als an meine Mutter. Wo würde sie jetzt sein? Was würde sie tun? Wie würde sie sich fühlen? »Sie kommt wieder zurück«, sagte ich mir ein ums andere Mal. »Es dauert nicht lange, dann sehe ich sie wieder.«

Obwohl ich wusste, dass das stimmte, half es mir nicht, und während sich die Stunden hinschleppten, drängte es mich immer mehr, mit ihr zu reden. Als Jak daher von der Arbeit zurückkam und mir sagte, er habe eine SMS von ihr bekommen und ich solle sie anrufen, riss ich ihm das Handy fast aus der Hand.

»Ich habe mir solche Sorgen um dich gemacht«, sagte meine Mutter. »Pass gut auf dich auf. Ich komme so schnell es eben geht, ganz bestimmt.«

Nachdem ich mit ihr gesprochen hatte, war ich etwas beruhigt. Ich wusste, dass ich sie wirklich vermissen würde, aber es war dumm von mir, mich wegen der ganzen Geschichte in einen solchen Zustand zu versetzen, zumal ich doch Jak hatte, der sich um mich kümmern würde, bis sie wieder zurückkam. Und es ging mir eindeutig besser, da ich jetzt wusste, dass meine Mutter sich nicht höllische Sorgen um mich machte und dass ich über Jaks Handy die Gelegenheit hatte, ihr jeden Tag Nachrichten per SMS zu schicken und mit ihr zu telefonieren.

Während der nächsten paar Wochen nahm unser Leben ein geordnetes Muster an. Entweder ging ich mit Jak zur Arbeit oder blieb tagsüber im Apartment von Vasos. Abends dann, nachdem wir etwas gegessen hatten, nahmen wir irgendwo einen Kaffee zu uns. Ich sagte Jak oft, wie sehr ich von seinen gewaltigen Fortschritten im Englischen beeindruckt war, und er revanchierte sich, indem er mir weitere albanische Wörter beibrachte und anschließend meinte, es mache ihn gewaltig stolz, wenn ich sie wiederholte.

Eines Abends als wir draußen in einem Café an einem Platz im Stadtzentrum saßen, klingelte Jaks Telefon. Er hörte erst zu, bevor er ein paar Sekunden lang sehr schnell auf Albanisch antwortete. Danach legte er das Handy auf den Tisch und seufzte.

»Was ist los?«, fragte ich und berührte mit meinen Fingern die warme Haut seines Arms. »Ist etwas passiert? Hast du Schwierigkeiten?«

»Ich habe gerade eine schlechte Nachricht erhalten«, sagte er. »Meine Mutter ist sehr krank.« Seine Augen füllten sich mit Tränen.

»Oh, nein, das tut mir leid.« Ich umklammerte seinen Arm. »Was hat sie denn?«

»Es ist Krebs.« Er spreizte seine Hände mit den Handflächen nach oben in einer Geste der Hilflosigkeit. »Er ist in der Kehle. Der Arzt dachte, es wäre vielleicht ... Wie heißt das doch bei euch?« Er kratzte sich im Nacken. »Schild-drüste?«

»Schilddrüse?«, sagte ich.

Er nickte niedergeschlagen. »Man hat ein paar Tests gemacht und heute hat man ihr gesagt, dass es Krebs ist.«

»Ach Jak, das ist ja schrecklich! Kann es behandelt werden?«

Das Geräusch, das er von sich gab, klang wie ein wütendes Lachen. »Ja, es kann behandelt werden, bei jemandem, der sich eine Operation leisten kann. Aber das hier ist nicht England, musst du wissen. Schon der Besuch bei einem Arzt kostet fünfzig Euro. Ich kann mir noch nicht mal vorstellen, was die Operation kosten würde.« Er rieb sich das Gesicht und wischte die Tränen weg, die jetzt ungehindert flossen. »Meine Eltern haben kein Geld, das weißt du doch. Und für mich bedeutet es einen ganzen Tag harte Arbeit, wenn ich fünfzig Euro verdienen will.«

Er seufzte erneut und schien zu überlegen, ob er etwas Tröstendes sagen konnte, doch ihm fiel nichts ein. »Nun, dann muss ich eben einen zweiten Job finden«, sagte er schließlich. »Ich hoffe nur, dass ich genug Geld verdienen kann, das für die Behandlung meiner Mutter bezahlt werden muss, bevor … bevor es zu spät ist. Ich habe keine Wahl: Man kann doch nicht einfach daneben stehen und zusehen wie jemand, den man liebt, leidet und dann stirbt.«

Mittlerweile heulte ich auch. Ich hatte immer das Gefühl gehabt, dass Jaks Mutter mich nicht wirklich mochte, doch das spielte keine Rolle dabei, dass sie mir unheimlich leidtat, und ich konnte mir überhaupt nicht vorstellen, wie es mir ergehen würde, wenn *meine* Mutter irgendwann ernsthaft krank wäre. Was ich erst sehr viel später erfuhr, war die Tatsache, dass Jak für die Vorstellung an diesem Abend einen Oscar verdient hätte.

Ich glaube, er hatte bereits beschlossen, dass wir wieder bei seiner Familie einziehen sollten. Das taten wir dann auch ein paar Tage danach. Es gefiel mir zwar nicht unbedingt, doch angesichts der Umstände sparte ich mir eine Diskussion darüber. Manchmal bemerkte ich, wie er den Hals seiner Mutter berührte, wenn er mit ihr sprach. Ansonsten machte weder sie noch irgendjemand sonst aus der Familie Andeutungen darüber, dass sie krank war.

Ich begleitete Jak nicht mehr zur Arbeit. Ich blieb im Haus und half seiner Mutter und Schwester bei der Schwerstarbeit im Haushalt, die sie mir beibrachten auf *ihre Art* zu erledigen, wobei sie mir häufig unverhohlen ihre Verachtung wegen meiner mangelnden Kenntnisse zeigten.

Jaks Eltern schliefen in dem einzigen ordentlichen Bett des Hauses und jeden Tag musste die Matratze herausgenommen, nach draußen getragen und mit einer Art Teppichklopfer aus Bambusrohr ausgeklopft werden. Dann wurde die Matratze an der frischen Luft gelassen, bevor sie wieder auf das Bett gelegt wurde, mit der Oberseite nach unten. An den meisten Tagen wurden sämtliche Betttücher und Zudecken ebenfalls draußen aufgehängt, außer an Waschtagen, wenn sie in den Garten gebracht werden mussten, wo sie in eiskaltem Wasser in einer Metallwanne gescheuert und geschrubbt wurden, bis einem die Knöchel rau und blutig wurden.

So sehr ich mich auch abmühen mochte, es schien, als könnte ich nichts auf die Art und Weise tun, wie es irgendein ungeschriebenes Gesetz verlangte. Jaks Mutter schnalzte mit der Zunge und sagte etwas zu Jak, was dieser für mich übersetzte: »Englische Mädchen sind sehr schmutzig.«

Es war unfair und hatte auch keinerlei Bezug zu der augenblicklichen Aufgabe. Am meisten aber verletzte mich, dass Jak so klang als stimme er seiner Mutter zu.

Seit meiner frühesten Kindheit hatte ich mir vermutlich mehr als alles andere gewünscht, dass mich die Menschen mochten. Daher hasste ich es ganz besonders, mit Jaks Vater zusammen zu sein, weil er sich keinerlei Mühe gab, seine tiefe Antipathie mir gegenüber zu verbergen. Jedes Mal, wenn er in einen Raum kam und mich dort vorfand, starrte er mich an, schnalzte mit der Zunge und sagte irgendetwas Hässliches auf Albanisch, das ich nicht verstand. Dann verließ er den Raum wieder. Vielleicht lag es aber auch nicht daran, dass er mit mir persönlich Schwierigkeiten hatte. Seiner Frau gegenüber verhielt er sich nicht viel besser, er tyrannisierte sie sogar jetzt noch, obwohl sie krank war.

Bei jeder Mahlzeit setzten sich alle an den Tisch, während Jaks Mutter das Essen verteilte und danach aufstand, um selbst zu essen. Als das zum ersten Mal geschah, sprang ich auf und bot ihr meinen Stuhl an. Sie starrte mich an, als hätte ich etwas Verachtenswertes getan, und warf dann ihrem Mann einen ängstlichen Blick zu, der irgendetwas Ärgerliches murmelte. Jak brüllte mich an: »Was machst du denn da? Sie steht auf.«

Ich schien auf eine Art, die ich nicht verstand, irgendetwas Beleidigendes getan zu haben, und ich schämte mich zutiefst. Daher fragte ich Jak später: »Weshalb lässt du es zu, dass dein Vater deine Mutter so behandelt? Ich verstehe nicht, wie ein Mann einer Frau befehlen kann im Stehen zu essen. In England ist das unvorstellbar. Dort sitzen alle gemeinsam am Tisch.«

»Das ist die albanische Kultur«, fuhr er mich an. »In Albanien lieben die Frauen ihre Ehemänner und die Ehemänner lieben ihre Frauen. Vielleicht kann man sich das in England auch nicht vorstellen. In Albanien tun die Frauen alles für ihre Männer. Das bezeichnen wir als Familie.«

Ich stellte fest, dass es mir an genügend Erfahrung in normaler Familienführung fehlte, um mit ihm diskutieren zu können.

Doch es schien mir eine äußerst seltsame Art zu sein, jemanden so zu behandeln, den man liebte.

Im Laufe der Zeit fühlte ich mich immer unwohler, bis ich Jak schließlich sagte, dass ich im Kreise seiner Familie sehr unglücklich sei, und ihn bat, uns eine eigene Wohnung zu suchen. Als er zustimmte, erschien mir das wie ein Beweis seiner Liebe, und ein paar Tage später zogen wir aus. Das Ein-Zimmer-Apartment, das Jak für uns mietete, war winzig, allerdings wäre ich zu diesem Zeitpunkt vermutlich zufrieden gewesen, in einem Schuppen oder Zelt zu hausen, wenn es nur bedeutet hätte, nicht länger die Missbilligung seiner Familie und das ständige Gefühl ertragen zu müssen, dass ich auf fast jede Weise unzulänglich war.

Kurz nach unserem Umzug in das Apartment spürte ich die ersten Hinweise auf die andere Seite seines Charakters. Vielleicht hatte meine Mutter sie schon gleich zu Anfang in seinem Gesichte und der »Härte« in seinen Augen gesehen. Denn sie hatte mich ja genau wie Dean gewarnt auf ihn hereinzufallen.

Zwischen mir und Jak hatte es einige laute Auseinandersetzungen gegeben, jedoch nicht schlimmer als die Kräche, die ich mit meiner Mutter und meiner Schwester gehabt hatte. Nachdem wir das Apartment bezogen hatten, war Jak allerdings manchmal schlecht gelaunt, wenn er von der Arbeit kam, und wurde über anscheinend unwichtige Dinge wütend – zum Beispiel, wenn sein Essen noch nicht auf dem Tisch stand, sobald er zur Tür hereinkam. »Das gehört sich so in Albanien«, sagte er.

Daher beschloss ich, weil ich ihn liebte und wollte, dass er mich ebenfalls liebte und akzeptierte, die Dinge so zu tun, wie es sich in Albanien gehörte.

Während unserer Zeit bei seiner Familie hatte mir seine

Mutter immer gesagt, ich solle ihr beim Kochen »zuschauen und lernen«, und nachdem wir ausgezogen waren, versuchte ich mich zu erinnern, wie ich die Gerichte zubereiten musste, die sie gemacht hatte. Eines Tages beschloss ich, eine Art Eintopf aus Reis, Spinat, gekochtem Huhn und Zitrone zu machen, wie sie ihn häufiger gekocht hatte. In dem Apartment gab es keine Küche, lediglich ein Waschbecken und eine kleine Kochstelle mit zwei Platten in einer Ecke des Raums, der gleichzeitig unser Wohn- und Schlafzimmer war.

Ich rührte die Eintopfsuppe in einem Topf auf dem Herd, als Jak von der Arbeit nach Hause kam. Ich sah, dass er müde und hungrig war. Doch nichts deutete darauf hin, was als Nächstes geschah. Ich hatte gerade eine Kelle genommen und wollte das Essen in zwei Schalen gießen, als er zu meiner Überraschung kurz und knapp sagte: »Lass das. Ich mache das selbst.«

Er tunkte einen Löffel in die Suppe, um sie zu probieren, und danach blieb er dort einen Moment stehen und hielt den Löffel am Mund. Es war, als sei jeder Muskel seines Körpers eingefroren, und als er seinen Kopf schließlich zu mir umdrehte, um mich anzuschauen, lag ein furchtbarer Ausdruck auf seinem Gesicht, den ich noch nie bei ihm gesehen hatte und den ich auch nicht deuten konnte. Ich hatte erwartet, er würde erfreut sein, da ich etwas zu machen versucht hatte, was seine Mutter regelmäßig kochte und von dem ich wusste, dass er es wirklich mochte. Mir fiel kein Grund ein, weshalb er so wütend sein konnte. Doch plötzlich wurden meine Hände schweißnass, und mir wurde ganz schlecht.

Während er sich langsam von dem kleinen Herd abwandte, schrie er: »Du kannst ja noch nicht mal kochen! Hast du denn *überhaupt nichts* von meiner Mutter gelernt?«

Und dann nahm er den Topf und schleuderte ihn quer

durchs Zimmer. Als er nur knapp über meinen Kopf hinweg gegen die Wand knallte, spritzte der kochende Inhalt in sämtliche Richtungen, und während ich mein mit Eintopf beflecktes Top auszog, brüllte ich ihn an: »Was soll das? Bist du verrückt geworden?«

Ich war derart schockiert, dass ich anfangs nicht einmal heulte, obwohl ich am ganzen Körper zitterte. Danach begann ich wie ein kleines Kind, das plötzlich begreift, dass es aus unerfindlichen Gründen überfordert ist, zu jammern: »Ich will nach Hause. Ich will zu meiner Mama.«

Es war, als hätte man bei Jak einen Schalter umgelegt, der seine Wut ausschaltete und die durch Schmerzen verursachten Tränen zum Vorschein brachte. »Entschuldigung, es tut mir leid«, wiederholte er ständig, »es tut mir so leid. Ich weiß nicht, was mit mir los war.«

»Das ist mir egal«, brüllte ich. »Ich will mit meiner Mutter reden.«

»Nein, bitte. Es tut mir so leid.« Er kam mit ausgestreckten Armen einen Schritt auf mich zu. »Ich werde dir beibringen, wie man kocht. Es ist alles in Ordnung. So bin ich doch gar nicht. Es war nur so, weil ich mir solche Sorgen um meine Mutter mache. Ich bin so durcheinander, weil ich nichts tun kann, um ihr zu helfen.«

Glücklicherweise hatte ich mich außer an ein paar Stellen auf dem Rücken nicht stärker verbrannt. Nachdem ich mir die Hühnerstücke, den Reis und den Spinat aus den Haaren gewaschen und die Kleidung gewechselt hatte, führte mich Jak in ein Restaurant aus. Nach dem Essen fuhren wir auf seinem Motorrad in die Berge, wo wir uns am Straßenrand auf einen Felsen setzten, miteinander redeten und auf die flackernden Lichter entlang der Küste hinabschauten. Jak deutete auf eine

Gruppe von Sternen und sagte: »Das sind *unsere* Sterne. Was immer in Zukunft geschehen mag, wo immer du bist, du kannst zu diesen Sternen hochblicken und wissen, dass auch ich sie anschaue und dass ich an dich denke.«

Und als wir in der Dunkelheit aus den Bergen zurückfuhren, hatte er meine Unruhe besänftigt und mein Vertrauen wiedergewonnen.

4

Ein paar Abende nach meinem vergeblichen Versuch ein leckeres Essen für Jak zu kochen, saßen wir draußen in einem Café und tranken Kaffee, als er fragte: »Was hältst du davon, wenn du arbeiten würdest? Wenn du Geld verdienst, könnten wir davon die Behandlung bezahlen, die meine Mutter braucht, und danach könnten wir ein Auto kaufen und für unser eigenes Haus sparen. Wir brauchen doch etwas für uns alleine, wenn wir Kinder bekommen.«

Ich war noch keine fünfzehn und Jak und ich hatten noch keinen Sex gehabt, doch der Gedanke, dass er mich liebte und eine Familie mit mir gründen wollte, machte mich unglaublich glücklich. Durch Jak wurde es mir möglich, meine turbulente Kindheit hinter mir zu lassen und mein Leben neu zu beginnen.

»Ich würde liebend gerne arbeiten«, antwortete ich. »Ich weiß zwar nicht, was ich tun könnte, aber ja, ich hätte auf jeden Fall Lust dazu.«

»Ach, es gibt so viele Jobs, die du machen könntest«, sagte er. »Du könntest putzen oder kellnern oder ...«

»Ich habe mir immer vorgestellt, dass es Spaß machen muss, als Kellnerin zu arbeiten«, unterbrach ich ihn.

»Na gut.« Er nickte zustimmend. »Ich rufe meinen Vetter Mergim an und frage ihn, was er für dich tun kann.«

Während Jak mit seinem Cousin telefonierte, trank ich meinen Kaffee und malte mir das Café oder die Taverne aus, in der ich bald freundlichen, gut gelaunten Gästen das Essen servieren würde, die mir reichlich Trinkgeld gaben.

»Ist geritzt«, sagte Jak ein paar Minuten später. »Mergim kann dir einen Job in Athen besorgen.«

»Wirklich? Oh, Jak, das ist ja fantastisch! Ich kann es gar nicht abwarten.«

»Es gibt sogar mehrere Jobs zwischen denen du wählen kannst«, sagte er. »Wir können uns entscheiden, wenn wir dort sind. Dann können wir uns auch ein Apartment leisten ...«

Ich konnte gar nicht glauben, dass wir wirklich nach Athen ziehen sollten! Es war wie der Ausstieg aus der Vergangenheit in eine Zukunft, die in fast jeder Hinsicht anders sein würde. Am nächsten Morgen packte Jak einen Koffer mit seinen eigenen Sachen und der Kleidung, die er für mich gekauft hatte, nachdem fast mein ganzer Besitz mit meiner Mutter nach England gegangen war. Dann nahmen wir ein Taxi zum Busbahnhof, wo wir uns in ein Café setzten und auf den Bus warteten, der uns in unser neues Leben bringen sollte.

Die Fahrt nach Athen dauerte mehrere Stunden. Jaks Vetter hatte gesagt, er würde uns am Busbahnhof abholen. Doch er rief uns unterwegs an und teilte uns mit, er habe noch geschäftlich zu tun und Jak solle ein Taxi zu seinem Apartment nehmen, wo wir uns dann treffen würden.

Mergim wohnte in der Innenstadt, in einer großen Wohnung, die voller Familienmitglieder zu sein schien, die alle einen unheimlichen Wirbel um mich veranstalteten als Jak mich ihnen vorstellte. Obwohl niemand von ihnen Englisch sprach, war doch klar, dass die meisten eine Meinung über mich hatten und dass sie diese untereinander diskutierten. Ich war nervös und fand ihre Aufmerksamkeit ein wenig übertrieben. Daher fragte ich Jak nach einer Weile, ob wir irgendwohin gehen könnten, um einen Kaffee zu trinken.

Mergim begleitete uns zu einem Café an einem Platz in der

Nähe. Er und Jak schienen eine Menge miteinander zu besprechen zu haben, aber sie schlossen mich nicht völlig aus ihrem Gespräch aus, und Jak übersetzte von Zeit zu Zeit für mich. »Mein Vetter findet, du bist hübsch«, sagte er plötzlich. »Und er meint auch, ich könnte glücklich sein, dich zu haben. Ich habe ihm geantwortet, dass er recht hat.«

Ich spürte, wie ich vor Stolz rot wurde. Innerhalb von nur wenigen Monaten hatte ich mich von einem gemobbten, unglücklichen und die Schule schwänzenden Mädchen zu einer jungen Frau gewandelt, die dabei war, in Griechenland ein neues Leben mit jemandem zu beginnen, der sie liebte. Ich glaubte jeden Grund zu haben, mich glücklich und optimistisch zu fühlen. Wenn ich jetzt daran zurückdenke, muss ich allerdings erkennen, dass der Tag meiner Ankunft in Athen einer der traurigsten meines gesamten Lebens war.

Nachdem wir unseren Kaffee getrunken hatten, machte Mergim einen Telefonanruf.

»Er ruft wegen eines Jobs für dich an«, sagte mir Jak.

»Wo denn?«, fragte ich.

»Das weiß ich noch nicht. Aber ich glaube nicht, dass es weit von hier entfernt ist.«

Ein paar Minuten später verließen wir das Café und gingen in eine Bar, wo der untersetzte schwarzhaarige Mann, der vor der Tür stand, Mergim und Jak per Handschlag begrüßte. Die drei unterhielten sich ein paar Minuten, dann wandte sich Jak an mich und sagte: »Es sieht so aus, als solltest du den Job bekommen.«

»Bin ich nicht zu jung, um in einer Bar zu arbeiten?«, fragte ich. »Ich dachte, es wäre ein Café. Muss man nicht achtzehn sein, um hier zu arbeiten?«

»Nein, das geht in Ordnung«, versicherte mir Jak. »Er weiß,

wie alt du bist, aber du siehst alt genug aus, deshalb gibt es keine Probleme. Mach dir keine Sorgen.«

Es schien eine seltsame Art, ein Anstellungsgespräch zu führen, doch da ich dergleichen noch nie gemacht hatte, fehlte mir die Erfahrung. Jedenfalls hatte der Mann nicht einen einzigen Blick auf mich geworfen und auch nicht Nein gesagt.

Wir gingen nach drinnen, und Jak bestellte Drinks – Whisky für ihn selbst und Mergim und eine Cola für mich. Es war immer noch ziemlich früh am Abend und die einzigen Leute in der Bar waren vier Männer und zwei halbnackte Mädchen, die auf einem kleinen Holzpodest in der Mitte des Raums an der Stange tanzten. Niemand schien sonderlich Notiz von den anderen zu nehmen.

Wir müssen dort ungefähr eine halbe Stunde gesessen haben als ein Mann kam und sich zu uns setzte. Er sprach sehr gut Englisch und nachdem er eine weitere Runde von Getränken bestellt hatte, stellte er sich als der Manager der Bar vor. Danach fragte er mich ein paar Dinge, unter anderem auch etwas, was ich seltsam fand: »Tanzt du gerne?«

»Ja«, sagte ich und erinnerte mich für einen Moment beinahe wehmütig an das regelmäßige Tanzen, das ich mit meiner Freundin in deren Garten veranstaltet hatte als wir noch klein waren. »Aber ich habe nie so getanzt . . .« Ich warf einen Blick zu den beiden Oben-ohne-Mädchen hinüber und spürte, wie meine Wangen heiß wurden.

»Ach, das ist einfach«, sagte der Manager. »Und mach dir keine Sorgen, du brauchst nicht zu machen, was sie tun. Du machst nur ein paar einfache Sachen.«

Ich war mir nicht sicher, was er mit »einfache Sachen« meinte. Auf jeden Fall kam nicht in Frage, dass ich fast nackt in einer

Bar tanzen würde. Selbst die Vorstellung, es völlig bekleidet zu tun, bereitete mir Unbehagen und weckte Ängste.

»Also, du bekommst den Job, wenn du willst«, sagte der Manager. »Ich überlasse euch drei euch selbst, um es zu besprechen.«

»Ich wäre viel zu nervös, um vor den Leuten zu tanzen«, sagte ich zu Jak, sobald der Mann gegangen war.

»Du wirst das ganz vorzüglich machen«, meinte Jak, als sei das Ganze bereits beschlossene Sache. »Du hast überhaupt keinen Grund nervös zu sein: Man wird dir genau zeigen, was du tun musst. Es wird dir gefallen. Du bist so wunderhübsch.«

Natürlich wusste ich, was das Tanzen an der Stange war. Ich fand nicht, dass es in irgendeiner Weise »falsch« war, es war nur schräg, obwohl ich es nicht einen Moment mit Sex in Verbindung brachte. Manchmal frage ich mich heute, wie jemand mit fast fünfzehn Jahren derart naiv wie ich sein konnte. Ich konnte unheimlich stur sein, wenn ich mir irgendetwas in den Kopf gesetzt hatte – weswegen ich so oft mit meiner Mutter aneinander geraten war, bevor wir England verlassen hatten. In Wirklichkeit besaß ich aber keinerlei Selbstbewusstsein. Und da ich mich nicht in der Lage sah, mit Jak und Mergim darüber zu diskutieren und dem Manager der Bar anschließend sagen zu müssen, ich würde den Job nicht annehmen, stimmte ich einfach zu.

»Du brauchst es nicht lange zu machen«, sagte Jak leise. »Du bekommst so viel Geld, dass wir in kürzester Zeit genug für die Operation meiner Mutter haben.«

Plötzlich fühlte ich mich wie eine Heldin und ich wusste, dass alles in Ordnung kommen würde.

Am nächsten Morgen brachte mich Jak zu der Bar und ließ mich dort bei zwei Mädchen zurück – einer Russin und einer

Afrikanerin –, die mir Tanzen beibringen sollten, allerdings auf eine Weise, die sich sehr von dem Tanzen unterschied, das ich damals mit meiner Freundin in deren Garten in England praktiziert hatte. Beide Mädchen schienen sehr selbstsicher zu sein, obwohl ich mich später fragte, ob sie nur schauspielerten, was ich noch lernen musste.

An diesem Abend tanzte ich in einer spärlich beleuchteten Ecke der Bar in einem Outfit, das wirklich aus wenig mehr als raffinierter Unterwäsche bestand, jedoch zumindest meine Brüste bedeckte. Nach ein paar Minuten übernahm ein anderes Mädchen meinen Platz. Obwohl die ganze Angelegenheit äußerst peinlich war, war das Ganze wenigstens erfreulich kurz und längst nicht so unangenehm, wie es hätte sein können.

Als mich Jak am nächsten Tag wieder in die Bar brachte, meinte der Manager, er müsse mit mir reden. Ich folgte ihm durch eine Tür hinter der Bar in ein kleines Büro, wo ich nervös meine Finger verschränkte während er sagte: »Gestern Abend haben sich Gäste über dich beschwert. Sie bezahlen dafür, Mädchen oben ohne tanzen zu sehen und wenn sie nicht bekommen, wofür sie bezahlt haben, laufe ich Gefahr, wegen falscher Ankündigungen bestraft zu werden. Heute Abend musst du wie die anderen Mädchen tanzen.«

Unabhängig davon, ob dies wirklich wahr war, fühlte ich mich sofort schuldig. Beinahe so als hätte ich etwas mutwillig und egoistisch falsch gemacht. Dann stellte ich mir vor, wie ich auf dem Podest stehen und meine sehr flache Brust einem Raum voller Männer zeigen würde und brach in Tränen aus.

»Das kann ich nicht«, schluchzte ich. »Und außerdem würde mein Freund das auch nicht wollen.«

»Ach, darüber mach dir keine Sorgen. Ich werde mit ihm

reden. Er wird einverstanden sein, ich weiß, dass er keine Bedenken haben wird.«

Er tätschelte meine Schulter, als ginge er davon aus, mich würde beruhigen, was er gesagt hatte. Es war deutlich, dass unser Gespräch beendet war, und ich verließ das Büro in dem Gefühl, gerade in eine Falle gelockt worden zu sein. Ich war mir ziemlich sicher, dass Jak nicht wollte, dass ich oben ohne in einer Bar tanzen würde; vor allem dachte ich jedoch, wie unglaublich erniedrigend es für mich wäre.

Es stellte sich heraus, dass ich mich in Jak getäuscht hatte. Ich traf ihn später an dem Tag in der Bar und er hatte bereits mit dem Manager gesprochen und diesem gesagt, für ihn sei es in Ordnung, wenn ich nackt vor einer Horde von betrunkenen, geilen Männern tanzte.

»Es ist doch nur für kurze Zeit«, versicherte er mir. »Ich möchte wirklich nicht, dass du hier bleibst und das machst. Ich suche einen anderen Job für dich.«

Ich versuchte mir einzureden, ich hätte überreagiert und es sei doch ein geringes Opfer, meine Hüllen fallen zu lassen, damit Jaks Mutter die Behandlung bekommen konnte, die sie unbedingt brauchte. Jak erledigte keine Gärtnerarbeiten mehr, aber bevor wir nach Athen gekommen waren, hatte er für erheblich weniger Geld als ich jetzt verdienen würde, viele lange Stunden gearbeitet. Und als ich ernsthaft darüber nachdachte, konnte ich es nicht rechtfertigen, angesichts der Zukunft, die wir miteinander haben würden, ein solches Theater zu machen, wenn uns die Sache doch half, dieser Zukunft ein wenig näher zu kommen.

Jak blieb in dieser Nacht in der Bar und trank Whisky, während ich oben ohne vor Männern tanzte, denen ich möglichst nicht in die Gesichter schaute. Und als der Manager mir die

80 Euro aushändigte, die ich verdient hatte, streckte Jak seine Hand aus und sagte: »Gibst du es mir? Ich hebe es für dich auf.«

An den folgenden Abenden brachten mich Jak und Mergim zur Bar und gingen danach in ein Café an einem nahegelegenen Platz, wo sie warteten bis ich meine Arbeit beendet hatte. Wenn sie kamen, um mich abzuholen, überreichte ich Jak immer das gesamte verdiente Geld. Eines Nachts, als ich etwas davon für mich behielt, weil ich mir irgendetwas kaufen wollte, schockierte mich sein heftiger Ärger – bis ich darüber nachdachte und mir klar wurde, dass es egoistisch von mir war und er völlig zu Recht alles haben sollte, um damit unser Essen zu bezahlen und für unsere Zukunft zu sparen. Dennoch war es schwer verdientes Geld, da ich jede Minute jeder Nacht hasste, die ich tanzend in der Bar verbrachte, und ich konnte den Männern, die mich anstarrten, immer noch nicht ins Gesicht sehen.

Ich hatte dort knapp zwei Wochen gearbeitet als Jak mir sagte: »Wir haben morgen eine Verabredung wegen eines anderen Jobs.«

»Oh, das ist prima«, sagte ich und hatte das Gefühl, endlich wieder richtig atmen zu können. »Was für ein Job ist denn das?«

»Warte es ab, du wirst schon sehen«, meinte Jak.

Am nächsten Morgen schien er zerstreut zu sein und sprach kaum mit mir. Als ich ihn fragte, ob irgendetwas nicht stimmte, sagte er: »Nein, alles in Ordnung. Keinerlei Probleme.«

Doch im Taxi war er immer noch schweigsam und verschlossen, als wir zu einem Hamburger-Laden im Stadtzentrum fuhren. Jak führte mich die Treppe hinauf in den zweiten Stock, wo als einziger anderer Kunde ein großer, übergewichtiger Mann saß, der uns zuwinkte als er Jak sah und an seinen Tisch bat. Während wir zu ihm gingen raunte mir Jak zu: »Das ist dein neuer Boss. Er ist Franzose, sein Name ist Leon.«

Nachdem wir uns begrüßt hatten, kniff Leon ein paar Sekunden die Augen zusammen, um mich eingehend zu begutachten, und danach sagte er etwas auf Griechisch zu Jak. Wenig später beugte er sich nach vorne und reichte etwas unter dem Tisch hindurch, das Jak annahm und in seine Tasche steckte, doch ich hatte noch sehen können, dass es sich um einen Packen gefalteter Banknoten handelte. Ich glaube, ich habe mir nicht die geringsten Gedanken darüber gemacht, weshalb Leon ihm Geld gab. Ich verstand kein Griechisch, daher wusste ich nicht, was sie miteinander besprochen hatten. Aber ich hatte Vertrauen zu Jak. Und schließlich hatte er eine Vergangenheit, bevor er mich traf.

»Also, du bist dir darüber im Klaren, was du tun wirst, stimmt's?«, fragte mich Leon auf Englisch. »Und du freust dich darauf?«

Ich warf Jak einen Blick zu, und er murmelte: »Ich liebe dich. Es ist alles in Ordnung.«

»Ja, ich freue mich darauf«, erwiderte ich Leon.

Ich habe mich oft gefragt, was geschehen wäre, wenn ich gefragt hätte: »Worauf soll ich mich freuen? Was ist das für ein Job, den Sie mir anbieten?«

Doch ich fragte nicht. Jak sagte mir, alles sei in Ordnung, und ich glaubte ihm. Folglich stand Leon auf, schüttelte Jak die Hand, nickte mir zu, ging die Treppe hinunter und verließ das Restaurant. Jak und ich folgten ihm kurz darauf und nahmen ein Taxi in einen anderen Teil des Stadtzentrums.

An fast jeder Straßenecke in Athen steht ein Kiosk, an dem man Zeitungen, Zeitschriften, Postkarten, Süßigkeiten, Schokolade, Zigaretten und sogar Souvenirs und Kleidung kaufen kann. Als wir aus dem Taxi stiegen, sagte mir Jak, ich solle warten, während er zu einem Kiosk ging. Nachdem er zurückgekommen war, überreichte er mir eine flache Schachtel in einem braunen Umschlag, deutete auf ein Bürogebäude auf der anderen Straßenseite und sagte: »Geh die Treppe hinauf bis zum obersten Stockwerk. Klopf an die Glastür und gib das hier dem Kerl, der dir öffnet.«

»Was ist das?«, fragte ich.

»Tu einfach, was ich dir sage«, fuhr er mich an.

Obwohl mich Jaks Ärger immer überraschte und schockierte, hatte ich nicht wirklich Angst vor ihm. Doch ich hasste es, wenn er sauer auf mich war. Daher nahm ich den Umschlag und machte mich auf den Weg.

»Ich warte hier auf dich«, rief er mir nach, plötzlich wieder freundlich nachdem ich tat, was er von mir verlangte.

Die Frau an der Rezeption schaute kurz hoch als ich die Eingangstür des Gebäudes aufstieß; dann blickte sie weg während ich die Treppe hinaufzusteigen begann. Meine Schuhe liefen vorne spitz zusammen und hatten Pfennigabsätze, und lange bevor ich das oberste Stockwerk erreichte, waren meine Füße wund und meine Beine zitterten. Als ich die beiden letzten Treppenabsätze hinaufstolperte, war ich außer Atem und bekam aus irgendeinem Grund ein ungutes Gefühl.

Das Messingschild an der Wand neben der Glastür besagte – auf Englisch und Griechisch –, dass es sich um die Kanzlei eines Rechtsanwalts handelte. Der Mann, der mir öffnete, nachdem ich geklingelt hatte, war fett und alt – zumindest erschien er mir mit meinen vierzehn Jahren so.

Er schnappte nach dem Päckchen in meiner Hand und sagte auf Englisch: »Komm rein und stell dich da drüben hin.«

Ich wünschte, ich hätte den Mut gehabt, ihm zu sagen, ich hätte erledigt, was mir aufgetragen worden war, und jetzt würde ich wieder gehen. Stattdessen machte ich auf dem Marmorfußboden eine Art nervösen Schritt zur Seite und sagte nichts.

Als er die Glastür abschloss, erfasste mich plötzlich Angst. Doch bevor ich in irgendeiner Weise hätte reagieren können, hatte er bereits eine andere Tür geöffnet und mich durch sie hindurchgestoßen. In der Mitte des kleinen fensterlosen Raums, in den er mich schob, befand sich ein Einzelbett und an seinem Fußende auf einem Stativ eine Videokamera. Als einziges anderes einem Möbelstück ähnelndes Teil in diesem Zimmer gab es einen Fernsehapparat, der stumm in einer Ecke spielte.

Ich war total verängstigt und überzeugt, er sei drauf und dran, mich zu ermorden, daher stand ich einfach nur da und gab kleine wimmernde Geräusche von mir wie ein besiegtes und unterwürfiges Tier. Als der Mann nach meinem Oberteil griff und mich auf das Bett schubste, war ich so schockiert, dass ich vollkommen den Verstand verlor und ich glaube, ich habe mich kaum gewehrt, als er mich auf den Rücken drehte, meinen Rock hochrollte, mir die Unterhose auszog und in mich drang. Der Schmerz war furchtbar, doch ich war zu entsetzt, als dass ich hätte weinen können.

Nachdem der Mann von mir hinabgestiegen war, hob ich meinen Kopf vom Bett und sah das Blut. Ich wusste nicht, dass das normal ist, wenn man zum ersten Mal Sex hat, und daher dachte ich, er hätte noch etwas Schlimmeres mit mir getan, als mich zu vergewaltigen. Und dann tat er es gleich noch einmal.

Erst danach, als ich neben dem Bett stand und meinen Rock glatt zu streichen versuchte, bemerkte ich, dass die stummen Szenen, die auf dem Fernsehapparat abgespielt wurden, aus einem fürchterlichen, brutalen Pornofilm stammten. Dann zog der Mann einen Haufen 50-Euro-Geldscheine aus der Tasche, drückte sie mir in die Hand und sagte mir, ich solle verschwinden.

»Geh«, wiederholte er mehrfach ärgerlich, während er mich zur Tür schubste – als könnte ich einen Grund haben, noch länger zu bleiben.

Ich hielt noch meine Schuhe in der Hand als ich auf die Tür des kleinen Raums zueilte. Als meine Zehen etwas berührten und über den Fußboden stießen, schaute ich hinab und sah die Schachtel, die Jak mir gegeben hatte und die jetzt von dem braunen Umschlag befreit war, sodass ich die Kondome erkennen konnte, die darin enthalten waren.

Ich musste mich an das Treppengeländer klammern, um nicht zu stürzen, während ich die Treppe hinabstolperte. Nachdem ich die Straße vor dem Bürogebäude überquert und mich in Jaks Arme geworfen hatte, liefen mir die Tränen, die ich vor Schock unterdrückt hatte, in Strömen über das Gesicht.

»Was ist los?«, fragte Jak. »Du zitterst ja am ganzen Körper. Was ist passiert?«

»Er ... Ich kann nicht ...«, stammelte ich.

»Warte.« Jak drehte sich halb zur Straße und hob eine Hand. »Wir nehmen jetzt ein Taxi, und dann kannst du mir in Ruhe erzählen, was passiert ist und weshalb du dich so sehr aufregst.«

Kurz darauf saßen wir hinten in einem Taxi, und während es in den Verkehr der belebten Straße einfädelte, berichtete ich ihm. Ich war viel zu schockiert und aufgebracht, um mir Gedanken über seine Reaktion zu machen, doch seine ruhige Antwort traf mich völlig unvorbereitet.

»Das tut mir leid«, sagte er. »Aber was sollen wir machen? Es geht vorüber. Ich liebe dich und du liebst mich. Bald haben wir genug Geld, um eine Familie zu gründen, und dann sind wir für immer zusammen.«

Anfangs verstand ich nicht, was er sagte. Niemand, der noch bei klarem Verstand war, würde einen anderen Menschen dieser fürchterlichen Erfahrung aussetzen, die ich gerade gemacht hatte. Daher war die Idee, Jak könne wirklich *gewusst* haben, was mir zustoßen würde, als er mich in das Bürogebäude geschickt hatte, schlichtweg nicht vorstellbar. Doch dann erinnerte ich mich an die Kondome und für einen Moment geriet meine Gewissheit ins Wanken. Aber ich wusste, dass es einen anderen Grund geben musste – denn Jak *liebte* mich doch.

Die Möglichkeit, dass es einen Zusammenhang zwischen dem, was mir gerade zugestoßen war, und dem Geld geben könnte, das Leon Jak in dem Hamburger-Restaurant gegeben hatte, zog ich noch nicht einmal in Betracht. Der Teil meines Gehirns, der normalerweise Informationsfragmente aufnimmt und zu etwas zusammenfügt, was Sinn macht, schien ausgeschaltet zu sein. Und alles lag so weit jenseits dessen, was ich jemals erlebt oder von dem ich je gehört hatte, dass es mir wie ein unwirklicher Albtraum vorkam. Als Jak mir sagte, ich solle ihm das Geld geben, händigte ich ihm daher den Haufen Geldscheine einfach aus, den mir der brutale Rechtsanwalt gegeben hatte.

»Na also!« Jak strich mit dem Daumen über die Kanten der Banknoten und blätterte sie dann schnell durch. »Wir können schon anfangen, für ein Auto zu sparen. Danach kaufen wir ein Haus. Und dann ...« Er tätschelte mein Knie, ohne mich anzuschauen. »Dann müssen wir für unsere Kinder leben.«

Ich erkannte immer noch keinen Zusammenhang zwischen dem, was er sagte, und dem, was ich mitgemacht hatte. Doch dann verstand ich es plötzlich, und die ganze Luft, die in meine Lunge hätte fließen sollen, schien sich am Ende meiner Kehle zu einem festen Klumpen verfestigt zu haben, sodass ich nicht mehr atmen konnte. Ich heulte nach wie vor, fast hysterisch, als das Taxi am Apartment von Jaks Vetter vorfuhr.

»Geh unter die Dusche«, sagte Jak, sobald wir drinnen waren. »Danach gehen wir aus und essen draußen etwas.«

»Ich habe keinen Hunger«, sagte ich. »Ich will nichts essen. Ich möchte mit dir reden. Und ich will mit meiner Mutter sprechen.«

Als ich dies sagte, erschien mir ein Gespräch mit meiner Mutter als das Einzige in der Welt, das für mich Wichtigkeit hatte.

»Nimm erst mal eine Dusche«, sagte Jak erneut. »Danach unterhalten wir uns.«

Meine Kleidung stank nach dem Schweiß des Mannes, der mir meine Jungfräulichkeit geraubt hatte. »Nein, nicht geraubt«, dachte ich traurig. »Gekauft hat er sie.«

Ich weiß nicht, wie lange ich unter der Dusche stand und versuchte, sämtliche Spuren des Rechtsanwalts von meiner Haut zu spülen, als ich Jak meinen Namen rufen hörte.

»Bin gleich fertig«, sagte ich, da ich wusste, dass mich, so lange ich auch unter der Dusche stehen mochte, keine noch so große Menge an Seife oder Wasser jemals wieder sauber machen würde.

Jak borgte sich das Motorrad seines Vetters und wir fuhren ans andere Ende der Stadt über eine felsige Strecke entlang des Strands und danach die Hügel hinauf. Als Jak anhielt und den Motor abstellte, nahm er meine Hand, schaute mir in die Augen und sagte: »Ich liebe dich.«

Doch diesmal wendete ich mich ab.

»Ich kann nicht tun, was du von mir verlangst«, sagte ich. »Es gibt andere Möglichkeiten, Geld zu verdienen. Vielleicht brauchen wir dann länger, das nötige Geld zu sparen, aber das macht doch nichts, oder?«

Während ich noch sprach, veränderte sich sein Gesichtsausdruck zu kalter Gleichgültigkeit, und ich spürte, wie sich die Muskeln in meinem Magen zusammenzogen, als ich sagte: »Ich muss mit meiner Mutter reden. Bitte, Jak, lass mich mit ihr telefonieren. Ich kann das nicht tun! Es muss doch noch einen anderen Weg geben.«

»Es gibt keinen anderen Weg«, sagte er. »Himmelherrgott, Megan, mach doch nicht so ein Theater. Ich habe dir gesagt, dass ich dich liebe und alles bestens wird. Was ist bloß los mit dir?«

Es war, als hätten sich mein gesamter Selbstekel und die Furcht zu einer festen Masse aus Wut zusammengeballt, und ich schrie ihm entgegen: »Ich *will* jetzt mit meiner Mutter reden. Ich tue das nicht! Es ist einfach unglaublich, dass du so etwas von mir verlangst.«

Was Jak daraufhin mit mir anstellte, überraschte mich dermaßen, dass ich nicht einmal hätte reagieren können, wenn ich es vorher geahnt hätte. Er sprang vom Motorrad, griff nach meinen Haaren, schleuderte mich zu Boden und trat auf mich ein. Instinktiv rollte ich mich zu einer Kugel zusammen und versuchte mein Gesicht mit den Armen zu schützen, während er mir weiterhin mit derartiger Wucht in den Rücken trat, dass ich das Gefühl hatte, sämtliche Knochen meiner Wirbelsäule würden gebrochen. Während er unaufhörlich auf mich eindrosch, brüllte er mich auf Albanisch an. Dann beugte er sich hinab, nahm einen Stein und warf ihn nach mir, spuckte auf meinen Körper, schwang sich auf das Motorrad und brauste davon. Ich blieb auf dem felsigen Boden liegend zurück, in einem Zustand physischen und psychischen Schocks.

Das Geräusch des Motorrads verebbte in der Ferne, als ich mich langsam aufrappelte. Jede Bewegung ließ mich vor Schmerzen wimmern, während ich zu einem Felsen kroch und mich an ihm hochzog, sodass ich mich auf ihm niederlassen konnte.

»Bitte, komm zurück«, schluchzte ich in die Stille. »Entschuldige, Jak! Lass mich hier nicht allein. Bitte, lass alles wieder gut werden.«

Was ich mir allerdings wirklich wünschte, mehr noch, als Jaks Rückkehr, war die Anwesenheit meiner Mutter.

5

Ich hatte kein Handy, kein Geld und niemanden, den ich um Hilfe bitten konnte, außer Jak. Daher saß ich die ganze Zeit auf dem Felsen und muss stundenlang vor mich hingemurmelt haben: »Er kommt bestimmt zurück.«

Es begann bereits zu dunkeln und kalt zu werden, als ich in der Ferne das Geräusch eines Motorrads hörte. Und ich sagte mir: »Das ist Jak und nicht irgendein Fremder, der mich hier in der Dunkelheit finden wird.«

Ich war so erleichtert, als Jaks Motorrad um eine Kurve bog, dass ich ihm bereits alles verziehen hatte, selbst wenn er sich nicht entschuldigt und mir ständig gesagt hätte, dass er mich liebte. »Es ist alles in Ordnung«, versicherte ich ihm ein Dutzend Mal. Und ich war wahrhaftig davon überzeugt, alles, was geschehen war, müsse mein Fehler gewesen sein.

Trotz seiner scheinbaren Zerknirschtheit brachte dieser Vorfall einen Wendepunkt in Jaks Verhalten mir gegenüber. Wenn ich mir das heute vor Augen führe, glaube ich, dass er den Prozess eingeleitet hatte, mich systematisch zu zerbrechen. Plötzlich schien alles an mir schlecht zu sein – die Kleidung, die ich trug, mein Aussehen, meine Frisur, was ich sagte. Ich hatte Angst davor, ihn aufzuregen, teils weil ich fürchtete, wieder körperlich angegriffen zu werden, aber auch weil ich dachte, er könne mich verlassen, wenn ich weiterhin etwas falsch machen würde. In Wirklichkeit wurde ich immer abhängiger von ihm, sowohl faktisch als auch emotional. Daher war es nur folgerichtig, dass ich fast immer tat, was er von mir verlangte.

Als in meiner Kindheit die Beziehung meiner Mutter mit John in die Brüche zu gehen begann, wurde sie von ihren eigenen Problemen überwältigt. Zu Beginn meiner Pubertät stritt ich mich mit ihr über die unwichtigsten Dinge, da ich überzeugt war, ich zählte überhaupt nicht für sie. Und natürlich glaubte ich, es sei meine Schuld gewesen, dass mein Vater uns verlassen hatte und dass er habe mich nicht geliebt hatte. Jetzt empfand ich genauso in meiner Beziehung mit Jak: Wenn er wütend auf mich war, ging ich davon aus, ich sei nicht gut genug.

Zwei Tage nachdem ich von dem Rechtsanwalt vergewaltigt worden war, zogen Jak und ich in ein Hotel und ich begann als Callgirl zu arbeiten. Während der folgenden sechs Monate wechselten wir von dem einen schäbigen und billigen Hotel zum nächsten und ich hatte jeden Tag Sex mit sechs bis acht Männern. Jak brachte mich immer mit dem Taxi zu den Männern nach Hause oder in ein Hotelzimmer. Dann wartete er in einem Café auf mich und brachte mich zum nächsten Freier. Ich trug die Kleidung, die er für mich kaufte, und schlief mit den Männern, die er mir zuordnete. Wenn ich sagen würde, dass ich es hasste, wäre das eine lächerliche Untertreibung. Ich weiß nicht, weshalb ich nicht herumgetobt und mich nicht geweigert habe. Ich denke, es war, weil ein Teil von mir bereits abstumpfte und weil der Widerstand von Tag zu Tag geringer wurde, bis er schließlich ganz verschwand.

Erst nachdem ich mit der Arbeit als Callgirl angefangen hatte, hatten Jak und ich zum ersten Mal Sex miteinander. Er zwang mich nicht dazu, doch es gefiel mir nicht. Vielleicht machte es mir die Tatsache, dass ich zur Prostituierten geworden war, unmöglich, den Sex mit irgendjemandem zu genießen, selbst mit dem Mann, von dem ich immer noch glaubte, dass ich ihn liebte. Nach dem ersten Mal schlief er mit mir jeden Morgen und jeden Abend, selbst wenn er sauer auf mich war.

Was sich tagsüber abspielte, war meistens vorhersehbar. Was ich jedoch nie vorher einschätzen konnte, war die Laune, die Jak abends haben würde. Manchmal bestellte er Essen, und dann saßen wir zusammen in irgendeinem trostlosem Hotelzimmer und schauten uns einen Film im Fernsehen an. Bei diesen Gelegenheiten blendete ich einfach aus, was ich tagsüber getan hatte, und fühlte mich beinahe zufrieden. Weit häufiger jedoch geschah es, dass er abends aus unerfindlichen Gründen in Rage geriet und mich verprügelte.

Manchmal demütigte und beschämte er mich auch in der Öffentlichkeit. So saßen wir beispielsweise eines Tages in einem Café und tranken Kaffee als ich etwas sagte, was ihn erzürnte. Ohne Vorwarnung stand er auf, warf dabei fast den Tisch um und kippte mir einen Krug mit Wasser über den Kopf, bespuckte mich und verschwand, während ich da saß und von allen angestarrt wurde.

Ich hasste es auch, wie er meine Mutter schlechtmachte. Er wusste nichts über sie, trotzdem erzählte er mir ständig: »Keine albanische Mutter würde sich jemals so verhalten wie sie.«

Das war eine ziemlich gewagte Äußerung von jemandem, dessen Mutter wohl auch keine saubere Vergangenheit hatte, wie ich heute vermute, und die zumindest über die Verbrechen informiert war, in die ihr Sohn verstrickt war. Ich allerdings wusste damals noch nichts von all dem. Es regte mich nur auf, wenn er so über meine Mutter sprach, da ich sie wirklich liebte. Noch schlimmer als die Beschimpfungen meiner Mutter war es, wenn Jak sagte, sie sei sexy, und wenn er nicht aufhörte, zu beschreiben, was er alles mit ihr anstellen würde, selbst wenn ich heulte und ihn anflehte, den Mund zu halten.

Wenn ich ihm sagte, es ärgere mich, wenn er derartig über meine Mutter rede, lachte er nur. Natürlich ist mir heute bewusst, dass es keineswegs nur Gefühllosigkeit oder zufällige Widerwärtigkeit war, die ihn dazu veranlasste. Alles was er über meine Mutter sagte, war kalkuliert und wohlüberlegt, da er einen Keil zwischen uns zu treiben versuchte. Wenn es ihm gelang, uns zu trennen – sowohl emotional als auch physisch –, wäre ich vollkommen abhängig von ihm und damit auch leichter zu kontrollieren und zu manipulieren.

Nachdem ich mehrere Wochen als Callgirl gearbeitet hatte, fühlte ich mich krank. Als ich mich mehrere Male übergab, brachte mich Jak ins Krankenhaus, wo ich untersucht wurde und man mir mitteilte, ich sei in der zehnten Woche schwanger. Ich freute mich riesig, zumal Jak ebenfalls glücklich zu sein schien. Kaum dass wir aus dem Krankenhaus gekommen waren, rief ich meine Mutter an, und obwohl ich nicht behaupten kann, dass sie freudig auf die Nachricht reagierte, war ich doch erleichtert, weil sie die Möglichkeit einer Abtreibung gar nicht erst erwähnte, wie ich es von ihr halb erwartet hatte. Die Tatsache, dass ich mit vierzehn schwanger war, schien mir unproblematisch. Eher im Gegenteil, denn es bedeutete, dass ich mit der Arbeit als Callgirl würde aufhören können, und dann würden Jak und ich und unsere Kinder glücklich zusammenleben.

Obwohl ich zwei regelmäßige Kunden hatte, die kein Kondom benutzten, drang nur Jak in mich. Daher gab es keinen Zweifel, dass das Baby von ihm war. Es war erst ein paar Wochen her, dass meine Mutter der einzige Mensch auf Erden gewesen war, der sich überhaupt um mich kümmerte. Jetzt hatte ich Jak und bald würde ich ein Baby haben, das ich lieben und umsorgen konnte und das auch mich lieben würde.

An diesem Abend rief Jak seine Mutter an und meinte, nachdem er mit ihr gesprochen hatte: »Meine Mutter sagt, du solltest das Baby nicht behalten. Sie findet, es sei noch zu früh und würde nur alles ruinieren.«

Die Blase der Glückseligkeit, in der ich den ganzen Tag herumgehüpft war, zerplatzte jäh und ich war niedergeschmettert. Ich konnte mir nicht vorstellen, was seine Mutter meinte – doch damals wusste ich ja auch noch nicht, was Jak wirklich für meine Zukunft plante. Als ich ihm sagte, wie wütend ich sei, dass seine Mutter eine Abtreibung auch nur in Betracht gezogen habe, gerieten wir uns kräftig in die Haare, er stürmte aus dem Hotel und ließ mich heulend auf dem Bett sitzend zurück.

Als er ein paar Stunden später wiederkam, aßen wir etwas, schauten Fernsehen und gingen danach ins Bett ohne dass einer von uns viel gesagt hätte. Nachdem die Beschwerden bei mir eingesetzt hatten, konnte ich nachts nur schlecht schlafen, daher hatte ich während der letzten Nächte auf einer Art Gummimatte auf dem Fußboden geschlafen. Ich legte mich in dieser Nacht wieder dorthin und nachdem Jak ins Bett gekrochen war, begannen wir uns zu unterhalten. Ich sagte ihm, die Tatsache, dass wir ein Baby bekommen würden, müsse uns doch glücklich machen, und dann versuchte ich zu erklären, weshalb ich so wütend auf seine Mutter war. Danach, glaube ich, fingen wir wieder an zu streiten.

Plötzlich hielt ich es nicht mehr aus. Ich stand auf, ging hinüber zum Bett und sagte: »Bitte, Jak, lass uns nicht mehr zanken.«

Dann beugte ich mich zu ihm hinab, um ihn zu umarmen, als sein Fuß unter der Bettdecke hervorschoss und mich mit solcher Wucht im Bauch traf, dass ich über den Fliesenboden bis zur anderen Seite des Zimmers schlitterte. Einen Moment lag ich nur dort, zusammengekauert an der Wand, schockiert und fassungslos. Danach setzten die Schmerzen ein – anfangs irgendwo tief in meinem Bauch und sich dann wie Feuer in meinem ganzen Körper ausbreitend. Ich lehnte immer noch an der Wand und schluchzte, während Jak sich umdrehte und einschlief.

Als ich am nächsten Morgen blutete, bekam ich es mit der Angst zu tun. Jak ging mit mir in eine Apotheke und kaufte mir irgendein Schmerzmittel gegen Menstruationsbeschwerden. Aber obwohl ich in den nächsten beiden Wochen fast ständig Schmerzen hatte, schlug er nicht ein einziges Mal vor, ich solle ins Krankenhaus gehen, und ich traute mich nicht, ihn darum zu bitten.

Ich war mir gar nicht darüber im Klaren, dass ich eine Fehlgeburt hatte. Als mir dann bewusst wurde, dass ich das Baby verloren hatte, erschien es mir wie eine Tragödie; obwohl es in Wirklichkeit ein Segen war – ganz gewiss für das Kind, denn weiß Gott, was ihm zugestoßen wäre, wenn es zur Welt gekommen wäre.

Erst sehr viel später ließ ich den Gedanken zu, dass Jak nicht einfach nur aus einem unbedachten Wutausbruch heraus nach mir getreten hatte. In meiner damaligen Situation wusste ich ja noch nichts über Abtreibung und Fehlgeburten oder das, was wirklich wichtig war, wenn man ein Baby bekam. Heute ist mir klar, dass Jak es sehr wohl wusste, und dass er sich genau darüber im Klaren war, was er tat, als er mich trat. Zu jener Zeit verging kaum ein Tag, an dem er mich nicht verprügelte, mir auf den Kopf schlug oder mich an den Haaren durchs Zimmer zerrte. Doch er passte stets auf, dass er an keinem Körperteil Spuren hinterließ, die von irgendjemandem hätten entdeckt werden können. Und er trat mir nie wieder in den Bauch.

Während er die Kontrolle über jeden Bereich meines Lebens übernahm, entwickelte ich immer mehr Angst vor ihm. Er geriet unerwartet in Rage, häufig durch eine Eifersucht ausgelöst, die mir unter diesen Umständen total grotesk vorkam, auch wenn ich zunehmend verwirrt und desorientiert war. Manchmal befragte er mich über einen der Männer, die an diesem Tag dafür bezahlt hatten, Sex mit mir zu haben. »Erzähl mir, was du mit ihm gemacht hast«, sagte er dann. »Komm, erzähl weiter. Es hat dir Spaß gemacht, stimmt's?«

Ich hätte ihn am liebsten angebrüllt, dass ich es *gehasst* hatte und mir nicht der Sinn danach stand, auch nur darüber zu reden. Doch wenn ich seine Fragen nicht beantwortete, wurde er nur umso wütender. Also beschrieb ich die scheußlichen, verruchten Dinge, die der Mann mit mir angestellt hatte, und danach hatte auch Jak Sex mit mir. Und obwohl es nur eine weitere Qual war, von der ich behaupten musste, ich hätte sie genossen, liebte ich ihn immer noch, auch wenn das lächerlich klingen mag, wenn ich es heute sage.

Manchmal brachte er mich zu den Leuten nach Hause, doch häufiger ging ich in Hotelzimmer. Glücklicherweise wollten die meisten nur »normalen Sex«, und wenn sie ihn gehabt hatten, waren sie fast genauso froh wie ich, dass sie sich aus dem Staub machen konnten. Einige suchten einfach nur Gesellschaft, andere wollten Dinge tun, von denen ich mir nicht vorstellen konnte, dass irgendjemand sie jemals tun wollte.

Einer meiner regelmäßigen Kunden war ein Geschäftsmann namens Andreas, der ein schönes Haus in einem wohlhabenden Viertel von Athen besaß. Er buchte mich gewöhnlich für eine Stunde, daher setzte mich Jak dort ab und wartete dann in einem Café an einem nahegelegenen Platz auf mich. Andreas wollte nicht jedes Mal Sex. Manchmal bestellte er ein Essen, und wir setzten uns hin und schauten Fernsehen; manchmal redete er einfach mit mir – in fließendem Englisch – über Politik und all die anderen Dinge, die ihn interessierten. Er muss einsam gewesen sein, aber er war nett und fröhlich, und ich kam gut mit ihm zurecht und freute mich immer darauf, zu ihm zu gehen.

Obwohl Andreas zu der Sorte Menschen zu gehören schien, denen man vielleicht vertrauen konnte, achtete ich ganz genau darauf, was ich sagte, falls er es Jak berichten sollte. Dennoch erzählte ich ihm von Jak – dass er mein Freund sei und dass wir vorhätten, ein Haus zu bauen und eine Familie zu gründen. Ich wusste nicht, wie das System der Prostitution funktionierte; tatsächlich wusste ich nicht einmal, dass es ein System gab oder dass ich Teil dieses Systems war. Daher erzählte ich Andreas, ich sei eine »freiwillige Prostituierte«, die auf eigene Rechnung arbeite, und er überreichte mir jedes Mal zusätzlich 50 Euro, wenn ich ging – die ich dann immer sofort bei Jak ablieferte.

Eines Tages sagte Andreas, er würde mich gerne ohne die Vermittlung von Leon oder Jak treffen.

»Das kann ich mir nicht erlauben«, sagte ich ihm. »Dann würde ich meinen Job verlieren. Und außerdem liebe ich Jak.«

»Na gut, falls du irgendwann mal die Chance haben solltest«, meinte er, »wenn du irgendwann unabhängig sein solltest, dann melde dich bei mir.«

Er schrieb seine Telefonnummer auf einen Fetzen Papier und überreichte ihn mir, und bevor ich das Haus verließ, rollte ich ihn zu einer winzigen Kugel zusammen, stopfte diese unten in meine Handtasche und betete, Jak möge sie niemals finden.

Andererseits gab es unter meinen Kunden einen Mann, der

auf Peitschen stand. Nach dem ersten Mal flehte ich Jak an, er solle verhindern, dass ich wieder dorthin müsse, aber der Kerl bezahlte 1000 Euro pro Stunde. Er wurde zum regelmäßigen Freier und ich traf ihn mindestens alle zwei Wochen, immer im gleichen »Liebeshotel« im Stadtzentrum, wo die Leute Zimmer stundenweise mieten konnten.

Er hatte eine große Tasche bei sich, wie man sie gewöhnlich zum Sport mitnimmt, nur dass diese mit Peitschen und Rohrstöcken gefüllt war. Manchmal schlug er mich so hart, dass sich meine Haut anfühlte, als würde meine Haut in Flammen stehen und als sei jeder Zentimeter meines Rückens mit geschwollenen und blutenden Striemen bedeckt. Er filmte alles mit einer Videokamera, die immer auf einem Stativ stand, und wenn ich weinte und ihn bat, damit aufzuhören, antwortete er mir lediglich, ich solle den Mund halten.

Neben dem Peitschen machte er auch Analsex mit mir, was ebenfalls unheimlich schmerzhaft war. Wenn er fertig war, zog er mich vom Bett und sagte: »Geh auf die Knie und öffne den Mund.«

Dann urinierte er auf mein Gesicht. Ich versuchte immer, meinen Mund geschlossen zu halten, was schwierig war, da ich für gewöhnlich heulte und er wurde wütend und schrie mich an: »Beim nächsten Mal darfst du es schlucken.«

Mit etwas Selbstwertgefühl würde das niemand über sich ergehen lassen. Doch ich fühlte mich bereits wie ein Stück Scheiße, daher war ich wohl davon überzeugt, nichts anderes verdient zu haben, als erniedrigt und gedemütigt zu werden. Der Mann sprach ebenfalls gutes Englisch und so versuchte ich mit ihm zu reden. Ich hatte die Hoffnung, er könne vielleicht Mitleid mit mir haben, wenn er mich als mehr als nur ein Objekt betrachtete, das er filmte. Allerdings forcierte ich es nicht, da ich Angst hatte, ich könne ihn erzürnen und anschließend richtigen Ärger mit Jak bekommen. Aber ich hätte mir keine Sorgen zu machen brauchen, da er ohnehin nicht zuhörte: schließlich bezahlte er nicht eine erhebliche Summe, um sich von mir irgendetwas sagen zu lassen. Immerhin hörte er nach einiger Zeit damit auf, in mein Gesicht zu urinieren, und er peitschte mich auch nicht mehr ganz so heftig aus.

Als ich ihn das letzte Mal sah, hatte ich gerade eine heftige Auseinandersetzung mit Jak hinter mir. Ich hatte einen Magen-Darm-Infekt, der mir wirklich zu schaffen machte, und als ich Jak sagte, mir gehe es zu schlecht, um an diesem Tag zur Arbeit zu gehen, bekam er einen Tobsuchtsanfall und brüllte mich an: »Stell dich nicht so an! Du hast eine kleine Magenverstimmung, und schon gibst du klein bei. Ich weiß nicht, was schlimmer an dir ist, deine Weichheit oder deine Blödheit. Denkst du überhaupt mal an jemand anderen als an dich selbst? Du wirst gehen. Ich brauche das Geld.«

Obwohl ich damals Angst vor Jak hatte, stritt ich mich manchmal mit ihm. Ich glaube, was mir bei diesen Gelegenheiten Mut verlieh, war die Tatsache, dass ich immer noch der Überzeugung nachhing, wir seien ein Paar, und all die unsagbar fürchterlichen Dinge, die ich machte, seien für unser künftiges Zusammenleben. Daher hatte er vielleicht recht, zumindest was meine Dummheit betraf. Was mich an jenem Tag so aufregte, war, dass er sagte, *er* brauche das Geld, nicht »wir«, obwohl ich mir gerade noch darüber im Klaren war, dass es nicht lohnte, deswegen einen großen Aufstand zu machen. Daher zog ich mich an, schminkte mich und fuhr mit ihm in einem Taxi zum »Liebeshotel«.

Im Taxi hatte ich auf dem Weg dorthin geweint, und als ich an die Tür des Hotelzimmers klopfte, muss ich ziemlich fürchterlich ausgesehen haben. Ich setzte mich auf das Bett und versuchte mein Make-up wieder in Ordnung zu bringen, als mich der Mann fragte: »Was ist los? Ist irgendetwas vorgefallen? Erzähl mir, worum es geht.«

In seiner Stimme schien echte Anteilnahme zu liegen, und ich war total niedergeschlagen. Daher sagte ich ihm: »Ich weiß nicht, was ich davon halten soll, diese Arbeit zu machen. Ich habe Sex mit all diesen Leuten, und es ... es ist, als wäre ich gar nicht wirklich da.«

Es war eine klägliche Beschreibung, besonders mit Blick auf das, worüber ich in Wirklichkeit sprach. Aber ich wusste nicht, wie ich es anders hätte ausdrücken sollen. Was ich tat, hätte ich mir nie auch nur vorstellen können, und das Gefühl, das sich dabei bei mir einstellte, konnte ich nicht in Worte fassen.

Der Mann setzte sich neben mich aufs Bett und begann mir Fragen zu stellen. Mit wie vielen Männern hatte ich täglich Sex? Wie viel Geld bekam ich? Ich sagte ihm, dass ich überhaupt kein Geld bekäme. »Mein Freund bewahrt es auf«, sagte ich. Und dann fügte ich schnell hinzu, um gar nicht erst den Gedanken aufkommen zu lassen, Jak könne ein schlechter Mensch sein: »Aber er bezahlt auch unser ganzes Essen und die anderen Sachen.«

Im Nachhinein klingt es verrückt, dass ich da in einem Hotelzimmer saß und mich einem Mann anvertraute, der 1000 Euro pro Stunde dafür bezahlte, filmen zu können, wie er mich auspeitschte und Analsex mit mir hatte. Ich hatte einen Tiefpunkt erreicht – oder glaubte es zumindest, da ich damals nicht wusste, dass es noch schlimmer werden konnte –, und es schien besser zu sein, mit ihm reden zu können, als mit überhaupt niemandem. Und er machte den Eindruck, als hörte er mir zu. Daher wagte ich bereits zu hoffen, er würde mir Hilfe anbieten, als er von all seinen wichtigen, einflussreichen Kontakten im internationalen Filmgeschäft zu erzählen begann.

»Weißt du was?«, sagte er plötzlich, beugte sich nach unten und holte eine Pistole aus seiner Tasche. »Ich weiß schon gar nicht mehr, wie oft ich mir diese Pistole angeschaut und darüber nachgedacht habe, allem ein Ende zu bereiten.« Er legte sie von einer Hand in die andere. »Fühlst du dich heute auch so? Hast du das Gefühl, als wolltest du alles beenden?«

Eine Ader in meiner Schläfe begann zu pochen und ich spürte den säuerlichen Geschmack von Erbrochenem in mir aufsteigen. Doch ich zwang mich weiterzuatmen. »Fühlst du dich heute auch so?«, fragte er erneut.

Als ich immer noch nichts erwiderte, änderte sich sein Tonfall, und er sagte ärgerlich: »Ich habe dir eine Frage gestellt. Antworte!«

»Ich schätze, dass ich mich ein bisschen so fühle«, flüsterte ich. »Aber ich würde es nie tun.«

»Nimm die Pistole«, sagte er, und seine Stimme war jetzt ganz ruhig. »Los, nimm sie.« Er legte sie mir in die Hand. »Sie ist geladen.«

»Nein, bitte, ich ...« Mein Herz raste, doch als ich ihm die Pistole zurückgeben wollte, nahm er sie nicht.

Plötzlich stand er auf und befahl mir: »Halt sie dir an den Kopf! Niemand sollte so leben müssen. Setz dir einfach die Pistole an den Kopf, drück ab, und schon hast du alles hinter dir.«

Ich presste das kalte Metall der Pistole an meine Schläfe und begann zu schreien.

»Pst!«, sagte er. »Es ist alles in Ordnung. Zieh am Abzug.«

Und ich drückte ab.

Vor diesem Tag hätte ich kategorisch von mir gewiesen, zu

jener Sorte Menschen zu gehören, die jemals versuchen würden, sich das Leben zu nehmen – was für eine Sorte Mensch das auch immer sein mag. Vielleicht lag es daran, dass ich in einem kurzen, erhellenden Gedankenblitz verstand, wie mein Leben mit Jak wirklich war und dass ich in Wirklichkeit gar kein eigenes Leben besaß, egal was ich mir vorgemacht hatte. In diesem Sekundenbruchteil, als ich die Pistole an meine Schläfe drückte und nichts wahrnahm außer der Stimme des Mannes, die mir sagte, wie einfach es sei, diesem fürchterlichen Fiasko, ein Ende zu setzen, verlor ich den Bezug zur Realität.

Es heißt, Menschen, die Selbstmord begehen, hätten sich getötet, weil das Gleichgewicht ihres Geistes gestört gewesen sei. Aber vielleicht tun sie es auch manchmal während eines kurzen Moments, wenn sie die Dinge klar sehen und erkennen, dass es ihr einziger Ausweg ist. Für mich hingegen war es nur der vorübergehende Moment einer Geistesstörung, daher hatte ich großes Glück, dass die Pistole nicht geladen war und ich mir nicht in einem »Liebeshotel« in Athen eine Kugel in den Kopf jagte.

Nachdem ich den Abzug gezogen hatte, ließ ich die Pistole auf den Boden fallen und saß immer noch in einem Schockzustand auf dem Bett, als sich der Mann nach unten beugte und die Pistole aufhob. Dann lachte er und sagte: »Du warst drauf und dran, es zu tun, stimmt's? Ist es wirklich so schlimm? Nun gut, ich werde dich nicht mehr treffen. Du hast offensichtlich Probleme.«

Obwohl ich erst sehr viel später dahinterkam, wurden viele der Jobs, die ich verrichtete, von dem Franzosen Leon arrangiert, dem Mann, dem ich im Hamburger-Restaurant begegnet war und der sich die Einnahmen mit Jak teilte. Während der folgenden Tage wartete ich ängstlich auf den Moment, wenn

Jak erfuhr, dass sich der reiche Peitschenmann entschlossen hatte auf meine Dienste zu verzichten. Das würde Jak auf die Palme bringen. Doch aus irgendeinem Grund kam es nicht dazu und er erwähnte mir gegenüber diesen Mann nie wieder.

Die Tatsache, dass die heftige Prügel, die ich von Jak erwartet hatte, an mir vorübergegangen war, verringerte nicht die unauslöschliche Narbe, die dieser Zwischenfall bei mir hinterließ. Ich dachte immer wieder daran, wie dicht ich davor gestanden hatte, mich selbst umzubringen, und ich erlebte es in der Rückblende immer wieder und hatte Albträume, nach denen ich in kalten Schweiß gebadet aufwachte, weil ich geträumt hatte, das Klicken der leeren Pistole zu hören.

Ich verstand nicht, wie jemand einem anderen Menschen antun konnte, was dieser Mann mit mir gemacht hatte; er kannte mich doch überhaupt nicht und hatte auch keinerlei Grund, mich nicht zu mögen. Allerdings hatte er in einer Sache recht gehabt: Ich hatte offensichtlich »Probleme«. Ich begann zu glauben, ich sei nicht normal, schließlich würde sich doch kein normaler Mensch, der nicht wirklich sterben wollte – was bei mir ja der Fall war –, eine Pistole an die Schläfe setzen und abdrücken, wie sehr er auch von jemand anderem dazu genötigt und herausgefordert wurde.

Bereits vor diesem Tag war ich tief unglücklich und verwirrt gewesen; danach schien ich nicht mehr in der Lage zu sein, irgendetwas auf die Reihe zu bringen. Ich redete mir immer wieder ein, ich hätte wenigstens noch Jak. Doch wenn das stimmte, weshalb gab es dann in meinem Inneren ein schwarzes Loch der Einsamkeit, das mit jedem Tag größer zu werden schien? Tatsächlich war der einzige Mensch auf der ganzen Welt, der sich Sorgen um mich machte, meine Mutter, und ich fragte mich allmählich, ob ich sie jemals wiedersehen würde.

Doch es dauerte nicht lange bis nach meinem ungewollten Selbstmordversuch, dass meine Mutter nach Griechenland kam, um mit Nikos zusammenzuleben, dem Besitzer der Bar, in der ich Jak zum ersten Mal begegnet war. Während sie noch in England war, hatte mich Jak gelegentlich sein Handy benutzen lassen, um sie anzurufen. »Sag ihr, dass du als Kellnerin arbeitest«, meinte er dann. »Und erzähl ihr, wie glücklich du bist.«

»Es macht wirklich Spaß«, erzählte ich meiner Mutter. »Und ich verdiene gutes Geld. Jak und ich sparen darauf, unser eigenes Haus zu bauen. Wir haben jede Menge Pläne für die Zukunft.«

Während ich das sagte, konnte ich mir das Haus in meiner Vorstellung ausmalen und dachte daran, wie beeindruckt meine Mutter und Nikos sein würden, wenn sie uns dort besuchen kämen und sehen könnten, wie sehr ich mich um alles kümmerte.

»Hauptsache, du bist wirklich glücklich und Jak sorgt für dich«, sagte meine Mutter.

»Oh, ja, das tut er«, versicherte ich ihr, schloss die Augen für einen Moment und schluckte den Kloß hinunter, der sich in meiner Kehle gebildet hatte.

Als sie dann nach Griechenland kam, hatte Jak mir ein eigenes billiges Handy gekauft, sodass ich ihn anrufen konnte, wenn ich einen Job erledigt hatte, und er ließ mich damit auch meiner Mutter eine SMS schreiben oder sie anrufen. Allerdings durfte ich die Nummer keinem anderen Menschen geben – wobei es ja niemanden gab, dem ich sie hätte überlassen können. Jak überprüfte das Handy jeden Tag, um sicherzugehen, und er las jede SMS, die zwischen mir und meiner Mutter hin und her ging: »Alles in Ordnung bei dir?« – »Ich liebe dich.« – »Ich kann es gar nicht erwarten, dich zu sehen.«

Er schien sich keine Sorgen zu machen, dass ich bei einem Telefonat die Wahrheit erzählen würde. Ich nehme an, er war sehr überzeugt von seiner eigenen manipulativen Kraft und vielleicht auch von meiner Leichtgläubigkeit. Und er sorgte dafür, dass ich Angst vor Leon hatte, indem er Sachen wie diese sagte: »Du machst bestimmt nichts, was ihn aufregen könnte – und du kannst mir glauben, er *würde* dahinterkommen.«

Vielleicht entsprach das der Wahrheit, vielleicht war es aber auch nur hilfreich, die Tatsache zu verschleiern, dass es Jak selbst war, vor dem ich die größte Angst haben musste.

6

Nachdem wir ein paar Monate in Athen verbracht hatten, bekam Jak eines Tages einen Anruf von einem albanischen Freund namens Edi, der in Italien lebte.

»Da kann man eine Menge Geld machen«, sagte er mir danach. »Edi meinte, wir sollten eine Weile zu ihm kommen und es dort probieren.«

Ich sagte, dass ich keine Lust hätte, doch Jak hatte sich bereits entschieden.

Ich machte mir nicht wirklich Gedanken darüber, was es bedeutete, dass Jak einen Freund in Italien hatte, der sich mit dem Geschäft der Prostitution auskannte. Ich hatte es wohl aufgegeben, dahinterkommen zu wollen, weshalb was geschah. Wenn ich darüber nachgedacht hätte – oder mich gefragt hätte, woher er Leute wie Leon kannte –, wäre ich vielleicht zu dem Ergebnis gekommen, dass Jak bereits etwas über Prostitution wusste, bevor er mich getroffen hatte, und dass er mich nicht zufällig zum Anschaffen schickte.

Ein paar Tage später holte uns Edi an der Fähre in Italien ab und nahm uns in seinem Auto mit, um uns die Straße zu zeigen, auf der ich arbeiten würde. Zu diesem Zeitpunkt konnte ich ein bisschen Griechisch und wusste mehr oder weniger, wie die Dinge in Griechenland liefen. Daher graute mir davor, wieder in einem Land anfangen zu müssen, dessen Sprache ich weder sprach noch verstand. Womit ich überhaupt nicht gerechnet hatte, war die Tatsache, dass ich draußen arbeiten sollte.

»Ich will nicht auf der Straße stehen«, sagte ich Jak und Edi mit vor Panik schriller Stimme. »Kann ich denn nicht als Callgirl arbeiten?«

Vor ein paar Wochen noch hatte mich der Gedanke, als Callgirl zu agieren, entsetzt und geängstigt; jetzt erschien er mir als das kleinere Übel.

»Es wird dir gefallen«, sagte Edi, als wollte er ein grundlos ängstliches, quengeliges Kind beruhigen.

Es gab Zeiten – wie diese –, in denen ich mich fühlte, als hätte man mich in das Leben einer anderen Person eingeschlossen. Ich war wie eine Schauspielerin in einem Film, die man irrtümlich für eine andere Rolle ausgewählt hatte und die jetzt aus Gründen der Handlungsstruktur beschloss, weiterzumachen und so zu tun, als wäre sie wirklich die Person. Man hatte mir versehentlich die Rolle einer Prostituierten zugewiesen, aber am Ende würde sich alles zum Guten wenden, solange ich an der Erinnerung festhielt, wer ich wirklich war.

Das Problem war allerdings, dass Jak vergessen zu haben schien, dass ich keine echte Prostituierte war, und das erschwerte es mir manchmal, Sicherheit über meine wahre Identität zu erlangen. Das Problem würde sich noch verschärfen, so glaubte ich, wenn ich an einer Straßenecke stehen und darauf warten müsste, dass mich irgendein fremder Mann aufsammelte, der Sex mit mir haben wollte.

An diesem Abend fuhr Edi eine lange, spärlich beleuchtete Straße entlang, wo bereits Dutzende Mädchen und Transsexuelle an ihren Plätzen waren, bereit für die Arbeit der Nacht, die vor ihnen lag. Er hielt mit dem Auto ein kleines Stück hinter der Stelle, wo das letzte Mädchen stand, direkt außerhalb des Lichtbogens der letzten Straßenlaterne und sagte: »Hier wirst du morgen Nacht arbeiten. Wir parken da drüben.« Er deutete irgendwohin in die Dunkelheit der anderen Straßenseite. »Wir können von dort aus sehen, was passiert, und wir folgen jedem Auto, in das du steigst.«

»Das kann ich nicht«, flüsterte ich, doch weder er noch Jak schienen mich zu hören.

Am nächsten Morgen nahmen die beiden Männer mich mit und kauften einen kurzen Rock für mich, ein bauchfreies Oberteil und ein Paar Stöckelschuhe mit Pfennigabsätzen. Es war diese Art auffälliger und billiger Kleidung, der man sofort ansah, dass sie von Nutten getragen wurde, und sie unterschied sich ziemlich deutlich von den eher dezenten, fast kindlichen Klamotten, mit denen mich Jak bislang ausgestattet hatte. Als es gerade zu dunkeln begann, richtete ich mein Haar und schminkte mich, Jak bedeckte meinen ganzen Körper mit glitzerndem Gel, und dann fuhr uns Edi zu der Straße, in der sich die Prostituierten bereits aufreihten.

Bevor sie mich absetzten, ging Edi vom Gas, als wir an zwei großen Bäumen vorbeifuhren, die durch einen Rasenstreifen auf der anderen Straßenseite von »meinem Platz« getrennt waren. »Da vorne parken wir«, sagte er. »Solange du an der Stelle bleibst, die ich dir gezeigt habe, können wir dich von dort aus sehen. So bist du total sicher.«

Bei dem, was ich mich zu tun anschickte, konnte nicht die Rede davon sein, dass es »total sicher« sein würde. Selbst wenn man wirklich sehr naiv und bereit war, sich etwas in die Tasche zu lügen, konnte man das erkennen. Noch einmal, ich weiß nicht, weshalb ich nicht einfach gesagt habe: »Nein, das tue ich nicht.«

Als ich vor einiger Zeit in therapeutischer Behandlung war, sprach die Therapeutin von angelerntem Verhalten, Abhängigkeit und all den anderen komplizierten Charaktereigenschaften, die manche Menschen für Dealer und Menschenhändler vielleicht als potenzielle Opfer identifizierbar machen. Wenn man noch Angst vor Gewalt zu all diesen anderen Faktoren hinzunimmt, kann ich mir vorstellen, dass man zu einer Art Erklärung kommt.

Ich sprach ja überhaupt kein Italienisch, aber Edi hatte mir erklärt, was ich sagen musste, und während ich da zitternd und fast krank vor Aufregung an der Straße stand, wiederholte ich ständig die für mich ungewohnten Wörter. Als der erste Wagen neben mir hielt, muss es mir wohl gelungen sein, etwas Sinnvolles zu sagen, denn ein paar Sekunden später saß ich auf dem Beifahrersitz und betete, dass Jak und Edi gesehen hatten, wie ich in das Auto gestiegen war, und jetzt nicht weit hinter uns waren. Während der Mann die Straße hinabfuhr und nach einer Stelle suchte, wo er halten konnte, musste ich mit dem Drang kämpfen, mich umzudrehen und zu schauen, ob sie uns folgten. Dann entdeckte ich Edis Auto im Seitenspiegel und hätte vor Erleichterung beinahe gejubelt.

Der erste Mann wollte Oralsex, wie auch die meisten anderen. Ich hasste das. Aber zumindest ging es schnell, und bereits Minuten später stand ich wieder in der kalten Dunkelheit am Straßenrand und wartete darauf, von jemand anderem mitgenommen zu werden.

Ich verdiente zwischen 2000 und 2500 Euro pro Nacht, zwei Wochen lang Nacht für Nacht. Jak und Edi kamen abwechselnd zu mir gefahren und sammelten das Geld ein – damit ich nicht ausgeraubt werden konnte, wie sie behaupteten. Während der restlichen Zeit taten sie, was sie versprochen hatten, und beobachteten mich aus der Ferne. Glücklicherweise versuchte niemand, mir ein Leid anzutun. Vielleicht half dabei die Tatsache, dass ich immer sagte, uns würden Leute folgen, um für meine Sicherheit zu sorgen. Dennoch bestand bei jedem neuen Kunden die Möglichkeit, dass etwas passieren würde.

Als ich eines Morgens in der Frühe die Arbeit beendete, sammelten mich Jak und Edi wie üblich auf, und wir fuhren zu einer Tankstelle, wo Edi den Wagen volltankte. Er hatte sich gerade wieder ans Steuer gesetzt, als hinter uns ein Polizeiauto heranrollte. Einer der beiden Polizisten, die ausgestiegen waren, ging um unseren Wagen herum zur Fahrerseite und klopfte an die Scheibe. »Sag keinen Ton. Nicht reden«, flüsterte mir Jak über die Schulter zu.

Einer der Polizisten forderte Edi und Jak auf auszusteigen, und dann verlangte er von ihnen ihre Papiere. Ich verhielt mich völlig ruhig und hoffte, er würde mich nicht auf dem Rücksitz entdecken, doch während er die Papiere kontrollierte, leuchtete der andere Polizist mit der Taschenlampe in das Innere des Wagens und mir direkt ins Gesicht. Ich schloss die Augen und wendete mich von dem blendenden Licht ab. Als ich die Augen wieder öffnete, händigte sein Kollege Jak und Edi die Papiere wieder aus und sagte auf Englisch: »Sie können fahren. Aber lassen Sie sich hier nicht wieder blicken. Wenn Sie wieder auftauchen, verhaften wir Sie. Haben wir uns verstanden?«

Am nächsten Tag sagte mir Jak, wir würden abreisen. »Hier ist es zu riskant«, meinte er. »Und wir machen auch nicht mehr Geld als in Athen.«

Ein paar Stunden später waren wir wieder auf der Fähre, auf dem Rückweg nach Athen.

Zu diesem Zeitpunkt wusste ich nichts über die Gesetze, die im Zusammenhang mit Prostitution herrschten. In Italien ist Prostitution an sich erlaubt, aber organisierte Zuhälterei ist verboten. In Griechenland hingegen ist mehr oder weniger alles legal, im Bordell, auf der Straße, Zuhälterei – allerdings nicht für jemanden unter einundzwanzig Jahren, wie ich es war.

Ein paar Tage nach unserer Rückkehr aus Italien hatte Jak ein erneutes Treffen mit Leon und ich fuhr mit ihm zu einem Hamburger-Restaurant an einem anderen Platz in der Stadt. Diesmal war Leon in Begleitung eines Rumänen, den er als Elek vorstellte. Ich saß dort und trank meinen Kaffee, während sich die drei Männer auf einer Sprache unterhielten, die ich nicht verstand. Dann wandte sich Leon an mich und sagte: »Wir reden über einen besonderen Anal-Job, den du heute Abend ausführen wirst.«

Ich warf Jak einen ängstlichen Blick zu, der jedoch nur mit der Schulter zuckte und sagte: »Ich weiß, dass du Analverkehr hasst, aber der Kerl ist alt und bekommt sowieso kaum noch einen hoch. Es wird also nicht wehtun und ...«

»Und es bringt zweitausend Euro«, unterbrach ihn Leon. »Vermassel es also nicht.«

Er knackte mit seinen Knöcheln, schaute auf seine Uhr und meinte dann: »Ich glaube, wir haben gerade noch genug Zeit für einen weiteren Kaffee.«

Von dem Geld würde ich in keiner Weise profitieren, daher war es seltsam, wie sehr ich den Druck meiner Verantwortung spürte. Es erinnerte an das Gefühl, als ich in England in einem Geschäft geklaut hatte. Ich hatte es nicht tun wollen, doch als meine Freundin sagte: »Los, schnell, greif zu«, da hatte ich das Gefühl, ich hätte keine Wahl. Soweit es die drei Männer betraf, war die Angelegenheit bereits beschlossene Sache.

Und dann dämmerte mir mit erschreckender Klarheit, dass es da etwas gab, das sie mir nicht sagten: 2000 Euro für Analsex waren eine Menge Geld, unabhängig von der Potenz des alten

Mannes. Selbst der Mann mit den Peitschen, der Videokamera und der Pistole hatte nur 1000 Euro bezahlt.

Ich wollte Jak sagen, dass ich Angst hatte, und ich wollte ihn bitten, mich nicht dazu zu zwingen. Doch als ich die kalte Drohung in seinem Blick bemerkte, fragte ich stattdessen: »Wie lange muss ich bleiben?«

»Ganz normal, ungefähr eine Stunde, vielleicht auch kürzer«, sagte Leon achselzuckend.

Eleks Stimme war allerdings freundlicher, als er sagte: »Du brauchst nicht nervös zu sein. Dir passiert nichts. Sprichst du etwas Griechisch?«

»Ein bisschen«, erwiderte ich. Tatsächlich hatte es mich überrascht, wie schnell ich es während der Monate in Athen, aufgeschnappt hatte, zumal nur wenige Leute, mit denen ich in Kontakt kam, Interesse daran hatten, sich mit mir zu unterhalten.

»Also, pass auf, dass das niemand merkt, wenn du heute Abend zu dem Job gehst«, sagte Elek. »Was den alten Kerl betrifft, für den bist du eine englische Touristin auf ihrem ersten Besuch in Griechenland. Das sagst du, wenn dich jemand fragt. Verstanden?«

Nachdem wir unseren Kaffee getrunken hatten, sprach mich Elek erneut an: »Ich übernehme für eine Weile die Aufgabe von Leon. Fortan finde ich die Jobs für dich und treffe mich von Zeit zu Zeit mit dir und Jak.« Er nahm mein Handy und tippte seine Nummer ein. »Heute bringe ich dich zu deinem Arbeitsplatz.«

Ein paar Minuten später saß ich auf dem Rücksitz seines Motorrads auf dem Weg zu einem Job, den ich mehr fürchtete als alles andere, was ich bislang gemacht hatte.

Elek hielt außerhalb eines Wohnblocks in einem Stadtgebiet,

in dem viele reiche Banker, Politiker und hohe Regierungsbeamte wohnten.

»Also«, sagte er, »so läuft das hier ab: Wenn du reingehst, wird dich eine Frau empfangen. Sie wird dir die Augen verbinden und ...«

Plötzlich wusste ich, weshalb der Mann bereit war, so viel Geld zu bezahlen: Die einzig mögliche Erklärung war, dass ich ermordet werden sollte. »Ich will das nicht machen«, wimmerte ich.

»Was meinst du damit, dass du es nicht machen willst?« Eleks frühere Freundlichkeit war einem kurz angebundenen Ärger gewichen. »Du hast jetzt keine Wahl mehr. Du kannst deine Meinung nicht einfach so ändern. Das sind wichtige Leute, musst du wissen; die haben keine Zeit, die sie verplempern können.«

Er nahm sein Handy heraus, wählte eine Nummer und sagte auf Englisch: »Wir sind hier, am Tor.«

Eine der Überwachungskameras oberhalb der schmiedeeisernen Brüstung schwenkte fast unmerklich zu uns herüber, dann gab es ein surrendes Geräusch an dem Tor. Elek stieß es auf und sagte dabei: »Mach dir keine Sorgen. Es wird schon alles gut. Ruf mich an, wenn du wieder gehst. Ich komme dann, um dich abzuholen.«

Ich betrat gerade den Innenhof, als sein Handy klingelte. Er hielt das Tor mit einer Hand fest und gab mir ein Zeichen, ich solle warten, während er telefonierte, und nachdem er eine Weile zugehört hatte, sagte er: »Ich muss mit dir mitkommen.«

Eine Frau mit kurzem grauen Haar und mürrischem Gesichtsausdruck empfing uns im Inneren des Wohnblocks und übergab Elek einen dicken Briefumschlag, den er in die Brusttasche seines Jacketts steckte. Dann drehte er sich um und ging. Ich wusste, dass es die 2000 Euro sein mussten. Aber weshalb wurden sie Elek im Voraus gezahlt? Wenn ich als Callgirl gearbeitet hatte, gaben die Leute gewöhnlich mir das Geld, und zwar hinterher. Es schien ein weiteres Anzeichen dafür zu sein, dass mir etwas wirklich Schreckliches bevorstand, etwas, was mich daran hinderte, alleine mit dem Geld zu verschwinden. Ich überlegte, ob ich schreien sollte. In einigen der Wohnungen mussten doch Menschen sein, die mich hören und irgendwann ihre Türen öffnen würden, um zu sehen, was da vor sich ging. Doch aus irgendeinem Grund brachte mich die Tatsache, dass das Geld bereits gezahlt worden war, zu der Überzeugung, dass ich es unterlassen sollte.

Nachdem Elek gegangen war, holte die Frau einen Stoffstreifen aus der Tasche ihres Kleids und bedeutete mir, ich solle mich umdrehen. Dann verband sie mir die Augen und verknotete die Enden an der Rückseite meines Kopfs. Ich schüttelte mich und hatte angefangen zu heulen, als ich sie fragte: »Weshalb machen Sie das? Weshalb muss ich eine Augenbinde tragen?«

»Weil dieser Mann sehr bekannt ist«, antwortete sie in einem Englisch mit starkem Akzent. »Sie dürfen diesen Mann nicht sehen.«

Für einen Moment empfand ich ein seltsames Gefühl der Ruhe, als hätte mein Verstand bereits aufgegeben und die Tatsache einfach akzeptiert, dass ich jetzt nichts mehr tun konnte, wenn sie wirklich vorhatten, mich zu töten. Ich gehöre nicht zu den Menschen, die sprachlos vor Angst werden; Panik macht mich eher redselig, und ich schluchzte laut, während die Frau den Knoten festzog und prüfte, ob ich etwas sehen konnte. Dann nahm sie mich am Arm, führte mich den mit Marmor ausgelegten Flur entlang und sagte in scharfem Ton: »Hören Sie auf zu heulen! Halten Sie den Mund! Schluss jetzt!«

Als ich stolperte, schnalzte sie gereizt mit der Zunge und legte danach einen Arm um meine Hüfte, um mich zu stützen.

»Sagen Sie mir bitte, was man mit mir vorhat«, schluchzte ich. »Sie wollen mich töten, stimmt's? Sagen Sie mir bitte, ob Sie das vorhaben. Ich muss das wissen. Ich komme aus England und ich will wieder nach Hause.«

Die Frau prustete los und meinte verächtlich: »Niemand wird sie töten! Aber wenn Sie nicht bald still sind, wird er Ihnen sagen, dass Sie verschwinden sollen, und dann werden Sie Schwierigkeiten bekommen.«

Ich stellte fest, dass wir ein Zimmer betreten hatten, da sich das Geräusch unserer Schritte änderte, und als die Frau etwas auf Griechisch sagte, antwortete ihr eine männliche Stimme.

Plötzlich begann ich zu schreien: »Nein, ich muss das nicht tun! Sie werden mich verletzen. Man hat mir gesagt, ich müsse das nicht tun.«

Meine Panik schlug in Hysterie um, und ich hätte alles gesagt, jede Lüge gebraucht, um sie zu stoppen.

»Beruhigen Sie sich.« Die Stimme der Frau war jetzt ruhiger und freundlicher als vorher. »Alles ist in Ordnung. Machen Sie sich keine Sorgen. Ziehen Sie einfach Ihren Rock und den Schlüpfer aus.«

Immer noch wimmernd hatte ich begonnen, an meiner Kleidung zu zerren, als ich hinter mir Geräusche hörte, die mich erstarren ließen. Es klang, als würde eine Schublade geöffnet, und danach schlug Metall auf Metall. Die Angst lastete wie ein schweres Gewicht auf meiner Brust, presste mir die Luft aus der Lunge und schnürte mir die Kehle zu, sodass ich nicht mehr schlucken konnte. Ich rang immer noch nach Luft, als ich mit dem Gesicht nach unten auf ein Bett gestoßen wurde und die Frau auf Griechisch sagen hörte: »In Ordnung? Ich mache es jetzt fertig.«

»Was wollen Sie fertig machen?«, brüllte ich und vergaß, dass Elek mir gesagt hatte, ich dürfe sie nicht wissen lassen, dass ich ihre Sprache sprach oder verstand.

Für einen Moment herrschte absolute Stille; dann fragte eine männliche Stimme: »Sprichst du Griechisch?«

Als ich nicht antwortete, wiederholte er die Frage, diesmal auf Englisch.

»Nein«, sagte ich. »Nein, ich ... ich kenne nur ein oder zwei Wörter.« Und dann durchzuckte mich mein erster zusammenhängender Gedanke: Wenn es so wichtig für sie war, dass ich kein Griechisch sprach, war es dann nicht vielleicht etwas, mit dem ich versuchen konnte, mich zu retten? Ich begann zu schreien: »Doch, ich spreche Griechisch. Ich kann alles verstehen, was Sie sagen. Deshalb sollten Sie mich besser nicht verletzen.« Doch mein Widerstand war nur von kurzer Dauer, und ich heulte bereits wieder, als ich sie anflehte: »Bitte, tun Sie mir nicht weh.«

»Wir werden dich nicht verletzen«, sagte der Mann. Danach fragte er die Frau, jetzt wieder auf Griechisch: »Was machen wir jetzt?«

»Sollen wir ihr die Augenbinde abnehmen?«, sagte sie. »Vielleicht nimmt es ihr ja die Angst ...«

»Nein!« Der Tonfall des Manns war energisch. »Auf keinen Fall! Ich traue dem Mädchen nicht.«

Ich glaube, die Frau hoffte mich zu beruhigen, als sie sagte: »Es ist alles in Ordnung. Ich werde dich nur innen reinigen.«

Tatsächlich hatten ihre Worte nur den gegenteiligen Effekt,

und ich begann zu schreien: »Was meinen Sie damit? Was haben Sie vor?«

In mancher Hinsicht wäre es vielleicht besser gewesen, nicht zu fragen, denn was sie mir beschrieb, war eine Art Darmspülung mithilfe eines langen Schlauchs und einer Pumpe. Es war Furcht erregend, doch Angst macht müde, und an diesem Punkt wollte ich nur noch, dass es so schnell wie möglich vorüber war.

Ich hatte bereits gespürt, dass der Mann hinter mir stand, bevor er sprach. »Ich werde nicht mehr sehr hart«, sagte er. »Und ich komme sehr schnell. Daher werde ich dir nicht wehtun.«

Es tat trotzdem weh und als er fertig war, heulte ich.

Ein paar Minuten später führte mich die Frau über den Marmorflur, löste meine Augenbinde, drückte auf einen Knopf, um das Tor zu öffnen, und ließ mich hinaus.

Als ich auf die Straße in das Abendlicht trat, fühlte ich mich desorientiert, wie es einem geht, wenn man ein Kino verlässt, nachdem man sich tagsüber einen Film angeschaut hat. Ich hatte auch Angst, denn ich fürchtete, der Mann würde Elek berichten, ich hätte ein furchtbares Theater gemacht, und dieser würde es dann Jak erzählen, und ich bekäme anschließend echte Schwierigkeiten.

An den folgenden Tagen wartete ich immer darauf, dass Jak mich beschimpfen würde, doch er tat es nie – jedenfalls nicht wegen des reichen Mannes, der Analsex liebte und nicht erkannt werden wollte. Vielleicht wollte der Mann keinen Aufstand wegen der Sache machen, weil er in Griechenland so bekannt war und nicht riskieren wollte, dass die Leute nervös wurden, die ihn mit ausländischen Mädchen für seine verschrobenen sexuellen Gelüste versorgten.

Ich arbeitete sieben Tage in der Woche und erledigte zwischen acht und zwölf Jobs pro Tag, wobei jeder irgendetwas zwischen ein paar Minuten und einer Stunde dauerte. Jak und ich standen jeden Morgen um sechs Uhr auf und verließen das Hotel spätestens um neun. Er brachte mich zu den ganzen Jobs, in die Wohnungen der Leute und in Büros, und danach wieder ins Hotel.

Mein Leben wurde zur Routine, ohne dass ich das Wie oder Warum verstand. Wenn man kaum noch Selbstachtung und kein Selbstvertrauen besitzt, neigt man dazu, die Einschätzung anderer Leute zu akzeptieren, und so kam ich auch gar nicht erst auf den Gedanken, ich hätte vielleicht etwas Besseres verdient.

Einer meiner regelmäßigen Kunden war Optiker. Gewöhnlich schloss er sein Geschäft, wenn Jak mich dort absetzte. Wenn er dann gerade noch jemanden bei sich im Laden hatte, sagte er zu mir eher beiläufig, als sei ich nur eine weitere Kundin: »Hallo, wie geht's? Es dauert nur noch fünf Minuten, dann bin ich für Sie da.«

Und ich setzte mich und wartete auf ihn, war verlegen und fragte mich, ob die Person, die gerade neue Brillengestelle anprobierte, wohl wusste, weshalb ich wirklich hier war. Nachdem der Kunde gegangen war, schloss der Optiker den Laden ab, ließ die Rollläden herunter, und dann zogen wir uns entweder in einen winzigen Raum im hinteren Bereich zurück, oder er brachte mich zu einer leeren Wohnung direkt um die Ecke.

Der Optiker gehörte zu den wenigen Männern, die kein Kondom benutzten. Mir graute immer davor, aber Jak sagte mir, das gehe in Ordnung, da sowohl er als auch Leon – und später Elek – jeweils deren Gesundheitspapiere überprüften und sicherstellten, dass sie unbedenklich waren. Obwohl ich ihm glaubte, ungeachtet der Tatsache, dass ich wusste, dass die Männer mehr dafür bezahlen mussten, es ohne Kondom zu machen, war meine Sorge deswegen doch groß.

Eines Tages war ich mit dem Optiker in seinem Laden als seine Frau und die Kinder aufkreuzten. Die Rollläden waren heruntergelassen, daher konnte sie uns nicht sehen. Doch als sie nicht aufhörte, an der Ladentür zu klingeln, war ich sicher, dass sie von unserer Anwesenheit wusste. Es war schrecklich. Ich fühlte mich schauderhaft, als sei das, was gerade geschah, eher *mein* Fehler als die Schuld des Mannes, der seine Frau betrog, indem er Sex mit einer Prostituierten hatte. Ich war auch eingeschüchtert und fürchtete mich danach immer davor, dorthin zu gehen.

Bevor ich nach Griechenland kam, gab es viele Dinge über Sex, die ich nicht wusste. Eines war, dass es Männer gibt, die sexuelle Lust empfinden, wenn sie Frauen Schmerzen zufügen. Während meines Aufenthalts dort begegnete ich nur relativ wenigen solchen Männern, allerdings gab es einige, die mich aus anderen Gründen erschreckten.

Eines Tages brachte mich Jak zu einem Job in einem heruntergekommenen alten Haus, das am Ende einer dunklen Straße etwas abseits von den Nachbarhäusern stand. Als er mich dort absetzte, sagte ich ihm: »In dieser Gegend habe ich ein wirklich ungutes Gefühl. Ich glaube, irgendetwas stimmt hier nicht.«

»Na, du hast ja dein Handy«, sagte er. »Wenn du das Gefühl haben solltest, dir droht irgendeine Gefahr, erreichst du mich über Schnellwahl, und ich komme sofort. Ich bin nicht weit weg. Ich warte in einem Café gleich um die Ecke auf dich.«

Vielleicht ist die Tatsache, dass ich ihm für die paar beruhigenden Worte dankbar war, schon Anzeichen genug dafür, wie verzerrt die Normalität für mich geworden war. Trotz seiner

Beschwichtigungen war ich sehr nervös, als ich auf das Haus zuging und auf die Klingel an der Haustür drückte. Der Mann, der sie öffnete, war Mitte Vierzig, hatte fettiges Haar, dreckige Kleidung und lange, schmutzige Fingernägel.

Als er mich in ein Zimmer führte, das nach Erbrochenem und abgestandenem Schweiß stank, musste ich mich zwingen, mich auf das schmuddelige, abgewetzte Sofa zu setzen. Er stellte sich einfach vor mir auf, lachte und machte sonderbar zuckende Bewegungen mit dem Kopf, und mir war, als würden Hunderte winziger Insekten über meine Haut kriechen. Ich war bereits so entnervt, dass ich begonnen hatte, meine Hand ganz langsam in Richtung der Tasche zu schieben, in die ich mein Handy gesteckt hatte, als beinahe gleichzeitig zwei äußerst üble Dinge passierten. Das erste war, dass mir plötzlich einfiel, dass ich das Handy von der Jackentasche in die Handtasche umgepackt hatte, als Jak und ich das Hotel verließen. Das zweite war, dass ich ein paar Zentimeter von der Stelle entfernt, wo der Mann stand, eine Axt bemerkte, die an die Wand gelehnt war.

»Entschuldigung«, sagte ich auf Griechisch. »Ich ... ich fürchte, ich bin krank. Deshalb ... ist es wohl besser, wenn ich gehe.«

Während ich noch sprach, öffnete ich meine Handtasche und begann darin verstohlen und blind nach meinem Handy zu suchen.

»Mein Freund wartet draußen auf mich«, plapperte ich. »Ich rufe ihn nur schnell an und sage ihm, dass ich Ihr Haus jetzt verlasse.«

Ich hatte versucht, möglichst bestimmt zu klingen, doch er musste die Panik in meiner Stimme herausgehört haben. Er starrte mich eine Sekunde fast ausdruckslos an, als müsste er sich erinnern, wer ich war und was ich in seinem Haus machte. Dann sagte er sehr laut auf Englisch: »Nein! Rühr dich nicht von der Stelle.«

Der Klang seiner Stimme traf mich fast wie ein Hieb und ich brach in Tränen aus und bettelte wie ein kleines Mädchen: »Bitte, tun Sie mir nicht weh. Ich weiß, dass Sie mich verletzen wollen. Bitte, tun Sie es nicht!«

»Ich werde dich verletzen.« Er wiederholte den Satz mehrere Male, ganz langsam, als müsse er ihn Wort für Wort überprüfen.

»Was haben Sie mit mir vor?«, flüsterte ich, nicht um es wirklich in Erfahrung zu bringen, sondern weil mir ein Instinkt sagte, ich solle versuchen, ihn zum Reden zu bringen. Ich glaube, ich hatte die Hoffnung, er könne mich dann vielleicht eher als menschliches Wesen betrachten, oder vielleicht versuchte ich auch nur einfach, etwas Zeit zu gewinnen. Dummerweise ließ ich meinen Blick zu der Axt zurückwandern. Der Mann schaute zur Seite, um zu sehen, worauf ich blickte, und dann hob er sie mit einer einzigen flinken Bewegung, wie es schien, hoch und hielt mir ihre schmutzverkrustete Klinge an die Gurgel.

Als der kalte Stahl meine Haut berührte, übergab ich mich. Der Mann ließ die Axt auf den Boden fallen und begann zu lachen. Indem ich die Gelegenheit seiner Unaufmerksamkeit benutzte, griff ich in meine Handtasche, holte das Handy heraus und drückte mit der Schnellwahl auf Jaks Nummer. Glücklicherweise antwortete Jak fast direkt, und sobald ich seine Stimme hörte, platzte ich heraus: »Ich kann das nicht. Ich muss hier sofort raus.«

»Nein, geh nicht.« Der Mann betrachtete mich lüstern und legte ein Gebiss mit unebenen, nikotinverfärbten Zähnen frei. »Ich habe doch nur Spaß gemacht.«

Ich hielt mir die Handtasche wie einen Schild vor die Brust, sprang auf und rannte zur Haustür. Ich kämpfte immer noch damit, sie zu öffnen, als ich spürte, wie sein Arm mich an der Seite berührte. Als ich zu schreien versuchte, bekam ich keinen Ton heraus. Dann drang durch den Dunstschleier meiner Panik zu mir durch, dass er die Tür für mich geöffnet hatte und mich gehen ließ.

Mein Herz schlug wie wild, während ich über den Fußpfad zur Straße lief. Ich hatte gehofft, Jak sei bereits dort und warte auf mich, doch von ihm war keine Spur zu sehen. Ich rief ihn wieder an und schaute mich dabei nach allen Seiten um, da ich erwartete, der Mann könnte mich verfolgen. Doch er tat es nicht, und ein paar Minuten später saß ich auf dem Rücksitz von Jaks Motorrad, weinte still vor mich hin und dachte voller verzweifeltem Verlangen an meine Mutter.

Ich hatte erwartet, Jak würde mit mir mitfühlen und sagen, wie leid es ihm täte, dass ich eine solch grauenhafte Tortur hatte durchstehen müssen. Daher war ich völlig perplex, als er die Tür unseres Hotelzimmers schloss und mich zu beschimpfen begann, weil ich »so einen einfachen Job« vermasselt hätte.

»Aber der Mann hatte eine Axt«, sagte ich ihm, inzwischen aufgrund seiner Reaktion sowohl sauer als auch verletzt. »Ich dachte, du wärst erleichtert, dass mir nichts Schlimmes zugestoßen ist.«

Jaks erster Schlag hob mich buchstäblich von den Beinen und ließ mich quer durch das ganze Zimmer fliegen. Ich lag immer noch benommen und geschockt auf dem Boden, als er mich an den Haaren packte, mich daran hochzog und meinen Kopf ein ums andere Mal an die Wand knallte. Dann zwängte er seine Finger zwischen meine Zähne, hob mich hoch und scheuerte dabei mit seinen Fingernägeln an meinem Gaumen.

Ich hatte das Gefühl, als würde mein gesamter Mund anschwellen, meine Kehle blockieren und mich zum Zittern bringen. Der Schmerz war unerträglich, und ich schmeckte den metallischen Geschmack von Blut. Ich hatte Jak noch nie so rasend vor Wut erlebt. Während ich nach Luft schnappte, schlug er weiter auf mich ein, und jeder Schlag ließ meinen Kopf gegen die Wand krachen. Als er schließlich von mir abließ umgab mich Dunkelheit und ich sackte vor seinen Füßen auf dem Boden zusammen.

Ich glaube, dass ich für einen Moment bewusstlos geworden sein muss, denn als Nächstes erinnere ich mich daran, wie ich hörte, dass Jak in sein Handy brüllte: »Hilfe! Sie müssen mir helfen. Ich fürchte, ich könnte sie getötet haben.«

Als ich die Augen wieder öffnete, standen Jak und der albanische Hotelbesitzer neben mir und blickten auf mich hinab.

Ich hatte bereits ein bisschen Albanisch von Jak gelernt, allerdings wäre die kaum verhohlene Panik in den Stimmen der beiden Männer wohl in jeder Sprache zu erkennen gewesen. Der Hotelbesitzer fluchte unentwegt und sagte wütend: »Du blöder Idiot! Was hast du mit ihr gemacht?«

Ich glaube, er war es, der mir einen Arm unter den Rücken schob, um meinen Kopf und die Schultern anzuheben, und dann steckte er mir zwei klobige, raue Finger weit in den Mund. Einen Moment lang war der Schmerz so heftig, dass ich schon dachte, ich würde das Bewusstsein verlieren. Danach begann mein ganzer Körper zu zucken, und ich übergab mich zum zweiten Mal an diesem Abend.

Jak ließ mich an den folgenden Tagen das Bett hüten – obwohl ich nicht erst dazu überredet zu werden brauchte. Mein Mund war innen dermaßen geschwollen und wund, dass ich kaum schlucken konnte, und ich hatte unablässig Kopfschmerzen, die mir beinahe die Sicht raubten.

Während Jak neben mir saß und mich mit Suppe fütterte, entschuldigte er sich ein ums andere Mal für das, was er getan hatte: »Manchmal verliere ich die Kontrolle über meine Wut«, sagte er. »Du weißt, dass meine Familie immer in Armut gelebt hat; daher kommt meine Wut. Ich werde wütend, wenn ich daran denke, dass meine Eltern nichts haben. Und manchmal lasse ich es an dir aus. Aber es wird nicht wieder passieren, das verspreche ich dir.«

Abgesehen von ein paar Blutergüssen am Mund hatte ich am Körper fast keine sichtbaren Erinnerungen als Ergebnis von Jaks Ausraster. Ich stellte es erst sehr viel später fest, doch das war nicht zufällig. So oft er nach diesem Tag noch gewalttätig mir gegenüber wurde, verlor er nie wieder die Kontrolle, obgleich er häufig so tat, als hätte er sie verloren, und er achtete immer darauf, keinen Körperteil so zu verletzen oder zu verunstalten, dass es jemand hätte bemerken können.

Doch es gelang ihm, wie bei jeder weiteren Attacke, mich davon zu überzeugen, dass es nie wieder geschehen würde. Und ich glaubte ihm, wie bei jeder weiteren Attacke. Ich ließ mich vermutlich teilweise deswegen davon überzeugen, dass es ihm wirklich leid tat, weil ich gesehen hatte, wie er in Panik geriet, als er dachte, mich ernsthaft verletzt zu haben.

Ich interpretierte seine Reaktion fälschlicherweise als Sorge um mich, statt zu erkennen, dass der einzige Mensch, um den er sich jemals Sorgen machte, er selbst war. Es dauerte noch lange Zeit, bis ich die Tatsache akzeptierte, dass das, was Jak – und den Hotelbesitzer – an diesem Tag so sehr beunruhigt hatte, die Angst gewesen war, er hätte mich getötet und müsse sich jetzt meiner Leiche entledigen, ohne dass jemand dahinterkam.

Zu diesem Zeitpunkt lebte ich seit ungefähr einem halben Jahr mit Jak in Athen. Ich glaube nicht, dass meine früheren

Lehrer in England oder die Polizisten, die mich wegen Ladendiebstahls aufgegriffen hatten, in dem ausgemergelten, verängstigten Mädchen mit dem tranceartigen Gesichtsausdruck und den schwarzen Ringen unter den Augen den großmäuligen, halsstarrigen Teenager wiedererkannt hätten, mit dem sie es noch vor weniger als einem Jahr zu tun gehabt hatten. Das einzige wirklich starke Gefühl, das ich überhaupt noch empfand, war Angst, und selbst diese schien fast genauso schnell zu verschwinden, wie sie kam.

Ohne dass es mir bewusst wurde, hatte ich die Tatsache verinnerlicht, dass ich keinen Bereich meines Lebens mehr selbst kontrollierte. Dadurch wurde alles viel weniger kompliziert für mich, da ich es erst gar nicht zu versuchen brauchte. Und der Versuch hätte bedeutet, dass ich physische und psychische Kraft hätte einsetzen müssen, die ich einfach nicht mehr besaß.

Worauf ich mich konzentrieren musste, war der Lernprozess, meinen Verstand vom Körper zu lösen. Ich wusste instinktiv, dass es die einzige Möglichkeit in meinem Überlebenskampf war, wenn ich ständig von Männern angegriffen wurde, deren lasterhafter Sexualtrieb es ihnen nicht ermöglichte, Mitgefühl mit mir zu haben oder mich zumindest ebenfalls als menschliches Wesen zu betrachten.

Mit der Zeit verlor auch der Gedanke an den Tod seinen Schrecken: Er spielt keine große Rolle mehr, wenn man ein Leben lebt, das wahrscheinlich nicht mehr viel schlimmer werden kann. Zumindest dachte ich damals so. Doch damit lag ich falsch. Nichts hätte mich darauf vorbereiten können, wie grausam mein Leben noch werden sollte.

7

In England hatte ich immer Angst vor meiner Periode gehabt. Sie dauerte jeweils mindestens eine Woche und bereitete mir wirklich Schmerzen. Selbst in Griechenland war es so schlimm, dass Jak mich gewöhnlich nicht zur Arbeit schickte. Ich freute mich immer auf diese paar Tage im Monat, an denen wir Dinge unternahmen, die auch normale Pärchen tun – außer wenn wir einkaufen gingen, denn dann war es lediglich Jak, der Kleidung und oft auch Gold für sich selbst erstand. Er konnte eine Menge Geld ausgeben, da ich im restlichen Monat fast jeden Tag über 1000 Euro verdiente, und hinzu kam noch das Trinkgeld, das ich ihm ebenfalls gab. Ich brauchte erst gar nicht zu versuchen, ihm irgendetwas zu verheimlichen, da er mein Handy kontrollierte und regelmäßig meine Handtasche untersuchte.

Ich glaubte Jak als er mir erzählte, er sei in Armut aufgewachsen, daher war ich glücklich, wenn er teure Klamotten für sich selbst kaufte, obwohl ich das Geld verdiente, indem ich etwas tat, was ich hasste. Er sagte mir oft: »Eines Tages werden wir das beste Fleisch essen. Eines Tages werden wir reich sein.«

Und ich freute mich, dass er zufrieden war. Wenn ich heute darüber nachdenke, werde ich sehr traurig.

Wenn ich meine Periode hatte, gingen wir auch in Cafés und aßen in Fastfood-Restaurants. Ich hatte immer nur solange Geld in Händen, wie ich brauchte, um das Haus eines Kunden oder ein Hotelzimmer zu verlassen und es dann bei Jak abzuliefern. Folglich bezahlte er alles, was ich als Zeichen dafür interpretierte, dass er mich wirklich liebte. (Man kann überall Beweise für alles finden, wenn man nur intensiv genug danach sucht.)

Nachdem ich einige Zeit in Griechenland verbracht hatte, tat meine Periode längst nicht mehr so weh, doch das erzählte ich Jak nicht. Ich behauptete weiterhin, sie sei so unerträglich wie zuvor. Tatsächlich übertrieb ich manchmal, wie schmerzhaft sie war und wie lange sie dauerte, nur damit ich diese wertvollen freien Tage nicht verlor.

Nach dem Tag, als ich vor dem Mann mit der Axt davongelaufen war und Jak mich so geschlagen hatte, dass ich quer durchs Zimmer geflogen war, verhielt er sich mir gegenüber häufig gewalttätig. Vielleicht ist es überraschend, dass ich manchmal versuchte, ihm die Stirn zu bieten. Gelegentlich brüllte ich zurück, wenn er mich beschimpfte, und danach hatten wir dann eine laute, wütende Auseinandersetzung. Ich war nicht mutig; ich glaube, dass ich es nur tat, weil ich nicht akzeptieren wollte, dass wir keine »echte Beziehung« hatten: Wenn ich mir das hätte eingestehen müssen, hätte es absolut nichts mehr gegeben, was mein Leben lebenswert gemacht hätte.

Wenn wir unterwegs waren und Jak wütend auf mich wurde, ging er manchmal einfach los und ließ mich verloren auf der Straße stehen. Ich besaß ja kein Geld, also konnte ich kein Taxi nehmen, und es gab Zeiten, da musste ich weite Wege zu Fuß zurücklegen, um zu dem Hotel zu kommen, in dem wir gerade wohnten. Ich denke, am verrücktesten bei all dem ist die Tatsache, dass ich immer wieder zum Hotel zurückging. Aber Jak und Leon hatten mir oft eingebläut, was geschehen würde, wenn ich jemals zur Polizei gehen würde, und da ich keinen Grund hatte, ihnen nicht zu glauben, schien ich keine Wahl zu haben, einfach davonzulaufen.

Ich schätze, es war wie jede andere Beziehung mit einem

gewalttätigen Partner – teilweise basierend auf Angst, teilweise auf dem Glauben, es sei eigentlich der eigene Fehler, wenn man geschlagen wurde. Logischerweise macht es keinen Sinn, jemanden nicht sofort zu verlassen, wenn er das erste Mal die Hand gegen einen erhebt, oder bei jemandem zu bleiben, der einen zwingt, Dinge zu tun, wie ich sie tat. Ich dachte wirklich jedes Mal, es sei meine Schuld, wenn Jak wütend wurde, und es mag absurd klingen, aber ich liebte ihn immer noch.

Was ich damals nicht bemerkte, war, dass keine von Jaks Reaktionen eine echte, spontane Antwort war. Sein Ärger, seine Tränen der Reue oder des Selbstmitleids, sein Lob und seine scheinbare Zuneigung waren alle gleichermaßen geplant. Er war nicht emotional sprunghaft, wie er immer behauptete; er war eiskalt, berechnend und äußerst clever. Alles, was er sagte und tat, war Teil des Prozesses, meinen Realitätssinn bewusst zu zerstören und mich einer Gehirnwäsche zu unterziehen. Bevor ich nach Athen kam, als ich Schwierigkeiten hatte und die Schule schwänzte, wusste ich noch nicht wirklich, wer ich war oder wer ich sein wollte. Nach nur wenigen Monaten mit Jak schien die Antwort klar: Ich war ein Niemand.

Jak kontrollierte nicht nur das Geld, sondern auch jeden Aspekt meines Lebens. Wenn wir unterwegs waren, um teure Kleidung für ihn zu kaufen, spendierte er mir gelegentlich ein billiges Outfit. Er besorgte nie kurze Röcke oder freizügige Oberteile für mich, oder sonst irgendetwas, wovon man sich vorstellen konnte, dass eine Prostituierte es trug; er kaufte nur Kleidung, die mich jung erscheinen ließ. Jeden Tag suchte er die Sachen aus, die ich anziehen sollte, und manchmal sagte er sogar, ich sollte meine Haare zu Zöpfen flechten.

Ich gehe davon aus, dass er mich oft als kleines Mädchen verkaufte – als noch jüngeres Mädchen, als ich in Wirklichkeit war. Manche Männer hatten ihre eigene Vorstellung davon, was Schulmädchen tragen sollten, und deshalb zog ich Kleidung an, die sie für mich gekauft hatten, Sachen wie Schuluniformen mit ganz kurzen Röcken, Strümpfen und hohen Absätzen.

Ein Mann namens Thanos war absolut besessen von Pornos – zum Glück nur von »normalem« Zeug, nichts *wirklich* Fürchterlichem. Er buchte mich jede Woche für vier oder fünf Stunden, immer in einem Hotelzimmer, und dort machte er Aufnahmen von mir im Leder-Outfit oder verrückten Schlüpfern mit Zippverschluss oder noch häufiger nackt in allen möglichen pornografischen Posen. Er war sehr höflich, doch als er mich das erste Mal ansprach, wurde deutlich, dass ihn etwas Absonderliches umgab. Er war wie ein unglaublich pingeliger Filmregisseur. Er gab mir ganz genaue Anweisungen, wie ich zu liegen hatte und welche Position Arme und Beine einnehmen mussten, und danach korrigierte er alles mehrfach und ließ mich einen Zentimeter zu dieser oder jener Seite rücken, bis er mit jedem Detail zufrieden und endlich bereit war, sein Foto zu machen.

Manchmal fesselte er mich, schoss seine Fotos und hatte danach Sex mit mir. Fotografiert zu werden war bereits beschämend genug, besonders für ein schüchternes Mädchen wie mich. Doch der Sex war noch weit schlimmer: Er dauerte Stunden, und es tat immer so weh, dass ich zu heulen begann, während er es machte. Ich versuchte es so einzurichten, dass er sehen musste, wie ich heulte, da ich ihm zeigen wollte, dass er mir wehtat, doch es war ihm scheißegal; er interessierte sich überhaupt nicht für mich. Es war scheußlich. Was sind das für Leute, die Spaß daran haben, jemandem etwas anzutun, der ganz offensichtlich leidet und Schmerzen hat? Es macht mich ungeheuer wütend, selbst jetzt noch.

Ich bin vielen Männern begegnet, die auf die eine oder andere Art wie Thanos waren. Ich verstehe immer noch nicht, wie sie im Alltag funktionieren, wenn mit ihnen so offensichtlich etwas nicht stimmt.

Ungefähr sechs Monate nachdem wir nach Athen gekommen waren, sagte Jak eines Abends plötzlich: »Ich fahre morgen nach Hause.«

Ich wusste nie, was ihn ärgerte oder aufregte, daher hielt ich meine Begeisterung zurück, obwohl ich am liebsten aufgesprungen und ihn umarmt hätte. Vorsichtig fragte ich: »Wie meinst du das? Fahren wir wieder zurück an die Küste, zum Haus deiner Eltern?«

»Ja, ich fahre nach Hause«, sagte er. »Aber du musst hier bleiben.«

Es war wie ein Schlag in die Magengrube. Während der letzten sechs Monate hatte ich außer Jak alles verloren, und jetzt sollte ich ihn auch noch verlieren. Mir kam nicht in den Sinn, mit ihm zu diskutieren oder zu sagen, dass ich nicht mehr als Prostituierte arbeiten wollte. Meine unmittelbaren Bedenken bezogen sich auf die praktischen Dinge: Wer würde mich zu den Wohnungen der Kunden und den Hotels bringen, wenn Jak es nicht mehr tun konnte? Wer würde irgendwo in der Nähe warten, falls ich Hilfe brauchte? Erwartete man etwa von mir, dass ich mich um alles selbst kümmern sollte? Wer würde das Geld aufbewahren?

Tatsächlich fragte ich: »Wie lange wirst du wegbleiben? Was geschieht mit mir?«

»Dir wird es gut gehen«, sagte Jak. »Elek wird sich deiner annehmen.«

Ich heulte als Jak am nächsten Morgen das Hotel verließ. »Ich komme zurück«, versicherte er mir. »Bis dahin halte ich über das Handy Kontakt zu dir. Und vergiss nicht, was ich dir zum Geld gesagt habe: Die Hälfte von allem, was du verdienst, gibst du Elek und ein Mal pro Woche schickst du mir die andere Hälfte mit Western Union. Jetzt lass endlich mal eine Minute dein verfluchtes Geheule sein und hör mir zu. Hast du verstanden, was ich gesagt habe? Es ist wichtig.«

»Ja, ich habe verstanden«, sagte ich, obwohl ich nichts wirklich verstanden hatte, da ich glaubte, er würde das Geld, das ich ihm schicken sollte, für unsere gemeinsame Zukunft sparen.

Manche Teenager sind vernünftig, nachdenklich, selbstbewusst und emotional ausgeglichen; andere sind naiv, gutgläubig, leicht zu erschrecken und emotional bedürftig. Mädchen der zweiten dieser beiden breit angelegten Kategorien sind in Gefahr, Opfer von Mädchenhändlern und sexueller Anmache im Internet zu werden und sich selbst in diese kolossale Scheiße reiten, in der ich steckte. Sie sind diejenigen, die schikaniert und gezwungen werden können, Dinge zu tun, die sie für den Rest ihres Lebens zeichnen werden. Sie sind diejenigen, die davon überzeugt werden können, dass alles und jedes ihr eigener Fehler ist und dass sie in allen wichtigen Bereichen nichts wert sind.

Die Wahrheit hingegen ist, dass Menschen, die andere menschliche Wesen kaufen und verkaufen, äußerst clever, manipulierend, egoistisch, völlig bar jedes normalen Gefühls sind und keinerlei Mitleid für die »Ware« aufbringen, mit der sie handeln. Menschen wie Jak tun nichts zufällig: Sie betreiben ein Geschäft, und das bestimmt jede einzelne ihrer Entscheidungen.

Die Sicht jedes Individuums auf die Welt und was ihm selbst und anderen Menschen zustößt basiert auf den eigenen Erfahrungen. Teilweise möchte ich aufgrund meiner Erfahrungen in der Kindheit immer noch glauben, dass Jak mich geliebt hat –

wenn auch nur ein bisschen, irgendwann einmal. Wenn ich mir jedoch eingestehe, dass er es nicht tat, muss ich die Möglichkeit einräumen, dass ich nicht liebenswert bin, und dass dies vielleicht der Grund ist, weshalb mein Vater sich nicht um mich gekümmert hat und weshalb es manchmal so schien, als hätte es auch meine Mutter nicht getan, als ich noch ein Kind war.

Der logische Teil meines Gehirns sagt mir, dass meine Eltern sich aus Gründen so verhielten, die nichts mit mir zu tun hatten, und dass sie selbst komplizierte emotionale Probleme hatten, vielleicht aufgrund von Dingen, die ihnen in ihrer eigenen Kindheit zugestoßen sind. Doch obwohl ich dies alles weiß, frage ich mich manchmal immer noch, wenn ich richtig niedergeschlagen bin, ob das die ganze Wahrheit ist.

Jak gelang es hervorragend, mich glauben zu lassen, was mir zustieß sei meine Schuld. Tatsächlich hatte er mich ganz bewusst als Opfer ausgewählt, da ich noch sehr jung und naiv war, verletzlich und emotional ein bisschen verkorkst. Menschenhändler machen keine Jagd auf Leute, die selbstbewusst sind, deren Lebenserfahrungen eher positiv als negativ sind und die bereit sind, sich zu wehren.

Als Jak mich an diesem Morgen in dem schrecklichen, Kakerlaken verseuchten Hotelzimmer zurückließ, war ich außer mir. Ich lag immer noch auf dem Bett und heulte, als das Handy klingelte. Als ich den Anruf annahm, war es der Hotelbesitzer, der sagte: »Mach dich fertig und sei in einer Viertelstunde unten in der Bar.«

Ich hatte nicht einmal die Möglichkeit, zu fragen, wofür ich mich fertig machen sollte, und ich hatte keine Vorstellung, was als Nächstes passieren würde. Ich war wie ein kleiner Hund, der darauf wartete, dass sein Herrchen ihm sagte, was er tun sollte. Fünfzehn Minuten später hatte ich mein tränenüberströmtes

Gesicht gewaschen, etwas Schminke aufgelegt und war unten, wo ich mich an einen der Tische in der Bar setzte. Der Hotelbesitzer war bereits dort, trank Whisky und fragte mich quer durch den Raum, ob ich etwas trinken wolle.

»Nein, danke«, sagte ich. »Ich möchte nichts.«

»Elek kommt gleich. Weshalb willst du nichts trinken, während du auf ihn wartest?«, insistierte er. Und da ich ihn nicht beleidigen oder verärgern wollte, gab ich nach und bat um Wasser.

»Kein Wasser!« Es klang verächtlich. »Nimm einen richtigen Drink.«

»Nein, danke, ich mag wirklich keinen Alkohol«, sagte ich. »Wasser reicht mir.«

Doch er goss bereits Whisky in ein Glas, das er vor mir auf dem Tisch absetzte, und sagte ziemlich aggressiv: »Hier, probier das.«

»Ich sagte doch, dass ich Wasser haben will.« Ich versuchte selbstbewusst zu klingen, damit er nicht wusste, dass ich plötzlich Angst bekam. »Nur weil mein Freund verschwunden ist, heißt das noch nicht, dass Sie mir sagen können, was ich zu tun habe.«

»Trink das!« Der Hotelbesitzer schlug mit der Faust derart hart auf den Tisch, dass auf seiner Oberfläche ein Riss entstand.

Nachdem ich das Glas mit einem Schluck ausgetrunken hatte, schien sich in meinem Körper eine warme Glut auszubreiten. Der Mann lachte und fragte, ob ich noch einen Drink haben wolle, und als ich verneinte, zuckte er diesmal mit den Schultern und sagte: »Na gut, dann eben später. Später werden wir gemeinsam einen Drink nehmen, du und ich.«

Als Elek das Hotel betrat, kam er in die Bar, setzte sich neben mich und sagte: »Das Callgirl-Geschäft flaut ab. Wir müssen die nächsthöhere Stufe erreichen.«

»Wie meinst du das?«, fragte ich, während Angst wellenartig durch meinen Körper strömte. »Welche nächste Stufe denn?«

Elek unterhielt sich mit mir immer auf Englisch oder Griechisch, doch da ich das Wort »Bordell« in keiner der beiden Sprachen kannte, verstand ich nicht, was er damit meinte, dass ich dort arbeiten würde. Und als ich ihn fragte, was das sei, sagte er: »Das ist wie ... das ist Drinnen-Sex.«

»Drinnen was?« Mir wurde ganz schlecht. Es gab bestimmt keine perversen Sexualpraktiken, von denen ich nicht wusste. Ich war fast erleichtert als Elek sagte: »Die Arbeit in einem Bordell ist wie die Arbeit in einem Haus. Ich hole dich heute Abend ab. Diese Arbeit ist sehr anstrengend, daher wirst du zu Beginn in einem der weniger ausgelasteten Häuser arbeiten.«

Aber auch jetzt hatte ich immer noch nicht richtig verstanden und vermutete nur, dass ein »Bordell« ein Puff war.

Nachdem Elek gegangen war, zog ich mich nach oben in mein Zimmer zurück und wartete. Im Laufe des Nachmittags rief er mich mehrere Male an, kam dann am frühen Abend mit seinem Motorrad vorbei und brachte mich ins Zentrum von Athen. Das kleine Haus aus Stein, vor dem er hielt, war fast identisch mit all den anderen Häusern in der langen engen Gasse, an denen bei den meisten neben den Haustüren aus Metall bunte Lampen hingen.

Ich war vorher noch nie in einem Puff gewesen, und die, die ich in einem Film gesehen hatte, waren nicht vergleichbar mit dem kalten, feuchten Raum, in den ich geführt wurde. Er wurde durch Disko-Licht beleuchtet und stank nach Schweiß und abgestandenem Alkohol. Elek stellte mich der Puffmutter vor, einer großen, schmuddelig wirkenden Frau, die mich an

Agatha Trunchbull in dem Film »Matilda« erinnerte. Dann überreichte er mir eine kleine Schachtel, an deren Seite »250 Kondome« zu lesen war, und sagte: »Die wirst du brauchen.«

Mich erfasste Panik. Wozu brauchte ich zweihundertfünfzig Kondome? Wie lange würde mich Elek hier lassen? Bei der Callgirl-Arbeit hatte ich gewöhnlich ungefähr acht Kunden pro Tag, und ich versuchte immer noch, zweihundertfünfzig durch acht zu teilen, als Elek mir einige Kleidungsstücke gab und meinte, ich solle sie anziehen.

»Du siehst wirklich gut aus«, sagte er ein paar Minuten später, als ich vor ihm stand und ein enges schwarzes Leibchen mit winzigen roten Rosen darauf, einen dazu passenden, mit Rüschen besetzten Tanga und ein Paar Stöckelschuhe trug. »Du wirst dich heute Abend gut machen.«

Ich muss genauso ängstlich und unglücklich ausgesehen haben, wie ich mich fühlte, denn er sagte lachend: »Mach dir keine Gedanken. Das hier ist viel besser als das, was du gewohnt bist. Es geht erheblich schneller. Du brauchst mit den Männern nicht zu reden. Du lässt nicht zu, dass sie dich berühren, und sie dürfen *nichts* ohne Kondom machen, auch nicht, wenn sie mehr bezahlen wollen. Du brauchst nichts weiter zu tun, als die Beine breit zu machen, sie ficken dich, und danach verschwinden sie. So einfach ist das Ganze!«

Vielleicht erschien es ihm einfach. Vielleicht war es für einen Mann, der sein eigenes Leben im Griff hatte und nicht bedachte, dass ein Mädchen wie ich absolut nichts mit seiner Mutter oder Schwester gemein hatte, lediglich ein Job. Für mich hingegen war die Arbeit in einem Puff eine äußerst angsteinflößende, seelentötende Aussicht und wahrscheinlich das Schlimmste, was ich mir jemals für mich hatte vorstellen können.

Nachdem Elek gegangen war, sagte die Frau: »Wir machen in

einer halben Stunde auf. Deine Haare sind ja die reinste Katastrophe. Geh und bring sie in Ordnung, und dann schmink dich. Du brauchst noch verdammt viel mehr Schminke, als du jetzt hast.«

Als sie mit meiner Aufmachung zufrieden war, nahm sie eine Hand voll Kondome aus der Schachtel, die Elek mir gegeben hatte, und reihte sie auf dem Tisch auf, vier in der ersten Reihe und mehrere Reihen von zehn darunter. Danach reichte sie mir ein Stück Papier und einen Stift und sagte: »Jeder bezahlt 20 Euro. Du musst Buch darüber führen. Für die ersten vier bekommst du kein Geld, die brauchst du also nicht aufzuschreiben, die decken die Unkosten für dich ab – Miete, Strom etc.«

Tatsächlich bezahlten die Männer direkt bei ihr, und ich hatte überhaupt nichts mit dem Geld zu schaffen. Ich wartete lediglich hinter einem Vorhang, bis sie mich in den Salon rief, den zentralen Raum, in dem mich die potenziellen Kunden von oben bis unten musterten, um zu entscheiden, ob ich ihnen 20 Euro wert war, während die Frau ihnen mit gelangweilter Gleichgültigkeit alle Dinge aufzählte, die ich machen konnte.

Manche Männer, vor allem die jüngeren, kamen nur, um zu schauen, und hatten gar kein echtes Interesse, eine Frau zu »kaufen«. Wer sein Geld bezahlt hatte, bekam eine der drei Zimmernummern zugewiesen und wurde zur Treppe geschickt, während ich ihm in einem klapprigen alten Aufzug nach oben folgte und jeden Gedanken auszuschalten versuchte.

Es handelte sich um einen Ein-Mädchen-Puff, was bedeutete, dass ich das einzige Mädchen war, das in meiner Schicht arbeitete. Die Frau, die den Betrieb leitete, war gemein und hinterhältig. »Beeil dich«, sagte sie immer. »Mach dich auf die Socken. In allen drei Zimmern wartet einer. Zeit ist Geld!«

Sie betrog ganz offensichtlich, wobei ein Trick war, dass sie jede Nacht statt der vereinbarten vier Kondome zehn vom Tisch nahm, und anschließend behauptete sie, ich hätte einen Fehler in meiner Buchführung gemacht. Ich hatte keine Chance, mit ihr zu streiten, und obwohl es mich ärgerte, als ich bemerkte, was sie da machte, spielte es eigentlich auch gar keine Rolle, wer das Geld bekam: Wer auch immer es einsteckte, ich würde es bestimmt nicht sein.

»Sie dürfen mich nicht anfassen«, sagte ich den Männern immer. Danach legte ich mich aufs Bett und wiederholte, womit die Frau mich stets drangsalierte: »Beeilen Sie sich. Machen Sie es schnell.«

Für 20 Euro bekamen die Männer fünf Minuten, nach denen sie, je nachdem, ob sie fertig geworden waren oder nicht, entweder nach unten gehen und erneut zahlen oder verschwinden mussten. Wenn ich darauf bestand – und ich war bei allen gleichermaßen gnadenlos –, machten manche Ärger. Dann drückte ich auf den Knopf neben dem Bett, der die Frau unten alarmierte, diese benachrichtigte einen der albanischen Rausschmeißer, die immer vor dem Haus standen, und der setzte den Kerl auf die Straße – nachdem er ihn vorher vermöbelt hatte, falls er immer noch zu stänkern versuchte.

Wenn viel zu tun war, mussten Männer, die beschlossen hatten für zusätzliche Zeit zu bezahlen, oft warten, während ich die 20 Euro nach unten zu der Frau brachte und die Männer in den anderen beiden Zimmern abfertigte. Manchmal hatten sie die Schnauze voll, noch länger zu warten, und dann öffneten sie die Tür und begannen zu schreien: »Mach voran! Wo bleibst du?«

Mittlerweile hatte ich ein sehr viel dickeres Fell bekommen als noch vor ein paar Monaten, aber ich schämte mich dennoch vor diesen Männern. Obwohl viele Kunden schmutzig und ungepflegt waren und es ihnen offenbar nichts ausmachte, was der Rest der Welt über sie dachte, schien es selbst gut situierten Geschäftsleuten egal zu sein, dass sich im Salon Leute befinden konnten, die sie kannten.

In dieser ersten Nacht hatte ich über fünfzig Kunden, und zum Schluss ging ich auf dem Zahnfleisch. Elek kam, um mich abzuholen und brachte mich zum Hotel, aber nachdem ich ein paar Stunden geschlafen hatte, fuhr er mich schon wieder zum Puff. Ich arbeitete dort mehrere Wochen ohne Unterbrechung Nacht für Nacht, bevor er mich an einer anderen Stelle einsetzte, und danach wieder an einer anderen.

Jeder neue Puff war so schäbig und schmutzig und genauso mies wie der, in dem ich vorher gearbeitet hatte. Der einzige Unterschied war, dass mir in manchen gesagt wurde, obwohl ich jede Nacht durchschnittlich mindestens fünfzig Freier hatte: »Versuch etwas anderes. Du schaffst nicht genug.«

Eines Abends, als wenig Betrieb war, hörte ich, wie ein Mann zu der Puffmutter sagte: »Ich habe meinen Sohn mitgebracht. Er ist fünfzehn und noch unschuldig.«

»Das ist prima«, erwiderte sie. »Sie bringt es ihm bei. Das macht vierzig Euro.«

Ihre Stimme verriet, dass sie grinste, ich aber fühlte mich ganz krank bei dem Gedanken, dass ein Vater seinen Sohn zu so einem Ort schleppte.

Ein paar Minuten später hätte ich am liebsten geweint, als ich oben die Tür eines der Zimmer öffnete und einen ängstlich dreinblickenden Knaben vorfand, der auf der Kante des schmutzigen Betts saß. Er war im gleichen Alter wie ich, obwohl ich mich viel älter fühlte. Ich tat mein Bestes, ihm davon abzuraten, indem ich sagte: »Du bist doch noch zu jung. Ich komme mir wie eine Kinderschänderin vor. Bitte, lass es sein. Dies ist nicht die Art und Weise, wie man seine Unschuld verlieren sollte.«

Doch er war wild entschlossen, wurde wütend und empfand es schließlich als Schmach, weil er es nicht tun konnte.

Als ich später Elek davon berichtete und ihm sagte, ich hätte es gehasst und würde es nicht noch mal tun wollen, zuckte er nur mit den Schultern und meinte: »Du musst es aber. Für manche griechischen Männer ist das ganz normal. So ist das eben. Sie bringen ihren Sohn in den Puff, um ihn zum Mann zu machen und sicherzustellen, dass er nicht schwul wird.«

Ich war noch äußerst unerfahren, aber selbst ich wusste, wie lächerlich das Ganze war. Nach dem, was ich bereits gesehen und erlebt hatte, hätte ich jedoch wohl durch nichts überrascht oder abgestoßen sein dürfen, was manche Männer »eben tun«.

Wenn Elek mich in den frühen Morgenstunden von den Puffs abholte, gab ich ihm die Hälfte von dem, was ich verdient hatte. Danach brachte er mich einmal pro Woche zum Büro der Western Union, wo ich Jak die andere Hälfte schickte, abzüglich 30 Euro, die ich behalten und für Zigaretten und Essen ausgeben durfte.

In einer Nacht konnte Elek aus irgendeinem Grund nicht kommen, daher sagte er mir, ich solle zu Fuß zum Hotel gehen und er würde mich dort später treffen, um sein Geld abzuholen. Nachdem er gekommen und wieder gegangen war, blieb ich in der Hotelbar und trank gerade meine Cola aus, die ich mir genehmigt hatte, als der albanische Hotelbesitzer sagte: »Heute Nacht kommen ein paar Mädchen.«

Dabei zwinkerte er mir zu, als hätten wir beide ein Geheimnis.

Ich hatte keine Ahnung, was er meinte, daher nickte ich nur und sagte: »Na gut.«

Doch ich war neugierig – und sicherlich auch einsam genug –, um mich dafür zu entscheiden, zu bleiben und die Mädchen zu sehen.

Als wenig später acht junge Damen die Hotelbar betraten, konnte ich die Sprache nicht identifizieren, in der sie sich unterhielten. Sie wurden von einem Griechen und einer Frau begleitet, und während sich alle setzten, warf mir eines der Mädchen ein scheues Lächeln zu. Ein anderes Mädchen fragte den Griechen auf Englisch: »Wie ist das Restaurant denn? Ich habe noch nie als Kellnerin gearbeitet. Wird man uns das beibringen? Spielt es keine Rolle, dass wir kein Griechisch können?«

»Das Restaurant ist sehr schön«, erwiderte der Mann. »Und mach dir keine Sorgen wegen der Sprache oder eurer Ausbildung. Ihr werdet überhaupt keine Probleme haben, keine von euch.«

Die Mädchen nickten alle, und mir wurde klar, dass sie auch Englisch sprechen konnten. Eines von ihnen sagte etwas in ihrer eigener Sprache, und als sich alle nach vorne lehnten, um ihm zuzuhören, bekam ich mit, wie der Mann leise auf Griechisch sagte: »Man braucht keine große Ausbildung, um sich auf den Rücken legen zu können und die Beine breit zu machen.«

Und die Frau lachte.

Ich blickte schnell zur Seite und gab vor, husten zu müssen, um zu vertuschen, dass ich tief Luft holte. *Bleib ganz ruhig,* sagte ich mir. *Gib ihnen nicht zu verstehen, dass du gehört hast, was sie sagen.*

Das Blut pochte mir in den Schläfen, und selbst als ich die Kante meines Stuhls fest umklammerte, hörte ich nicht auf zu zittern, da ich wusste, was diese armen, ahnungslosen Mädchen erwartete.

Ich war immer noch damit beschäftigt, meine wachsende Panik zu bekämpfen, als das griechische Paar den Mädchen sagte, sie müssten sich noch mal kurz mit dem Hotelbesitzer unterhalten – der jetzt draußen an der Rezeption war. Dann verließen sie die Bar.

Das Mädchen, das mir zugelächelt hatte, als sie hereingekommen waren, und das mir am nächsten saß, lehnte sich zu mir hinüber und sagte: »Hallo, arbeitest du hier?«

»Nein«, antwortete ich und zwang mich, das Lächeln zu erwidern. »Ich bin ... ich halte mich hier nur eine Weile auf.«

»Wir bleiben auch hier«, sagte das Mädchen. »Ich heiße Kaisa. Ich komme aus Polen. Ich gehe dort auf eine Fachhochschule. Ich bin hergekommen, um einige Zeit als Kellnerin zu arbeiten, damit ich etwas Geld für mein Studium verdienen kann. Es ist das erste Mal, dass ich von meiner Familie weg bin. Ich vermisse sie schon und meinen Freund auch. Aber das hier ist ein guter Job, glaube ich. So viel Geld kann ich in Polen nicht verdienen.«

Außer bei einigen meiner einsamsten Kunden hatte ich seit Monaten von niemandem mehr etwas über sich selbst erfahren. Ich empfand plötzlich verzweifelte Trauer bei dem Gedanken, dass dieses Mädchen, das ich überhaupt nicht kannte, am ehesten einer Freundin gleichkam, die ich während der ganzen Zeit gehabt hatte. Sie schien ein wirklich nettes Mädchen zu sein, und ich wollte ihr etwas sagen, wollte sie warnen, dass sie abhauen sollte, bevor es zu spät war. Doch ich hatte zu viel Angst.

Obwohl ich nichts über das griechische Paar wusste, war mir klar, dass der albanische Hotelbesitzer gewalttätig werden konnte – ich hatte oft gesehen, wie er seine Frau schlug, wenn er betrunken war. Trotz meiner Angst wusste ich aber auch, dass ich mich nicht einfach umdrehen und davonstiefeln konnte, wenn es noch irgendeine Chance geben sollte, dass das Mädchen entkommen konnte.

Ich musste nachdenken. Daher sagte ich Kaisa irgendetwas Höfliches und ging dann rauf in mein Zimmer, wo ich mich auf den Balkon setzte, eine Zigarette rauchte und versuchte, wieder klare Gedanken zu fassen.

8

Ich saß immer noch auf dem Balkon, als nebenan Kaisa, das polnische Mädchen, auftauchte. Sie schien sich zu freuen, dass ich da war und sie jemanden zum Plaudern hatte. Sie erzählte mir von ihrem Zuhause, ihrem Studium in Polen und dass sie bereits Heimweh hätte. Und ich berichtete ihr, wie ich mit meiner Mutter Urlaub in Griechenland gemacht hätte und dass wir beide beschlossen hätten, hier zu bleiben, weil wir uns verliebt hatten. Danach erklärte ich ihr, was ich das griechische Paar unten in der Paar hatte sagen hören.

Einen Moment starrte sie mich nur an, als sei sie des Englischen plötzlich nicht mehr mächtig. Dann brach sie in Tränen aus.

»Pst!«, flüsterte ich ihr über das Balkongeländer zu. »Pass auf, dass dich niemand heulen hört. Komm rüber in mein Zimmer. Ich öffne dir die Tür. Aber sei um Gottes Willen leise.«

Ihr Gesicht war käseweiß und sie zitterte, als ich sie in mein Zimmer ließ.

»Wo sind die anderen Mädchen?«, fragte ich.

»Ich weiß es nicht«, sagte sie. »Wahrscheinlich sind sie immer noch unten und reden darüber, was wir hier während unseres Aufenthalts alles machen werden.«

Ein Schluchzer blieb ihr im Hals stecken und ich legte eine Hand auf ihren Arm. »Ich will alles tun, um dir zu helfen. Das werden wir schon regeln«, versuchte ich sie zu beruhigen, obwohl ich keinen echten Grund hatte, daran zu glauben.

»Ich habe mein Handy«, sagte sie, als sei es ihr gerade erst eingefallen. »Du sprichst doch Griechisch. Wir rufen einfach bei der Polizei an und ...«

»Nein, das können wir nicht«, unterbrach ich sie. »Ich weiß nicht, ob wir der Polizei vertrauen können.«

Jak hatte mich oft genug gewarnt, er würde es erfahren, falls ich jemals zur Polizei gehen würde, und ich hatte Angst, dass er irgendwie herausfinden würde, dass ich dahintersteckte, selbst wenn Kaisa meinen Namen nicht erwähnen sollte.

»Was soll ich nur tun?«, jammerte sie. »Ich kann nicht hierbleiben. Ich muss nach Hause. Ich will zu meiner Mutter und meinem Freund. Ich bin hergekommen, um als Kellnerin zu arbeiten. Ich *kann* das nicht tun!«

Plötzlich erinnerte ich mich an die auf das Stück Papier gekritzelte Telefonnummer, die ich unten in meiner Handtasche versteckt hatte. »Es gibt da jemanden, der uns vielleicht helfen kann«, sagte ich Kaisa. »Er ist ein netter Kerl und sehr reich. Ich bin sicher, dass er dir ein Flugticket nach zu Hause kaufen würde, wenn ich ihm erzähle, was passiert ist.«

Tatsächlich wusste ich nicht einmal, ob der Papierfetzen noch da war. Doch ich fand ihn, und ich wurde schon fast euphorisch, als ich ihn glättete und feststellte, dass die Ziffern darauf immer noch leserlich waren.

Ich schickte Andreas eine SMS: »Hier ist Megan. Bitte rufen Sie mich ganz dringend unter dieser Nummer an.«

Unmittelbar danach klingelte mein Handy.

»Schön, von dir zu hören«, sagte Andreas mit seiner ruhigen, entschlossen klingenden Stimme. »Ich hoffe, das bedeutet, dass du mich besuchen kommst.«

»Ich brauche Ihre Hilfe«, sagte ich. »Hier ist ein Mädchen, das aus einer wirklich schlimmen Situation herauskommen muss. Werden Sie uns helfen? Bitte!«

»Kommt vorbei.« Andreas wurde auf der Stelle ernst. »Du weißt ja, wo du mich findest. Nehmt ein Taxi. Ich bezahle es, wenn ihr hier seid.«

»Ich gehe davon aus, dass er dir helfen wird, nach Hause zu kommen«, sagte ich zu Kaisa. »Vorher müssen wir es hier aber erst mal raus schaffen ohne gesehen zu werden.«

Ich glaube, ich hatte sogar noch mehr Angst als sie, da ich *wusste*, was geschehen würde, wenn ich dabei ertappt würde, wie ich ihr zur Flucht zu verhelfen versuchte. Aber ich war auch stolz, dass ich es wagte, ihr zu helfen, nachdem ich noch nie den Mut aufgebracht hatte, mir selbst zu helfen. Vielleicht war es eine Ironie des Schicksals, dass ich mich dermaßen darauf konzentrierte, Kaisa davor zu bewahren, das zu erleiden, was ich durchmachte. Daher zog ich noch nicht einmal die Möglichkeit in Erwägung, dass Andreas mich ebenfalls außer Landes schaffen könnte, wenn er Kaisa die Rückkehr nach Hause ermöglichte.

In sämtlichen Szenarien, die ich mir überhaupt hätte vorstellen können, war ich wie unsichtbar. Ich schätze, das lag daran, dass ich in meiner Gedankenwelt genauso wie für jeden anderen, mit dem ich jemals zu tun gehabt hatte, eine Nichtperson war. Das Einzige, was mich im Moment interessierte, war die Frage, wie ich mit Kaisa aus dem Hotel kommen und den Weg zu Andreas' Haus schaffen konnte.

»Komm hinter mir her«, sagte ich dem bleichen und zitternden Mädchen. »Bleib dicht hinter mir und gib keinen Laut von dir.«

Dann öffnete ich ganz leise die Tür, hielt die Luft an und lauschte ein paar Sekunden, bevor ich meinen Kopf sehr vorsichtig um die Ecke streckte, gerade weit genug, um in beide Richtungen in den fast dunklen Korridor schauen zu können.

Ich hatte gerade das Zimmer verlassen und drehte mich zu ihr um, um ihr zuzuflüstern, sie solle mir folgen, als wir ein lautes Gebrüll hörten. Kaisa gab ein Wimmern von sich, und ich zog sie auf den Korridor und zischte ihr zu: »Schnell! Geh in dein Zimmer und schließ die Tür hinter dir ab.«

Danach tat ich dasselbe.

Es war die Stimme des Hotelbesitzers, die wir gehört hatten. Mir war klar, dass er betrunken und stinkwütend war. Weshalb er aber meinen Namen brüllte und mich umzubringen drohte, wusste ich nicht und habe es auch nie erfahren. Ein paar Sekunden nachdem ich in mein Zimmer geflitzt war und die Tür abgeschlossen hatte, hämmerte er mit seinen Fäusten dagegen. Während ich dort an die Wand gepresst stand, konnte ich durch das kleine Oberfenster an der Tür das Messer sehen, das er schwang, und ich begann zu beten.

Wie alles andere in dem Hotel war auch meine Zimmertür hauchdünn und schlecht verarbeitet und ich wusste, dass er nicht lange brauchen würde, sie aus den Angeln zu sprengen. Es gab nur einen Ausweg.

Zitternd und mir selbst zuredend, *es wird schon gutgehen – nur nicht nach unten blicken,* kletterte ich auf die überhängende Balkonbrüstung aus Stein, holte tief Luft und machte die ersten Schritte auf dem drei Stockwerke über der Straße befindlichen Vorsprung.

Als ich plötzlich auf Kaisas Balkon erschien, musste diese ihre Hand vor den Mund schlagen, um einen Schrei zu verhindern. Mir wackelten die Knie dermaßen, dass ich stolperte und beinahe gefallen wäre, und sie legte einen Arm um mich, um mir in ihr Zimmer zu helfen, wo wir standen und zuhörten, wie der Hotelbesitzer wüst gegen meine Tür donnerte und trat.

Die ganze Welt schien still zu stehen, als das Geräusch plötzlich verstummte. Ein paar Sekunden später hörte ich, wie die Fahrstuhltür geöffnet und wieder geschlossen wurde, dann folgte das unverkennbare Surren, das der Lift zwischen den Etagen verursachte.

Wir warteten und lauschten noch ein oder zwei Minuten länger, falls es sich um einen Trick handeln sollte. Danach schlichen wir auf den Korridor, rannten die Treppe hinab, durch die offene Tür des Hotels und auf die Straße. Glücklicherweise hatte uns niemand gesehen, und nachdem wir draußen waren, liefen wir immer weiter und folgten den Straßenbahnschienen bis zur nächsten Haltestelle, wo wir in eine Bahn stiegen, die uns in den Stadtteil bringen würde, in dem Andreas wohnte.

Vermutlich wäre es sinnvoller gewesen, seinen Vorschlag zu befolgen und ein Taxi zu nehmen. Doch ich hatte Panik, und zum Glück begegneten wir keinem Fahrkartenkontrolleur, bevor wir unsere Haltestelle erreichten und aussteigen konnten.

Als Andreas die Haustür zu seiner teuren Stadtwohnung öffnete, fielen wir fast über die Schwelle. Er führte uns in sein elegant eingerichtetes Wohnzimmer und nachdem ich mich so weit beruhigt hatte, dass ich ihm berichten konnte, was vorgefallen war, griff er nach dem Telefon und buchte einen Flug für Kaisa nach Polen.

»Kann sie bei Ihnen bleiben, bis sie sich zum Flughafen aufmachen muss?«, fragte ich Andreas. »Kümmern Sie sich um sie? Ich muss zurück ins Hotel.«

Er versprach, es zu tun, und ich wusste, dass er Wort halten würde.

»Und du?«, fragte er. »Geht es dir gut? Oder möchtest du, dass ich für dich auch einen Flug buche?«

»Bei mir ist alles in Ordnung«, log ich. »Kümmern Sie sich

nur um Kaisa. Um mich brauchen Sie sich keine Sorgen zu machen.«

Wohin hätte ich gehen können? Kaisa hatte eine Mutter, einen Freund und ein Zuhause in Polen, während meine Mutter in Griechenland lebte – nicht weit genug entfernt für mich oder sie, um vor Gefahr in Sicherheit zu sein. Und in England gab es niemanden, der auf mich wartete.

Die Angst hielt mich gefangen und hinderte mich daran, eine Flucht zu versuchen. Elek gebrauchte im Gegensatz zu Jak nur selten Gewalt, um mich zu kontrollieren. Seine Methode war eher subtil – ich hatte die Pistole gesehen, die er unter dem Sitz seines Motorrads versteckt hatte –, und ich glaubte ihm, als er mir sagte, ich stünde unter ständiger Beobachtung, und als er mir mit der gleichen ruhigen und sachlichen Stimme drohte, ich würde in »arge Schwierigkeiten« geraten, falls ich jemals versuchen sollte, mich abzusetzen.

Ich wollte nicht darüber nachdenken, was mit den anderen polnischen Mädchen passierte. Ich wusste, dass ich nicht allen helfen konnte. Obwohl sich das Risiko, das ich auf mich genommen hatte, indem ich das Hotel verließ, bereits Kaisa zuliebe gelohnt hatte, hatte ich keine Ahnung, was mich erwartete, wenn ich zurückkam. Jede eventuell plausible Entschuldigung, mit der ich würde aufwarten können – zum Beispiel, dass mich der Hotelbesitzer so in Angst und Schrecken versetzt hatte –, war nur glaubwürdig, wenn ich nicht zu lange wegblieb.

Ich war bereits völlig paranoid; so war ich sogar davon überzeugt, dass man meinem Handy auf der Spur war. Daher hatte ich es mehr als eilig, Andreas' Wohnung zu verlassen. Das Problem war, die Aussicht, wieder ins Hotel zurückzukehren, war mindestens ebenso erschreckend wie ein Fernbleiben. Wenn ich heute darüber nachdenke, ist es unglaublich, dass ich eine Möglichkeit zur Flucht hatte und diese nicht nutzte.

Kaisa umarmte mich, dankte mir und versprach, sie würde sich melden, sobald sie sicher aus dem Land gekommen sei. Dann setzte mich Andreas in ein Taxi und ich hockte dort auf dem Rücksitz und betete, niemand möge entdeckt haben, dass sowohl Kaisa als auch ich verschwunden waren. Und falls man doch dahintergekommen war, dass man ihr Verschwinden nicht mit mir in Verbindung bringen würde.

Andreas hatte dem Taxifahrer Geld gegeben und ich bat ihn mich in der Nähe des Hotels abzusetzen. Während ich mit klopfendem Herzen schnell die Straße entlangging, hielt ich meinen Kopf gesenkt und verbarg mein Gesicht vor jedem, der mich vielleicht sehen und erkennen konnte. Als ich um die Ecke in die Straße bog, in der das Hotel lag, hörte ich das Geräusch von Stimmen bereits bevor ich die Polizeiautos sah. Und als ich hochschaute, schien das Hotel von Polizisten zu wimmeln.

Mein erster begeisterter Gedanke war, dass die anderen Mädchen dahintergekommen wären, was man mit ihnen vorhatte, und die Polizei um Hilfe gebeten hätten. Erst später erfuhr ich, was wirklich geschehen war: dass der betrunkene Hotelbesitzer nämlich, nachdem er mich nicht hatte finden können, seine Wut an seiner Frau ausgelassen hatte. Jemand, der gesehen hatte, wie er sie angriff, hatte die Polizei benachrichtigt. Als diese – gleich in ganzen Horden – eintraf, hatte man den Hotelbesitzer verhaftet und das Hotel abgeriegelt.

Irgendwie hatte Elek bereits erfahren, was geschehen war, und mein Handy begann zu klingeln, während ich noch draußen stand und einen der Polizisten zu überzeugen versuchte, mich durchzulassen.

»Pack deine ganzen Klamotten zusammen«, sagte er. »Ich komme so schnell wie möglich und hole dich ab.«

Ich wusste nicht, weshalb der Hotelbesitzer gedroht hatte, mich umzubringen. Zu dem Zeitpunkt dachte ich, er sei vielleicht dahintergekommen, dass ich mit Kaisa gesprochen hatte, und deshalb hätte er möglicherweise schon Elek informiert. Daher war mir vor Angst ganz schlecht, als ich auf ihn wartete, obwohl Elek nicht böse geklungen hatte, als wir miteinander telefonierten.

Glücklicherweise ließen mich die Polizisten ins Hotel, damit ich meine Sachen holen konnte, und als Elek kam, machte er sich größere Sorgen um andere potenzielle Probleme als darüber, was ich eventuell gemacht hatte, bevor er kam. »Wenn dich jemand fragen sollte«, ermahnte er mich, »dann sagst du, dass du in Griechenland bist, um Urlaub zu machen.«

Es war ein kleines Wunder, dass ich mit heiler Haut davongekommen war. Der Hotelbesitzer wanderte wegen des Angriffs auf seine Frau ins Gefängnis und das Hotel wurde geschlossen. Ich weiß nicht, was mit den anderen Mädchen geschah. Ich hoffe von ganzem Herzen, dass sie zu ihren Familien in Polen zurückkehrten.

Nachdem mich Elek abgeholt hatte, brachte er mich zu einem anderen Hotel, wo er mir sagte, ich solle warten, bis er zurückkäme. Alle Unterkünfte, in denen ich während meines Aufenthalts in Athen wohnte, waren eher billige Absteigen als Hotels; diese hier war die schmutzigste, am meisten von Kakerlaken heimgesuchte von allen.

Am nächsten Tag bekam ich eine SMS von Andreas, in der er fragte, ob er mich anrufen dürfe. Nachdem ich ihm geantwortet hatte, er dürfe es tun, sagte er: »Gute Nachrichten. Alles ist nach Plan gelaufen. Kaisa ist wieder sicher in Polen gelandet.

Sie hat mir eine E-Mail geschickt, nachdem sie zu Hause angekommen ist, und sie bat mich dir zu sagen: ›Herzlichen Dank, dass du mir das Leben gerettet hast.‹ Sie schreibt, dass sie hofft, es gehe dir gut, und sie würde gerne in Kontakt mit dir bleiben.«

»Danke, dass Sie ihr die Flucht ermöglicht haben, Andreas«, sagte ich. »Ich wusste, dass Sie es tun würden. Ich bin Ihnen wirklich dankbar dafür.«

Ich hatte Glück, dass Elek sich nicht wirklich darum kümmerte, was ich machte, solange er sein Geld bekam, und da er mein Handy nur selten kontrollierte, kam er auch nicht dahinter, dass mich Andreas angerufen hatte. Dennoch löschte ich die SMS-Nachrichten und danach warf ich mich auf die schmutzige, fleckige Bettdecke und weinte, bis keine Tränen mehr kamen.

Weshalb hatte ich Andreas nicht gestanden, dass ich nicht die »freiwillige« Prostituierte war, die ich zu sein vorgab? Weshalb hatte ich ihn nicht gebeten, auch mir zu helfen? Ich war froh, dass Kaisa die Flucht gelungen war, und ich war stolz auf die Rolle, die ich dabei gespielt hatte. Aber ich war verzweifelt, als mir bewusst wurde, dass ich die vielleicht allerletzte Möglichkeit verpasst hatte, mich von den Ketten zu befreien, die mich an ein Leben unaufhörlicher Einsamkeit und Erniedrigung fesselten.

Als Elek am nächsten Tag kam, um mich abzuholen, brachte er mich zu einem Café, wo er mich einem Griechen namens Christoph vorstellte, der wahrscheinlich in den Fünfzigern war. Nachdem sie kurz miteinander geredet hatten, überreichte Christoph Elek ein Bündel Geldscheine.

»Er wird sich jetzt um dich kümmern«, sagte mir Elek. »Bis demnächst!« Danach stand er auf, schüttelte dem anderen Mann die Hand und ging.

Ich weiß nicht, ob man sich noch gedemütigter und beschämter fühlen kann, als ich es tat, während ich an diesem Tag in dem Café saß und mir einen Reim darauf zu machen versuchte, dass ich soeben verkauft worden war. Natürlich war das auch vorher schon geschehen, als Jak eine »halbe Aktie« von mir an Leon verkauft hatte und als dieser dann seinen Anteil wiederum an Elek weiterverschachert hatte.

Damals hatte ich nicht verstanden, was da lief, und ich glaube, selbst jetzt kapierte ich es noch nicht richtig. Solange ich mich an den Glauben klammerte, alles, was ich tat, sei für Jak und mich, konnte ich meinem Verstand verbieten, die Fakten zu verarbeiten, die ich nicht wahrhaben wollte. Tatsächlich hatte mich Jak allerdings nicht ein einziges Mal angerufen oder auf meine Anrufe geantwortet, seit er mich in Athen zurückgelassen hatte. Er hatte mir lediglich alle paar Tage eine SMS geschickt – ohne Text, nur ein Kussmund oder Herz. Und dann hatte ich nach einiger Zeit überhaupt nichts mehr von ihm gehört. Die Wahrheit, die zu akzeptieren ich mich weigerte, war, dass sein einziges Interesse an mir nur noch finanzieller Natur war.

Heute bin ich eine stärkere Persönlichkeit als damals, obwohl ich immer noch an meinem Selbstvertrauen und meiner Selbstsicherheit arbeiten muss. Wenn ich auf die damalige Zeit zurückblicke, bin ich wütend auf mich selbst und unglaublich traurig. Wenn man total davon überzeugt ist, ein Nichts zu sein, zieht man nicht mal die Möglichkeit in Betracht, irgendetwas entscheiden zu können. Man ist wie eine Marionette, die darauf wartet, dass jemand kommt, die Fäden aufnimmt und deine Handlungen bestimmt. Und wenn der Puppenspieler einen absetzt, tut man nichts, da man sich so daran gewöhnt hat, eine Marionette zu sein, dass man vergessen hat, dass man mal in der Lage war, selbstständig zu denken und zu handeln.

Nachdem Elek jetzt die Fäden an Christoph weitergereicht hatte, war das Einzige, was sich für mich direkt änderte, dass es jetzt Christoph war, der mich jeden Morgen aus meinem Hotelzimmer abholte, das ich mit einer ganzen Heerschar von Kakerlaken teilte. Während der nächsten paar Monate arbeitete ich weiter in verschiedenen über die Stadt verteilten Puffs, manchmal tagsüber, manchmal nachts. Zuweilen gab es auch Jobs als Callgirl in Hotelzimmern und den Wohnungen von Leuten, die noch nie das nächtliche Geräusch von krabbelnden Insekten gehört hatten.

In einigen Puffs arbeitete ich alleine; andere waren Studios, in denen ich eins von zwei Mädchen war. Die Männer kamen, um uns beide zu begutachten und sich dann für eine zu entscheiden. Für jemanden mit kaum noch vorhandenem Selbstbewusstsein war es vielleicht schwer zu ertragen, nicht ausgewählt zu werden – selbst wenn der Mensch, der die Wahl traf, nur ein schmieriger Typ war, den die Straße hereingespült hatte. Doch zu jener Zeit spürte ich überhaupt nichts mehr.

Christoph schlug mich nicht. Er lobte mich sogar häufig. »Schau dich an!«, sagte er dann. »Du bist umwerfend. Du musst stolz auf dich sein. Du musst dir sagen: ›Ich bin ein guter und besonderer Mensch.‹ Komm, sag es.«

Und ich war so einsam und gierte so sehr nach Zuwendung, dass ich für einen Moment das Gefühl hatte, wirklich etwas Besonderes zu sein, nur weil er sagte, ich sei es.

Eines Tages meinte er: »Du solltest das nicht machen. Weshalb tust du es?«

»Damit mein Freund und ich uns unser eigenes Haus bauen und eine Familie gründen können«, antwortete ich.

»Oh, ihr werdet ein wunderschönes Zuhause haben!«

Christoph schaute in die Ferne und lächelte, als könne er ebenfalls das Bild sehen, an das ich mich immer noch klammerte. Für eine Weile versetzten mich seine Worte wieder in den Traum zurück, der zu verblassen begonnen hatte, und ich glaubte fast selbst daran, dass er eines Tages Wirklichkeit werden würde.

Die meisten Mädchen in den Puffs waren Albanerinnen und Rumäninnen, ein paar kamen aus Griechenland, andere aus Polen, Russland, Litauen und Moldawien. Obwohl ich mich mit keiner von ihnen ernsthaft unterhielt, hatte ich den Verdacht, dass die meisten ihre Arbeit auch nicht freiwilliger machten als ich. Selbst wenn ich gemeinsam mit anderen Mädchen in den Studios arbeitete, redeten wir kaum miteinander. Ich wollte mich mit ihnen unterhalten, aber wenn ich es versuchte, wirkte es vermutlich, als wäre ich hilfsbedürftig und ein bisschen verschroben. Der entmenschlichende Effekt dessen, was ich tat, hatte meine Fähigkeit zur Kommunikation mit anderen Menschen offenbar zerstört.

Ich sah andere Mädchen in den Straßen – Studentinnen und Mädchen, die in Geschäften oder Büros arbeiteten –, und ich wollte so sehr eine von ihnen sein, dass es schon fast wie ein körperlicher Schmerz war. Sie führten das Leben, das ich mir ausgemalt hatte, als ich mit Jak nach Athen gekommen war. Während ich zuschaute, wie sie lachten und miteinander redeten und manchmal Arm in Arm spazieren gingen, spürte ich ihre Energie und ihr Selbstvertrauen und es machte mich traurig, feststellen zu müssen, dass ich unsichtbar für sie war.

Wenn jeden Tag dasselbe geschieht und sich nichts ändert, besteht keine Möglichkeit, den Lauf der Zeit nachzuhalten, denn alles verschwimmt. Daher weiß ich auch nicht, wie lange ich schon in Athen war, als Christoph damit begann, mich in unterschiedliche Städte zu bringen, um dort immer für ein paar Wochen in Puffs zu leben und zu arbeiten. Sämtliche Puffs waren täglich zweiundzwanzig Stunden geöffnet, sieben Tage pro Woche. Es gab keine freien Tage und bald war ich völlig erschöpft. Am frühen Morgen wurde das Haus ein paar Stunden geschlossen, damit dort geputzt werden konnte, und von mir wurde erwartet, dass ich dann schlief. Das Problem war aber, dass ich gewöhnlich völlig ausgelaugt und durch den Eiskaffee und die Energietabletten so aufgeputscht war, mit denen ich von den Puffbetreibern versorgt wurde, dass der wenige Schlaf, den ich bekam, ruhelos war. Glücklicherweise kamen zurzeit der Siesta nur wenige Kunden, und einige Puffs schlossen nachmittags sogar für zwei oder drei Stunden. Dann schlief ich, als hätte man mich bewusstlos geschlagen.

Die Fenster sämtlicher Puffs waren verrammelt und zugenagelt und ich wusste nie, ob Tag oder Nacht war, wodurch meine innere Uhr noch mehr in Unordnung geriet. Abgesehen von der Erschöpfung spielte es allerdings kaum eine Rolle für mich: Ich konnte sowieso nirgends hingehen, daher gab es keinen Grund, die Tageszeit zu wissen oder auch nur, welcher Wochentag war.

Durchschnittlich hatte ich etwa fünfzig Kunden pro Nacht. In der schlimmsten aller Nächte bezahlten hundertzehn Männer dafür, Sex mit mir zu haben. Der Besitzer des Puffs, in dem ich damals arbeitete, war ziemlich nett zu mir, und als ich nach dem hundertzehnten Kunden zur Hintertür hinauslief und mir richtig schlecht wurde, machte er den Puff vorzeitig dicht. Ich fand das sehr anständig von ihm – was wiederum zeigt, wie gestört mein Sinn für Normalität bereits war. Doch es war sicher mehr, als die Betreiber der anderen Puffs, in denen ich gearbeitet hatte, getan hätten.

Nach dieser Nacht wurde ich krank – allerdings nicht deswegen, wie sich herausstellte, sondern ich hatte eine Magenverstimmung. Ich hatte körperlich bereits so sehr abgebaut, dass ich nach ein paar Tagen schwerer Krankheit und Diarrhö, wodurch ich ständig zitternd und qualvoll zusammengerollt liegen musste, völlig entkräftet war. Christoph verhielt sich verständnisvoll. Er sagte »armes Mädchen« zu mir, und er brachte mir an den Tagen, an denen ich sogar zu krank war, das Bett zu verlassen, etwas zu essen (das ich nicht zu mir nehmen konnte). Dennoch musste ich in manchen Nächten arbeiten, selbst nachdem ich mich auf einen Kunden übergeben hatte, und Christophs offensichtliche Sorge um mich reichte nicht, mich im Krankenhaus behandeln zu lassen, was ich wirklich gebraucht hätte.

Nachdem ich zwei Wochen krank war und so erschreckend abgemagert war, dass ich wie der wandelnde Tod aussah –, brachte er mich in ein anderes Hotel im Zentrum von Athen und schließlich auch in ein Krankenhaus. Als der Arzt mich untersucht hatte, sagte er, ich hätte eine Salmonellenvergiftung und sei ernsthaft dehydriert. Daher behielt man mich mehrere Stunden dort und legte mich an den Tropf. Christoph blieb bei mir, was ich nett von ihm fand und als ein Zeichen dafür sah, dass er sich wirklich um mich kümmerte, wie er ja immer behauptete. Erst sehr viel später wurde mir klar, dass er es in Wirklichkeit nur getan hatte, um sicherzugehen, dass ich mit niemandem vom Krankenhauspersonal sprechen konnte.

Sobald ich mich von der Magenverstimmung erholt hatte, begann ich tagsüber wieder mit der Arbeit als Callgirl, während ich nachts in einem der vielen Puffs im Stadtzentrum Geld verdienen musste. Um ungefähr sechs Uhr morgens musste ich ins Hotel zurückgehen, bis neun Uhr schlafen und fertig sein, wenn Christoph mich abholen kam – nie später als um zehn Uhr – und mich zum ersten der Callgirl-Jobs brachte, meistens in Wohnungen der besseren Stadtviertel.

Meine Mutter und ich schickten uns jeden Tag SMS, und manchmal rief sie mich auch an. Ich sprach mit besonders aufgekratzter Stimme, wenn ich ihr beschrieb, wie sehr es mir in meinem Job als Kellnerin gefiel. Ganz offensichtlich war ich überzeugend, denn sie sagte oft: »Du klingst so glücklich, Megan. Ich freue mich so sehr für dich.«

»Jak und ich haben uns getrennt«, erzählte ich ihr eines Tages, lange nachdem er aufgehört hatte, selbst auf meine SMS zu antworten. »Aber ich habe neue Freunde gefunden und komme gut damit zurecht. Tatsächlich denke ich darüber nach, eine Akademie zu besuchen und eine Kosmetikausbildung zu machen – du weißt schon, Frisuren und Fingernägel.«

Ich war überrascht, wie leicht mir die Lügen über die Lippen kamen, und indem ich sie von mir gab, konnte ich fast selbst glauben, ich würde das Leben leben, das ich beschrieb.

»Ich kann es gar nicht mehr abwarten, dich zu sehen«, sagte sie, als sie mich ein paar Tage später anrief. »Du wimmelst mich ab und sagst, du wärst zu beschäftigt. Und ich verstehe ja auch, dass du dir nicht frei nehmen kannst, um mich zu besuchen. Aber wie wäre es, wenn ich nach Athen komme? Selbst wenn du dich nicht von der Arbeit freimachen kannst, könnten wir doch wenigstens ein paar Stunden zusammen verbringen.«

»Ich will mal sehen, ob ich das irgendwie arrangieren kann«, sagte ich.

Es war lange her, dass ich sie gesehen hatte, und obwohl ich es mir mehr als alles andere in der Welt wünschte, versetzte mich der Gedanke, sie könnte nach Athen kommen, in Angst und Schrecken.

9

Als ich Christoph das nächste Mal traf, gelang es mir irgendwie, den Mut aufzubringen, ihm zu sagen: »Meine Mutter möchte mich besuchen kommen. Du weißt doch, dass sie jetzt in Griechenland lebt, an der Küste? Daher kann ich sie schlecht ständig vertrösten. Und ich möchte sie ja auch *wirklich* sehen.«

Wir saßen zu diesem Zeitpunkt in Christophs Auto und fuhren eine belebte Straße entlang auf dem Weg zu einem Puff in der Nähe der Stadt. Ein oder zwei Minuten lang sagte er nichts. Dann ging er vom Gas, fuhr rechts ran und stellte den Motor aus. Als er sich nach vorne beugte, zuckte ich zusammen, da ich dachte, er wollte mich schlagen. Stattdessen öffnete er das Handschuhfach, holte ein Foto heraus und gab es mir.

Obwohl das Bild deutlich und scharf war, schien es durch eine Türöffnung in einem nicht sehr stark beleuchteten Raum geschossen worden zu sein, und anfangs sagte es mir überhaupt nichts.

Dann fragte mich Christoph freundlich: »Ist das deine Mutter?«

Und plötzlich erkannte ich, dass der Raum Nikos' Bar war, und es war, als würde mein Körper von innen geschüttelt.

»Ja«, flüsterte ich und berührte das Bild meiner Mutter mit dem Finger.

»Nun, du weißt, was mit deiner Mutter geschieht, wenn du irgendetwas unternimmst, was mich wütend macht.« Christophs Stimme war immer noch freundlich. »Falls du jemals versuchen solltest, dich abzusetzen ...«

Er brauchte den Satz nicht zu beenden. Er schaute mich nur ausdruckslos an und machte die Schussbewegung, wie er es manchmal tat, indem er mit den Fingern auf das Foto zeigte. Dann lachte er, nahm mir das Foto aus der Hand, legte es wieder ins Handschuhfach und sagte: »Das ist eine prima Idee. Was würdest du denn gerne mit deiner Mutter unternehmen, wenn sie hier ist? Wir sorgen dafür, dass es ihr gefällt.«

Die Tatsache, dass Christoph ein Foto meiner Mutter besaß, schien ein weiterer Beweis für das, was er mir häufig sagte, dass er nämlich überall Augen hätte. Denn der einzige Mensch, der wissen konnte, wo sich meine Mutter aufhielt, war Jak, und ich war sicher, dass er das Foto nicht gemacht und dann an Christoph weitergegeben hatte.

Als ich Jak sehr viel später traf, schwor er mir, er wisse davon nichts, und ich glaubte ihm. Doch das war, bevor ich dahinterkam, dass praktisch jedes emotional aufgeladene, angeblich von Herzen kommende Wort, das er je zu mir gesprochen hatte, eine Lüge gewesen war.

»Deine Mutter denkt, dass du als Kellnerin arbeitest?«, fragte Christoph, obwohl es eigentlich keine echte Frage war. »Na gut, das kriegen wir hin.« Er tätschelte mein Knie und reihte sich wieder in den Verkehr ein. »Wir werden einen schönen Tag in Athen für sie vorbereiten.«

»Sie möchte hier mehrere Tage übernachten«, sagte ich und wusste, dass ich hoch pokerte, aber mir war auch klar, dass es meine Mutter verletzen – und vielleicht auch misstrauisch machen – würde, wenn ich auf einem Besuch für nur eine Nacht bestehen sollte, vor allem, weil wir uns so lange nicht gesehen hatten. »Sie braucht fast einen ganzen Tag, um hierherzukommen«, erklärte ich.

Ich hielt die Luft an, während ich auf Christophs Reaktion

wartete. Doch zu meiner großen Erleichterung zuckte er nur mit den Schultern und sagte: »Ach, ich schätze, das schaffen wir.«

Ein paar Tage später holte er mich vom Hotel ab, und wir gingen zu einem Café, wo er ein Foto von mir machte, wie ich lächelnd neben dem Cafébesitzer stehe und ein paar Tassen auf einem Tablett halte. Am nächsten Tag gab er mir einen Abzug des Fotos und sagte: »Steck es deine Handtasche. Du kannst es deiner Mutter zeigen, wenn sie kommt.«

Meine Mutter kam ungefähr eine Woche nachdem Christoph ihrem Besuch zugestimmt hatte nach Athen. Er hatte für uns ein Zimmer in einem Hotel im Stadtzentrum gebucht, das sich als einfach, aber sauber erwies und zu einer völlig anderen Liga gehörte als die, in denen ich normalerweise untergebracht wurde.

»Erzähl ihr, dass du ein paar Abende freibekommen hast«, hatte er gesagt. »Esst in einem guten Restaurant. Amüsiert euch.«

Er hatte 250 Euro abgezählt und als er sie mir in die Hand drückte, fügte er hinzu: »Aber vergiss nicht, dass ich euch die ganze Zeit beobachte, völlig egal, wohin ihr geht.«

Der Gedanke, meine Mutter wieder zu treffen, begeisterte mich unglaublich. Ich hatte oft herumfantasiert, wie es wäre, wenn ich ihr erzählen würde, was ich wirklich in Athen machte, und nachdem ich jetzt wusste, dass sie kam, versuchte ich mir einen Weg auszudenken, sie die Wahrheit wissen zu lassen. Es einfach hinauszuposaunen, während sie hier war, war keine realistische Möglichkeit, da ich wusste, dass sie darauf bestehen würde, irgendetwas zu unternehmen. Und dann wären wir beide in Lebensgefahr.

Ich überlegte, ob ich ihr eine Nachricht schreiben und diese in ihre Tasche schmuggeln sollte, sodass sie sie finden würde, wenn sie sicher bei Nikos wäre. Doch dann stellte ich mir vor, wie sie die Nachricht lesen, sofort in Panik geraten und mich anrufen würde, während ich mit Christoph zusammen wäre. Er würde dahinterkommen, was ich getan hätte, welche Ausrede ich auch immer versuchen sollte. Oder sie würde vielleicht die Polizei benachrichtigen, statt mich anzurufen, was sogar noch schlimmer wäre, da ich nicht wusste, ob wir ihr trauen konnten.

Konzentriere dich, Megan, sagte ich mir. *Irgendeinen Weg muss es doch geben.* Doch ich glaube, tief im Innersten war mir klar, dass es keinen Ausweg gab, der nicht übel enden würde – für mich und auch für meine Mutter, falls ich sie irgendwie mit hineinzog während sie sich in Athen aufhielt.

Als der Tag schließlich gekommen war, war ich so aufgeregt, dass ich in Christophs Auto kaum still sitzen konnte, während er mich zum Busbahnhof fuhr. Nachdem er mich abgesetzt hatte, wusste ich, dass er dort irgendwo lauerte und beobachtete wie meine Mutter aus dem Bus stieg.

Wir weinten beide, als wir uns umarmten. Meine Mutter war einfach nur glücklich, mich zu treffen, doch für mich gab es einen zusätzlichen Grund, da es das erste Mal seit mehreren Jahren war, dass mich jemand in die Arme schloss, der sich um mich kümmerte.

Mir war bewusst, dass Christoph uns bei verschiedenen Gelegenheiten verfolgte, während meine Mutter in Athen war. Mindestens zwei Mal fuhr er in seinem Auto an uns vorbei und hupte – nur um mir ein Zeichen zu geben –, und ich winkte ihm zu und sagte meiner Mutter, es sei ein Freund gewesen. Ich bin sicher, dass er noch weitere Leute auf uns angesetzt hatte. Allerdings interessierte mich das nicht, da ich nicht vorhatte, mir die paar kostbaren Stunden mit meiner Mutter durch irgendetwas verderben zu lassen.

Am ersten Abend fuhren wir mit dem Taxi vom Hotel zu einem Ort am Meer, in dem es jede Menge Bars und Cafés gibt. Wir kauften uns Hotdogs und setzten uns außerhalb eines Cafés hin und redeten und redeten. Ich schaute meine Mutter unentwegt an und versuchte mir alles an ihr zu merken und auch alles von diesem Abend, den wir miteinander verbrachten – einem Abend, von dem ich geglaubt hatte, ihn nie erleben zu können. Und dann stellte ich mir vor, wie es wäre, im Bus mit ihr nach Hause zu fahren.

An der Küste gab es einen kleinen Rummelplatz, und nachdem wir unsere Hotdogs gegessen hatten, machten wir ein paar Fahrten mit dem Karussell und ich vergaß die Probleme für eine Weile und hatte Spaß. Danach kauften wir eine Flasche Wein und zogen uns aufs Hotelzimmer zurück, wo wir uns einen Schwips antranken und zur Musik aus dem Radio tanzten. Ein Lied wurde gespielt, das ich kannte, und ich sang es auf Griechisch mit, während meine Mutter auf dem Bett saß und zuhörte. Als ich geendet hatte, klatschte sie und meinte, ich sei fabelhaft.

»Du hast so eine tolle Stimme«, sagte sie. »Und ich kann kaum glauben, wie gut du Griechisch sprichst. Das hat mir imponiert, wie du dich mit allen unterhältst. Ich bin jetzt fast so lange hier wie du, und ich beherrsche es fast überhaupt nicht.«

»Alles nur eine Frage der Übung, Mama«, sagte ich. »Wenn man Leute kennenlernt ... Freunde«, ich stolperte über das Wort, »Freunde, die kein Englisch können, lernt man es schnell.«

Es sollte beiläufig klingen, tatsächlich aber war ich unheimlich stolz wegen ihres Lobs.

Es muss ungefähr zwei Uhr morgens gewesen sein, als ein

Mann seinen Kopf um die Mauer streckte, die unseren Balkon von seinem trennte, und sagte: »Hallo! Ein paar Leute möchten schlafen. Seien Sie bitte etwas leiser.«

Wir benahmen uns schrecklich, und der arme Mann hatte allen Grund, die Schnauze voll von uns zu haben. Aber wir waren betrunken und er hatte nur eine einzige Haarlocke auf seinem ansonsten kahlen Schädel, und wir konnten nicht aufhören zu lachen.

So lange ich zurückdenken konnte, hatte ich nicht mehr so viel gelacht, mich amüsiert und mich mit jemandem unterhalten können, und ich wollte nicht, dass die Nacht zu Ende ging. Als wir am nächsten Morgen aufwachten, fühlten wir uns beide ein bisschen mies, daher setzten wir uns auf den Balkon in die Sonne, rauchten, tranken Eiskaffee und redeten. Meine Mutter rief Nikos an, reichte mir das Handy und sagte: »Er möchte dich sprechen.«

»Du musst uns bald besuchen kommen«, sagte Nikos. »Komm, sobald du wieder ein paar freie Tage hast, ja?«

Und ich versprach ihm, es zu tun.

An diesem Abend wollte meine Mutter, dass ich ihr meinen Arbeitsplatz zeigen sollte.

»An meinem freien Tag habe ich keine Lust, dorthin zu gehen«, sagte ich ihr.

»Aber wir brauchen doch nicht lange zu bleiben«, sagte sie. »Ich möchte mir vorstellen können, wie du arbeitest. Und ich möchte deinem Chef begegnen.«

»Ich bin dort doch die ganze Zeit. Ich habe keine Lust, dich heute dorthin zu bringen«, insistierte ich und hasste es, dass ich wie der zickige Teenager klang, der ich manchmal gewesen war, und dass ich sie anlog. »Außerdem habe ich eine Überraschung für dich geplant.«

Meine Mutter maulte noch ein bisschen, doch ich wusste, dass ich mich herausgewunden hatte. Und dann fragte sie plötzlich: »Soll ich noch einen Tag bleiben? Ich möchte gerne zum Café kommen, einen Kaffee trinken und zusehen, wie du arbeitest. Wäre das nicht schön?«

Es heißt, die überzeugendsten Lügner seien jene, denen es gelingt, sich selbst vorzumachen, sie würden glauben, sie sagten die Wahrheit. Ich denke, für mich war es einfach ein Fall von »Übung macht den Meister«: Ich wusste immer, wenn ich log – sowohl gegenüber mir selbst als auch gegenüber anderen –, aber ich musste es schlicht jeden Tag tun.

Ich weiß nicht mehr, wie ich es schaffte, meine Mutter davon zu überzeugen, bei ihrer ursprünglichen Absicht zu bleiben und keinen Tag dranzuhängen. Allerdings erinnere mich daran, dass es mich traurig stimmte, ihre Gefühle verletzt zu haben.

Es stimmte jedoch, dass ich an diesem Abend eine Überraschung für sie parat hatte. Ich nahm den Rest der 250 Euro, die Christoph mir gegeben hatte, und fuhr mit ihr zu einem Hafen etwas außerhalb der Stadt, um in einem der Fischrestaurants zu essen. Erst wanderten wir durch einen Jachthafen und versuchten zu beschließen, welches der vielen gewaltigen, unglaublich teuren Boote wir kaufen würden, wenn wir ein paar Millionen Euro zu viel hätten. Danach entschied ich mich für ein Restaurant mit Glasboden und einem großen Panoramafenster mit Sicht auf das Meer.

Obwohl es zu regnen begann, als wir uns gerade zum Essen gesetzt hatten, konnten wir die Lichter entlang der Küste sehen und beobachten, wie das Wasser unter unseren Füßen plätscherte. Da wir uns immer noch von den Ausschweifungen der letzten Nacht erholen mussten, entschieden wir uns gegen weiteren Alkohol zum Essen, das sich als richtig gutes Drei-Gänge-Menü erwies.

Irgendwann blickte mich meine Mutter an und sagte: »Ich habe immer das Beste für dich gewollt, Megan. Ich bin wirklich stolz auf dich. Du bist so clever, du arbeitest und gestaltest dein eigenes Leben und sprichst sogar richtig Griechisch.«

Ich musste mich zwingen zu lächeln. Und als ich krampfhaft nach etwas suchte, auf das ich mich konzentrieren konnte, um nicht in Tränen auszubrechen und ihr die Wahrheit zu sagen, erinnerte ich mich an das Foto. Ich nahm es aus meiner Handtasche, reichte es über den Tisch meiner Mutter und sagte: »Das hier ist das Café, in dem ich arbeite. Und das ist mein Chef.«

»Ist es angenehm, für ihn zu arbeiten?« Sie drehte das Foto ins Licht. »Oh, er sieht wirklich nett aus.«

»Ja, er ist toll«, sagte ich. »Er behandelt mich richtig gut. Und die Kundschaft ist auch in Ordnung. Ich bekomme massenhaft Trinkgeld. Deswegen kann ich dich ja auch heute Abend hierhin einladen.«

»Darf ich es behalten? Ich möchte es Nikos zeigen und an der Wand der Bar aufhängen.«

Als ich nickte, steckte meine Mutter das Foto in ihre Handtasche und ich musste schnell zur Seite blicken, damit sie nicht die Tränen sah, die flossen, bevor ich es verhindern konnte. Nachdem sie wieder zu Hause war, scannte sie das Foto und übertrug es auf ihr Handy und stellte es auf Facebook mit der Notiz: »Dies ist Megan mit ihrem Chef in dem Café, in dem sie arbeitet. Sie ist glücklich, und es geht ihr in Athen sehr gut.«

Am nächsten Morgen schickte mir Christoph eine SMS und fragte mich, wann meine Mutter abreisen würde. Außerdem trug er mir auf, in dem Café am Busbahnhof auf ihn zu warten, nachdem sie weggefahren war. Dennoch war ich unruhig und ängstlich, als sich meine Mutter und ich voneinander verabschiedeten, da ich dachte, er könnte vielleicht bereits dort sein und uns beobachten.

Als meine Mutter mich verließ und zum Terminal ging, sagte eine leise Stimme in meinem Kopf: »Weshalb begleitest du sie nicht? Mach voran, steig einfach in den Bus ein. Was soll er machen bei all den Leuten hier herum?«

Ich spürte einen scharfen, schmerzhaften Stich in der Brust, und plötzlich konnte ich den Gedanken nicht ertragen, dass meine Mutter mich dort alleine zurückließ. Ich hatte gerade einen Schritt in ihre Richtung gemacht, als sie sich umdrehte und mir zuwinkte und mit den Lippen die Wörter formte: »Ich bin stolz auf dich, Megan.«

Da wusste ich, dass ich ihr die Wahrheit nicht beichten konnte, weil ich *wollte*, dass sie stolz auf mich sein sollte und sich nicht zu schämen brauchte. Daher zwang ich mich zu einem Lächeln und winkte zurück, und danach sah ich zu, wie der Bus in die Straße einbog und im Verkehr verschwand.

Die einzigen guten Erinnerungen, die ich an all die Jahre in Athen habe, sind diese beiden Tage, an denen ich mit meiner Mutter zusammen war. Ich muss immer noch weinen, wenn ich heute daran denke.

Ich hatte ungefähr eine Stunde in dem Café am Busbahnhof gesessen, als Christoph schließlich auftauchte. Er bestellte einen Kaffee für sich selbst und einen weiteren für mich und fragte, ob meine Mutter den Besuch genossen hätte, und dann sagte er: »Ich verlasse heute Abend die Stadt. Du wirst in einem Puff an der Küste arbeiten, während ich weg bin. Wenn wir unseren Kaffee getrunken haben, kaufen wir die Busfahrkarte für dich. Danach bringe ich dich ins Hotel, damit du deinen Koffer packen kannst.«

Mein Bus fuhr spät am Abend ab und kam in den frühen Morgenstunden in der Stadt an der Küste an. Es war eine lange und anstrengende Reise, doch das Schlimmste daran war, dass ich Zeit zum Nachdenken hatte – über meine Mutter und was hätte geschehen können, wenn ich sie begleitet hätte. In Wirklichkeit wusste ich aber, dass die Flucht nie in Frage gekommen war, da es keinen Ort gab, an dem ich mich hätte verkriechen können, ohne dass Christoph mich gefunden und auf die eine oder andere Weise wieder auf Linie gebracht hätte.

Ein sehr tuntenhafter griechischer Puffbesitzer namens Dimitri holte mich vom Bus ab und schlug buchstäblich die Hände vor Schreck über dem Kopf zusammen, als er mich sah. Nachdem ich mich mehrmals um die eigene Achse hatte drehen müssen, kreischte er: »Ach du lieber Gott! Als Erstes müssen wir dich mal auf Vordermann bringen. Beginnen wir doch gleich mit einer Haarverlängerung.«

»Aber die wurde bei mir doch schon gemacht«, erwiderte ich.

Mit Daumen und Zeigefinger hob er eine Strähne meines Haars an, wie man vielleicht ein kleines totes Tier am Schwanz hochhebt, und sagte: »Ich rede von einer *richtigen* Haarverlängerung. Danach werden wir mal hübsche Unterwäsche für dich kaufen. Ich weiß nicht, an welchen Orten du vorher gearbeitet hast, aber bei mir arbeiten keine Flittchen. Das hier ist ein Fünf-Sterne-Etablissement.«

Vier Stunden und achthundert Euro später hatte ich neue Haarverlängerungen und frische Fingernägel. Es schien, als hätte Dimitri eine Menge Geld dafür hinblättern müssen, doch er würde seine Investition bald wieder hereinbekommen.

Ich hatte es nicht geschafft, längere Zeit im Bus zu schlafen, und als ich abends zu arbeiten begann, war ich richtig müde. Dimitris »Fünf-Sterne-Etablissement«, erwies sich als genauso kalt, schäbig und ekelhaft wie alle anderen Puffs, in denen ich gearbeitet hatte.

Ich arbeitete alleine und trotz meiner neuen Aufmachung schaffte ich in der ersten Nacht nicht viel. Tatsächlich schauten mich nur wenige Männer an, die hereinkamen, und gingen dann wieder. Einige hatten offensichtlich kein Interesse daran, für Sex zu bezahlen; andere fanden vermutlich eine, die ihnen besser gefiel, in einem der anderen fünfzig oder mehr Puffs in der Gegend, die alle um die Kundschaft konkurrierten.

»Alle anderen Läden scheinen besser zu laufen als meiner«, sagte mir Dimitri später. »Ich bin es satt, ständig die Mädchen auszutauschen. Ich muss einfach die Richtige finden, dann wird alles gut.«

Nach zwei weiteren Nächten mit durchschnittlich etwa vierzig Kunden pro Nacht – und nicht mit fünfzig oder sechzig, wie Dimitri es sich erhoffte – begann es so auszusehen, als sei ich auch nicht das richtige Mädchen, und mein Selbstbewusstsein sank auf den absoluten Tiefstand. Es ist schon eine sehr absonderliche Erfahrung, wenn man sich hässlich fühlt, weil irgendein ekelhaft heruntergekommener Kerl einen kurzen Blick auf einen wirft und beschließt, er sollte lieber Fünf-Minuten-Sex mit jemand anderem haben.

Christoph rief mich jeden Abend an und was mich weit mehr beunruhigte als das Gefühl hässlich zu sein, war der Gedanke, er könnte wütend auf mich sein, wenn er erfuhr, dass ich nicht erfolgreich war. Tatsächlich aber hatte er keine Probleme damit.

»Versuch morgen einfach, mehr zu schaffen«, sagte er. »Und mach dir deswegen keine Sorgen. Du bist dort neu. Wenn die Leute dich erst mal kennengelernt haben, wirst du voll beschäftigt sein.«

Allerdings änderten sich die Dinge nicht, und ein paar Wochen später saß ich wieder im Bus, der mich zurück nach Athen brachte.

Christoph holte mich am Busbahnhof ab und brachte mich zu einem Hotel im Stadtzentrum, in dem ich vorher noch nie gewohnt hatte. Ich begann, tagsüber einige Callgirl-Jobs zu erledigen und arbeitete nachts zusätzlich in Puffs.

Eine Morgens rief mich Christopher früh an und sagte: »Ich komme gleich und hole dich ab. Pack deine Sachen und sieh zu, dass du sofort aufbrechen kannst. Die Polizei ist mir auf den Fersen.«

Er klang aufgeregt und sobald wir das Gespräch beendet hatten, lief ich wie ein kopfloses Huhn im Zimmer herum, grapschte nach Klamotten und Sachen aus dem Badezimmer und stopfte alles in meinen Koffer. Ich hatte ja nicht viel, daher dauerte es nicht lange und als Christoph kam, war ich abmarschbereit.

Ich glaube nicht, dass Christoph vorher jemals so ungehalten mir gegenüber gewesen war wie an diesem Tag. Aber als ich neben ihm im Auto saß, schien er angespannt und zerstreut zu sein und sprach kaum mit mir. Es war eine kurze Fahrt zu einem Wohnblock, wo er parkte und mir knapp sagte, ich solle aussteigen. Als kleines Kind schon hatte ich gelernt, nichts zu tun oder zu sagen, was Erwachsene aufregen könnte, die gestresst waren oder schlechte Laune hatten. Daher folgte ich ihm stumm über den feuchten, schmutzigen Flur in eine der Wohnungen, wo in einem kleinen, stickigen Zimmer fünf völlig verängstigt dreinblickende Mädchen auf dem Boden saßen.

»Du bleibst hier, bis die Polizei unsere Spur verloren hat«, sagte mir Christoph.

Er stieß mit dem Fuß das ihm am nächsten sitzende Mädchen zur Seite, und es rückte schnell weg, um Platz für mich zu machen, damit ich mich setzen konnte. Der Gestank in dem Zimmer war überwältigend. Das Fenster war zugenagelt, doch an den Seiten sickerten Lichtstreifen herein. Nachdem sich meine Augen langsam an die Dunkelheit gewöhnt hatten, sah ich die Gesichter einiger der Mädchen, die bereits auf dem Boden zusammengesackt waren. Die meisten hatten kaum hochgeschaut, als wir den Raum betraten.

Ein Mädchen weinte und als es den Kopf hob, um mich anzuschauen, bemerkte ich, dass das Gesicht geschwollen und übersät mit dunklen Blutergüssen war. Christoph nahm das Mädchen ebenfalls wahr und plötzlich beugte er sich hinab und begann auf es einzuschlagen. Als seine Faust das erste Mal die Wange traf, schrie das Mädchen auf. Danach saß es einfach nur stumm da, einen Arm eher zufällig vor dem Gesicht, als versuchte es, die Augen vor der Sonne zu schützen, und sein Kopf schoss mit jedem Schlag heftig von einer Seite zur anderen.

Als Christoph aufhörte, auf das Mädchen einzuprügeln, wandte er sich wieder mir zu, und ich zuckte unwillkürlich zusammen. Doch er schlug mich nicht. Er schnappte sich meine Handtasche und schleuderte sie auf den Boden, sodass der Inhalt herausfiel. Dann hob er meinen Pass und das Handy auf, steckte sie in seine Tasche, beugte sich wieder zu mir hinab und schrie mir ins Gesicht: »Du taugst noch für ein paar Jahre Arbeit, und du gehörst jetzt mir. Hast du verstanden?«

Ich nickte.

»Und ihr.« Er schaute sich zu den anderen eingeschüchterten, sich duckenden Mädchen um. »Ihr seid nichts als kleine Nutten. Statt da flennend herumzusitzen, solltet ihr mir lieber dankbar sein. Ihr könnt froh sein, mich zu haben, der euch beschützt. Wenn die Polizei euch findet, wandert ihr in den Knast, und danach werdet ihr als Vorbestrafte dorthin zurückgeschickt, wo ihr hergekommen seid. Und kommt bloß nicht auf dumme Gedanken. Die Nachbarn beobachten euch und ich habe viele Freunde bei der Polizei. Ihr wisst, was geschieht, wenn ihr abzuhauen versucht.«

Es war deutlich, dass die Mädchen verstanden, was er ihnen auf Griechisch zubrüllte, daher mussten sie mindestens so lange wie ich im Lande sein. Und sie mussten das gleiche Gefühl niederschmetternder, vernichtender Hoffnungslosigkeit empfinden wie ich, als sich Christoph umdrehte, das Zimmer verließ und die Tür hinter sich abschloss.

Während all der Monate in Athen hatte ich eine Menge über Angst gelernt, einschließlich der Tatsache, dass sie in vielen Formen auftritt – Angst vor Gewalt, vor dem Ungewissen, vor einer falschen Entscheidung, wenn man weiß, dass das Leben davon abhängen könnte, und wenn man weiß, dass man nichts unternehmen kann, um sich selbst zu helfen.

Noch lange nachdem Christoph gegangen war, bewegte sich keins der Mädchen, und wir sprachen auch nicht. Ich traute mich nicht, eine von ihnen anzusprechen, da ich überzeugt davon war, beobachtet und abgehört zu werden. Und ich hatte Angst, Christoph hätte uns belogen und würde vielleicht nie mehr zurückkommen. Selbst wenn ich jetzt daran zurückdenke, zieht sich mir noch der Magen zusammen.

Eine Weile saß ich nur da und starrte vor mich hin, während in meinem Kopf totale Leere herrschte. Dann begann ich etwas genauer auf die anderen Mädchen zu blicken. Die meisten schienen ungefähr in meinem Alter oder etwas älter zu sein. Doch es gab auch noch ein sehr kleines Mädchen, das zusammengerollt auf dem Boden lag und still vor sich hin weinte und das, wie ich plötzlich schockiert bemerkte, vermutlich nicht älter als acht Jahre war. Es schien alleine zu sein, ohne die Mutter, und niemand rührte sich, um es zu trösten.

Ich weiß nicht, wie lange ich da mit dem Rücken an die Wand gelehnt saß, bis ich schließlich den Mut aufbrachte, zu flüstern: »Gibt es hier irgendwo Wasser? Dürfen wir etwas trinken?«

»Ja, es gibt einen Wasserhahn«, antwortete eines der Mädchen ohne mich anzusehen.

Ich erhob mich nicht sofort. Ich wartete, bis mein Durst stärker war als die Angst, bevor ich auf Zehenspitzen über den engen Flur in die winzige Küche ging. Seit ich nach Griechenland gekommen war, hatte ich immer Mineralwasser aus der Flasche getrunken. Selbst in Athen, wo das Leitungswasser angeblich unproblematisch sein soll, riskierte ich es nicht, es zu trinken, jedenfalls nicht in den Hotels, in denen ich untergebracht wurde. Doch diesmal war ich so durstig, dass ich wahrscheinlich alles getrunken hätte, was aus dem einzigen schmuddeligen Wasserhahn in der Küche dieser Wohnung getropft wäre.

Als ich in das andere Zimmer zurückkehrte, fragte ich eines der Mädchen, ob es wisse, wo die Mutter des Kindes sei. Das Mädchen schaute mich eine Weile an, als müsste es sich überlegen, ob es mir antworten sollte, und zuckte dann einfach nur mit den Schultern. Alle anderen Mädchen hielten sich ebenfalls zurück. Später, als zwei von ihnen sich kurz im Flüsterton unterhielten, glaubte ich, ihre Sprache sei Russisch. Die meiste Zeit saßen wir alle nur stumm da, hingen unseren Gedanken nach oder versuchten, überhaupt nicht zu denken.

Als das Licht um das vernagelte Fenster zu schwinden begann, stand ich wieder auf, holte in der Küche ein beschädigtes

Glas aus dem Schrank, füllte es mit Wasser und nahm es mit ins Zimmer, wo ich es dem kleinen Mädchen gab. Danach hob ich es auf meine Knie und streichelte sein schmutziges, wirres Haar, bis es einschlief.

In einer der Zimmerecken stand ein schmales Bett mit Metallrahmen, doch niemand schlief auf der unförmigen Matratze. Die anderen saßen auf dem harten Holzboden, hatten die Knie zur Brust hochgezogen, wie Kinder es tun, und hielten die Augen geschlossen. Ich saß mit dem Rücken an der Wand und hatte die Arme fest um das kleine Mädchen geschlungen, muss aber auch eine Weile eingeschlafen sein. Als ich aufwachte und mich erinnerte, wo ich war, dachte ich kurz daran, um Hilfe zu rufen.

Unten von der Straße drangen keine Geräusche herauf, die meine Stimme hätten übertönen können, sodass jemand in einer der anderen Wohnungen daran gehindert worden wäre, mich zu hören. Und dann könnten sie die Polizei alarmieren. Doch jedes Mal, wenn ich fast den Mut aufgebracht hatte, meinen Mund zu öffnen, hörte ich Christophs Stimme in meinem Kopf, die sagte: »Du weißt, was geschieht, wenn du abzuhauen versuchst.«

Danach schlief ich vielleicht ein paar Stunden unruhig, bevor ich durch das Geräusch von Stimmen aufgeweckt wurde. Ich war immer noch im Halbschlaf, als mir die beiden Männer, die in die Wohnung gekommen waren, das kleine Mädchen aus den Armen rissen und es wegtrugen. Ich wäre damals gerne wach genug gewesen, um zu reagieren. In Wirklichkeit wusste ich aber, dass ich selbst in hellwachem Zustand keine Chance gehabt hätte, sie daran zu hindern.

Ich hörte noch, wie das kleine Mädchen jenseits der Wohnungstür schrie; dann wurde das Geräusch gedämpfter, als hätte ihm jemand eine Hand auf den Mund gepresst. Immer noch sagte keines der anderen Mädchen etwas und ich fragte mich, ob sie wie ich versuchten, nicht darüber nachzudenken, wohin das kleine Mädchen gebracht wurde. Ich habe es nie wieder gesehen. Ich habe oft gebetet, dass es nicht für Sex missbraucht wurde und dass es wieder mit seiner Mutter zusammengekommen ist. Zum Mindesten hoffe ich, dass sich *irgendjemand* um es gekümmert hat.

10

Als ich früher am Abend in der Küche Wasser geholt hatte, hatte ich auf der Arbeitsfläche ein Brot entdeckt. Es war hart und verdorben, mit blauen Schimmelflecken bedeckt. Doch es gab nichts anderes zu essen und den Rest des Tages gingen wir abwechselnd eine nach der anderen in die Küche, um Stücke davon abzubrechen. Es änderte nichts an meinem Hunger, aber zumindest hatte ich einen Grund, aufzustehen und mich zu bewegen.

Am folgenden Abend wurde es bereits dunkel, als sich die Wohnungstür wieder öffnete. Diesmal war es Christoph, der hereinkam, gefolgt von einem untersetzten, grobschlächtigen Mann, der ein zerknittertes Hemd und speckige Jeans trug. Keiner sagte etwas; der Mann betrachtete uns alle und zeigte dann auf mich.

»Los, steh auf«, sagte Christoph. »Das ist ein Job für dich.«

Selbst als er mit dem Kopf auf das enge Bett in der Ecke deutete, verstand ich noch nicht, was er meinte. Dann begann der Mann seine Hose aufzumachen, und da dämmerte mir, dass Christoph von mir erwartete, Sex mit dem Mann zu haben, genau hier, in dem Zimmer, in dem all die anderen Mädchen saßen.

Irrsinnigerweise war einer meiner ersten Gedanken, dass ich seit zwei Tagen nicht mehr geduscht hatte. Allerdings musste ich mir in Bezug auf den Mann darüber keine Sorgen machen. Ich glaube, ich hätte in der Jauche eines Schweinestalls baden können, ohne dass er es bemerkt oder sich daran gestört hätte als er auf mich stieg und Sex mit mir hatte – ohne ein Kondom zu benutzen – und dann den Hosenstall seiner Jeans zuzog und hinter Christoph die Wohnung verließ.

Ich hatte vor langer Zeit aufgehört, die ekelhaften Dinge zu zählen, die ich gemacht hatte und die mir angetan worden waren seit ich nach Athen gekommen war. Vieles hatte ich überhaupt noch nicht gekannt und hätte auch nicht geglaubt, dass sie jemand machte – schon gar nicht ich selbst. Im Vergleich zu einigen von ihnen war es ziemlich harmlos, in einem Zimmer voll mit anderen Menschen Sex mit einem Mann zu haben. Trotzdem kotzte es mich an.

Christoph erschien an diesem Abend erneut, diesmal mit einem anderen Mann, der ein anderes Mädchen auswählte. Danach kam niemand mehr.

Ich hatte vier Tage in dem Zimmer verbracht, ohne etwas zu essen und nur aus dem Wasserhahn lebend, als Christoph wieder auftauchte. In diesen vier Tagen schien ich mich von mager zu ausgemergelt verändert zu haben, sodass der schmutzige, zerknitterte Rock, den ich trug, mir über die Hüften rutschte. In meinem Kopf herrschte ständiger pochender Schmerz, als würde innendrin jemand mit dem Hammer schlagen.

Die Uhr in Christophs Auto sagte mir, dass es Vormittag war, als er mich zu einem Hotel fuhr, wo er mir befahl, mich zu duschen, anzuziehen und zu schminken. »Mach dich richtig hübsch«, sagte mit seiner alten freundlichen Stimme. »Ich habe einen wichtigen Job für dich.«

Alles, was ich wollte, war, mich aufs Bett fallen zu lassen und zu schlafen. Doch in der Welt, in der ich lebte, gab es keine Wünsche. Vielleicht reagiere ich deshalb heute manchmal ungehalten, wenn mir Leute sagen, was ich tun soll: Nach all diesen Jahren, in denen Macht über mich ausgeübt wurde, wächst in mir der Ärger wie der Dampf in einem Schnellkochtopf, und wenn ich den Druck nicht von Zeit zu Zeit ablasse, fürchte ich eine Explosion.

Allerdings war ich damals nicht wütend. Ich war zu erschöpft – sowohl geistig als auch körperlich –, um die nötige Kraft aufzubringen. Daher duschte ich, zog mich an und machte mich wenn nicht schön, so doch wenigstens vorzeigbar, während Christoph in meinem Hotelzimmer saß und so schwätzte wie früher, bevor ich gesehen hatte, wie er ein Mädchen brutal geschlagen hatte.

Als ich fertig war, fuhr er mit mir zu einem Fastfood-Restaurant, bestellte Hähnchen-Souvlaki und sagte: »Das magst du doch, oder?«

Doch obwohl ich vier Tage lang nichts zu essen bekommen hatte, schaffte ich kaum mehr als ein paar Bissen. Danach brachte mich Christoph in einen der wohlhabendsten Vororte der Stadt, wo er mir sagte, ich würde einen »ganz besonderen Kunden« treffen.

Während wir im Auto saßen, erzählte er mir, was geschehen war, dass er so überstürzt für ein paar Tage hatte »abtauchen« müssen. Offenbar hatte sich ein Mädchen abgesetzt und war zur Polizei gegangen.

»Leute sind bereits auf dem Weg nach Albanien, um ihre Familie auszukundschaften«, sagte Christoph. »Sie ist eine tote Frau.«

Dabei streckte er zwei Finger aus und imitierte den Schuss mit einer Pistole. Und obwohl ich so zu tun versuchte, als sei ich über das verräterische Verhalten des unbekannten Mädchens empört, dachte ich wirklich, dass es mir nie gelingen würde, dem unerträglichen Leben zu entrinnen, in dem ich mich verfangen hatte.

Christoph hielt bei einem schicken Hotel und rief den Kunden an, um ihm mitzuteilen, dass wir da seien. Dann nannte er mir die Zimmernummer und sagte, er käme in einer Stunde zurück. Es handelte sich um eine Art von Hotel, in dem mich mit meiner billigen Kleidung ganz offensichtlich deplatziert war, selbst wenn ich nicht so dürr gewesen wäre und dunkle Ringe unter den Augen gehabt hätte. Daher raste mein Herz, als ich durch das Foyer zum Fahrstuhl ging, und ich war überrascht, aber auch erleichtert, dass mich niemand aufhielt. Es schien, als würde kaum Notiz von mir genommen.

Nachdem ich an die Tür des Hotelzimmers geklopft hatte, wurde sie fast sofort von einem gut gelaunten, freundlich aussehenden Mann geöffnet, der mich höflich begrüßte. Aus irgendeinem Grund vermittelte er mir ein Gefühl der Sicherheit, und ich erinnere mich, dass ich hoffte, er könne sich für länger als eine Stunde entscheiden, sodass sich der Moment, an dem ich wieder in die reale Welt würde eintauchen müssen, hinauszögern ließe.

Vor und nach jedem Freier duschte ich jeweils. In guten Hotels wie diesem machte es Spaß, ein paar Minuten unter dem kräftigen Wasserstrahl zu stehen, bevor ich mich in ein weiches, frisch gewaschenes Handtuch wickelte. Als ich ins Schlafzimmer ging, lächelte mich der Mann an und sagte: »Komm her.«

Dann löste er vorsichtig das Handtuch und ließ es zu Boden fallen.

»Du bist eine der Besten, die er mir je geschickt hat«, meinte er erneut lächelnd, während er mich von oben bis unten begutachtete. »In Ordnung. Du kannst dir jetzt das Handtuch wieder umlegen.«

Er griff in die Brusttasche seines Jacketts, zog seine Brieftasche heraus und überreichte mir ein paar Geldscheine. Ich hatte mich gerade umgedreht, um das Geld in meiner Handtasche zu verstauen, als er sagte: »Du bist verhaftet.«

Es dauerte einen Moment, bis der Sinn des Satzes bei mir angekommen war und ich zu weinen begann. »Bitte, tun Sie mir nicht weh«, bettelte ich. »Hier, nehmen Sie das Geld wieder zurück.«

Ich versuchte, ihm die Geldscheine wieder in die Hand zu drücken.

»Zu spät«, sagte er. »Du hast es bereits genommen. Tu es in deine Handtasche und zieh dich an.«

Nachdem ich in meinen Rock und das Oberteil geschlüpft war, fragte ich ihn unter Tränen: »Was geschieht jetzt mit mir?«

»Hör mir zu«, sagte der Mann, fasste mich am Arm und schob mich vor sich her aus dem Zimmer. »Sag einfach die Wahrheit, dann geschieht dir nichts. An dir sind wir nicht interessiert. Wir wollen nur von dir, dass du uns erzählst, wer dich hergebracht hat. Verstehst du?« Und nachdem ich genickt hatte, fügte er hinzu: »Also, wirst du die Wahrheit sagen?«

»Ja. Ja, natürlich«, stammelte ich.

»Na gut, in dem Fall hast du nichts zu befürchten.«

Ich verstand immer noch nicht, was geschehen war. Christoph hatte mit dem Mann vom Auto aus telefoniert. Hieß das, dass Christoph mir eine Falle gestellt hatte? Das ergab keinen Sinn, vor allem nicht, wenn es stimmte, dass man nicht an mir interessiert war, wie der Polizist gesagt hatte. Aber wenn Christoph mich *nicht* hereingelegt hatte und ich der Polizei etwas sagen würde, das es ihnen ermöglichte, durch mich an ihn heranzukommen ...

Ich hörte seine Stimme in meinem Kopf: »Leute sind bereits

auf dem Weg nach Albanien, um ihre Familie auszukundschaften. Sie ist eine tote Frau.«

Und plötzlich wusste ich, obwohl ich große Angst davor hatte, was die Polizei mit mir machen würde, dass ich erheblich mehr Grund hatte, mich vor Christoph zu fürchten.

Auf dem Weg aus dem Hotel nickte der Polizist der Frau an der Rezeption zu, um ihr zu danken, und da wurde mir klar, weshalb sie mir nur einen kurzen Blick zugeworfen hatte, als ich hereingekommen war. Es war nicht gewesen, weil ich unter all den anständig gekleideten Gästen nicht wie ein bunter Hund aufgefallen wäre; sie hatte gewusst, was ich war und was mit mir geschehen würde. Trotz der großen Schwierigkeiten, in denen ich steckte, und trotz der Tatsache, dass ich in Handschellen durch das Foyer eines teuren Hotels geführt wurde, war es dieser Gedanke, der mir mehr als alles andere die Schamesröte ins Gesicht trieb.

Als wir das Hotel durch den Hauptausgang verließen, hörten wir etwas, was wie die Fehlzündung eines Autos klang, und danach schrien Leute. Ich erstarrte, schreckte aus der Türöffnung zurück und der Polizist verstärkte seinen Griff um meinen Arm. Die Straße vor dem Hotel schien voll mit Polizei zu sein. Christophs Auto stand noch an derselben Stelle, wo ich ausgestiegen war, doch jetzt waren sämtliche Türen weit geöffnet. Und dann sah ich Christoph, wie er die drei Polizisten beschimpfte und bespuckte, die ihn die Straße entlang zurück zum Hotel schleppten. Als ich das Hotel verließ, betrat ich eine vollkommen irreale Szene, wie auf einem Filmset oder in einem Traum.

Anscheinend waren mehrere Männer nötig gewesen – einschließlich einiger Arbeiter von einer Baustelle neben dem Hotel –, um Christoph zu schnappen, als er aus seinem Auto gesprungen war und zu flüchten versucht hatte. Mehrere Schüsse waren gefallen und drei Polizisten waren erforderlich, um ihn in ein Polizeiauto zu bugsieren, während er heftig um sich schlug und fluchte.

Ich wurde in ein Auto gesteckt, das neben dem stand, in dem er saß, und als ich hochschaute, schüttelte er den Kopf, winkte mir zu und formte mit den Lippen: »Mach dir keine Sorgen.«

Doch ich konnte nicht erkennen, wie das möglich sein sollte.

Die Polizeistation, zu der man uns getrennt brachte, war ungefähr zehn Autominuten vom Hotel entfernt. Man ließ uns dort ungefähr eine Stunde Seite an Seite in einem Wartezimmer sitzen, während die Polizisten irgendwo beschäftigt waren. Der Polizeibeamte am Schreibtisch auf der anderen Seite des Raums schien sich für nichts zu interessieren, das wir miteinander besprachen.

»Alles in Ordnung mit dir?«, fragte Christoph.

Als ich log und sagte, mir gehe es gut, hielt er meinen Blick fest und sagte etwas lauter: »Ich verstehe gar nicht, was hier abläuft. Was hast du denn gemacht? Weshalb hat dich die Polizei verhaftet? Es tut mir leid, wenn du irgendwie in Schwierigkeiten geraten bist. Aber ich kenne dich doch überhaupt nicht. Alles was ich getan habe, war, dass ich dich zum Hotel gefahren habe, weil mich mein Freund darum gebeten hat.«

Ich machte eine kleine Bewegung mit dem Kopf, um ihm zu zeigen, dass ich verstanden hatte, was er mir vermitteln wollte: Ich sollte die Schuld auf mich nehmen und sagen, dass wir uns nicht kannten. Er schien ziemlich entspannt, fast als würde er es genießen, die Rolle des unschuldig Verhafteten zu spielen. Falls er sich wirklich Sorgen gemacht haben sollte, was ich der

Polizei möglicherweise sagen könnte, zeigte er es nicht. Und er brauchte nicht beunruhigt zu sein: Die Nachricht war bei mir angekommen, und ich würde tun, was mir befohlen worden war, welche Konsequenzen das für mich auch immer haben würde.

Nachdem wir ungefähr eine halbe Stunde auf der Polizeistation zugebracht hatten, erschien Christophs Frau mit einer Sauerstoffflasche und einer Gesichtsmaske. Das meiste von dem, was sie dem Polizeibeamten erklärte, verstand ich nicht. Doch sie muss überzeugend gewesen sein, denn er ließ sie Christoph die Flasche und die Maske geben. Vielleicht hatte Christoph wirklich irgendein Herz- oder Lungenleiden. Vielleicht war es aber auch eine ausgeklügelte Masche, um seiner Frau den Zugang zur Polizeistation zu ermöglichen. Egal, was stimmte, sie starrte mich mit einem Blick an, der besagte, dass sie mir am liebsten die Kehle durchgeschnitten hätte. Nachdem sie gegangen war, wurden Christoph und ich in Einzelzellen abgeführt.

In der Zelle, in die ich gebracht wurde, befanden sich zwölf Frauen. Ich spürte die Blicke jeder einzelnen von ihnen, wie sie mich von oben bis unten betrachteten, als der Polizist die vergitterte Tür öffnete. Ich war so verängstigt und ahnungslos, dass es sich anfühlte wie eine außerkörperliche Erfahrung. Allerdings waren die meisten Frauen sehr freundlich und froh, mit mir reden zu können. Es war schon eine Ironie des Schicksals, dass mir, nachdem ich mich so lange danach gesehnt hatte, jemanden zu haben, mit dem ich reden konnte, mein Wunsch ausgerechnet in der Zelle einer Polizeistation erfüllt wurde.

Einige Frauen waren Prostituierte und als mich eine von ihnen fragte, weshalb ich verhaftet worden sei, erzählte ich ihr in kurzen Zügen, was geschehen war.

»Was auch immer du tust«, sagte sie mit leiser und ernsthafter Stimme, »gib *nie* irgendetwas zu. Sag der Polizei auf keinen Fall, was du mir gerade erzählt hast. Glaub mir, ich kenne das Geschäft. Die einzige Möglichkeit zu überleben ist, den Mund zu halten.«

Und ich wusste, dass sie recht hatte.

Da ich daran gewöhnt war, dass sich Christoph freundlich mit mir unterhielt, hatte er mich so eingelullt, dass ich glaubte, er hätte mich gern – wie er häufig behauptete. Doch nach dem, was er über das albanische Mädchen gesagt hatte, das weggelaufen war, und nachdem ich gesehen hatte, wie er das Mädchen in der Wohnung angriff, waren meine Illusionen in Bezug auf ihn erschüttert, wenn nicht gänzlich geschwunden.

Ich wusste, dass er sich selbst rücksichtslos verteidigen würde. Und er würde, falls er durch meine Aussage in Schwierigkeiten geraten würde, auf mich genauso losgehen, wie er es bei den anderen Mädchen getan hatte. Ich begriff auch, dass ich, um Christophs Haut zu retten – und letztendlich mich selbst vor ihm zu schützen –, die volle Verantwortung dafür übernehmen musste, als minderjährige Prostituierte gearbeitet zu haben. Ich wusste nicht, welche Folgen das nach sich ziehen oder was überhaupt bei all dem herauskommen würde, aber ich hatte große Angst vor dem, was mir noch bevorstand.

Es gab ein kleines vergittertes Fenster hoch oben an einer der Zellenwände, und als kein Tageslicht mehr hereinfiel, waren bereits einige der Mädchen auf den dünnen und harten Matratzen eingeschlafen, die auf dem Boden verstreut lagen. Obwohl ich erschöpft war, wusste ich, dass ich nicht würde schlafen können. Daher saß ich immer noch auf der Holzbank an einer Seite des Raums als zwei junge albanische Mädchen – sicher nicht älter als ich – heulend in die Zelle gebracht wurden.

Ich sprach mit einer von ihnen auf Albanisch, und sie fragte mich: »Wer ist Christoph? Weshalb fragt uns die Polizei über jemanden aus, der Christoph heißt?«

Die ganzen Drohungen und Warnungen, die ich bekommen hatte – von Jak, dann Leon, Roberto und schließlich Christoph – hatten mich paranoid gemacht, und daher war mein erster Gedanke, dies könnte vielleicht ein Trick sein. Was, wenn die beiden Mädchen eingeschleust worden waren – von der Polizei oder sogar von Christoph selbst –, aus dem einzigen Grund, um festzustellen, ob ich etwas sagen würde? Daher zuckte ich mit den Schultern und meinte, ich würde niemanden namens Christoph kennen.

Erst als kurz darauf ein Polizist in die Zelle kam und die beiden Mädchen zu vernehmen begann, stellte ich fest, dass sie vertrauenswürdig waren, und ich fing an, mir einiges von ihrer Geschichte zusammenzureimen. Offenbar war das albanische Mädchen, dessen Flucht dazu geführt hatte, dass ich selbst, fünf andere Mädchen und ein Kind vier Tage lang in einer Wohnung eingeschlossen worden waren und dessen eigene Tage nach Christophs Aussage gezählt waren, zur Polizei gegangen und hatte dort alles über ihn erzählt. Sie hatten seine Nummer auf dem Handy des Mädchens gefunden, ihn angerufen und das Treffen im Hotel arrangiert.

Nachdem Christoph verhaftet worden war, hatte man sämtliche Handys konfisziert, die in seinem Auto gefunden wurden. Auf einem befand sich eine SMS über zwei albanische Mädchen, die an diesem Tag am Bahnhof von Athen ankommen sollten und die dann folgerichtig von Polizisten empfangen wurden. Ich glaube wirklich nicht, dass die beiden Mädchen eine Vorstellung davon hatten, was sich hier abspielte. Als sie Albanien verlassen hatten, waren sie vermutlich richtig begeistert von der Aussicht gewesen, als Kellnerinnen in Athen Geld zu verdienen. Stattdessen stand ihnen nun bevor, die Nacht auf dem Zellenboden einer Polizeistation in einem fremden Land zu verbringen.

Ich hoffte aufrichtig, dass sich für sie alles auflösen würde und dass die Polizei feststellen würde, dass man ihnen nichts vorwerfen konnte. Tatsächlich hatten sie unfassbares Glück gehabt. Ich glaube nicht, dass sie sich überhaupt hätten vorstellen können, was passiert wäre, wenn Christoph nicht an genau diesem Tag verhaftet worden wäre und wenn er es anstelle der beiden Polizisten gewesen wäre, der sie am Bahnhof abgeholt hätte. Eine Nacht auf dem Boden einer Polizeizelle war ein sehr geringer Preis dafür, dem Schicksal zu entrinnen, dem sie so nahe gekommen waren.

Von Zeit zu Zeit fragte uns während der Nacht ein Polizist, ob wir etwas zu essen oder trinken haben wollten. Ich hatte einen Zustand erreicht, in dem man zu hungrig ist, um etwas zu essen, aber ich nahm etwas Wasser zu mir. Dann legte ich mich auf eine der Matratzen auf dem Boden, deckte mich mit einer dünnen Decke zu und versuchte zu schlafen.

Ich muss eine Weile gedöst haben und als ich aufwachte, unterhielt ich mich mit einem anderen albanischen Mädchen namens Flori, das darauf wartete, abgeschoben zu werden, und das seine beiden Kinder bei der Familie des Ehemanns in Griechenland zurücklassen musste. Jedes Mal, wenn sie über die Kinder sprach, musste sie weinen. Sie tat mir ungeheuer leid, und ich wurde wieder einmal daran erinnert, dass, so schlecht die Dinge auch stehen mögen, es immer noch jemanden gibt, dem es schlechter geht.

Flori und ich saßen dort und unterhielten uns leise – ich glaube, wir waren die einzigen, die zu diesem Zeitpunkt noch wach waren –, als einer der Polizisten die Tür aufschloss und in die Zelle kam. Eine Zeitlang plauderten und lachten er und sein Kollege, der draußen blieb, mit uns. Dann sagte der Polizist, der die Zelle betreten hatte, zu mir: »Du bist ganz schön sexy. Wie wäre es, wenn du mal für uns in Positur gehst?«

Ich hatte große Angst gehabt, als ich verhaftet wurde, und ich war immer noch erschrocken, da ich nicht wusste, was morgen oder am folgenden Tag geschehen würde. Aber ich hatte mich im Polizeigewahrsam sicher gefühlt und ich war schockiert als ich merkte, dass der Mann nicht scherzte.

Flori und ich sagten gleichzeitig: »Nein!«

Und plötzlich änderte sich das Verhalten des Polizisten völlig. »Steht auf! Sofort!«, brüllte er uns an. »Hände an die Wand und Beine auseinander!«

Ich hörte die anderen Frauen murren, als sie aufwachten, und als eine von ihnen etwas sagte, schoss er herum und schnauzte sie ebenfalls an.

Mein Herz raste, während ich mit den Handflächen an die nasskalte Wand gepresst stand. Und dann machte einer der Männer Fotos mit seinem Handy, als sein Kollege unsere Körper berührte, und sie lachten beide und sagten anzügliche, hässliche Dinge zu uns.

Die anderen Frauen mussten das alles schon früher erlebt haben, und die meisten zogen sich die schmutzigen Decken über den Kopf und begannen einfach wieder zu schlafen. Für mich allerdings bedeutete es ein neues Erdbeben, obwohl ich doch ohnehin schon nur noch so wenig festen Grund unter den Füßen hatte. Eine weitere naive Illusion zerbrach. Es war dumm von mir gewesen, zu glauben, es gäbe für jemanden wie mich einen sicheren Ort: für eine Prostituierte, um die sich niemand scherte. Ich tat, was ich in derartigen Situationen immer tat, ich dachte an meine Mutter und wünschte mir, bei ihr zu Hause zu sein. Und dann dankte ich Gott, dass sie mich jetzt nicht sehen konnte.

Am nächsten Morgen wurden mir Handschellen angelegt und man fuhr mich in einem Polizeiwagen zum Gericht, in Begleitung von drei Polizisten, die sehr nett zu mir waren und meinten, es würde alles in Ordnung kommen, solange ich die Wahrheit sagte.

Ich fragte mich immer wieder, wie das alles hatte geschehen können. Wie hatte ein leidlich unzufriedenes Schulmädchen, das die Aufmerksamkeit seiner Mutter zu gewinnen versuchte, indem es die Schule schwänzte, zu einer Prostituierten werden und auf dem Rücksitz eines Polizeiautos auf dem Weg zum Gericht in Athen enden können? Ich wusste, dass ich manchmal störrisch und schwierig gewesen war, aber hatte ich mich wirklich so schlecht verhalten, dass ich dieses grauenhafte Leben verdient hatte? Ich glaubte es nicht. Aber ich wusste, ich musste mich irren und es musste irgendwie meine Schuld sein.

Als ich im Gerichtsgebäude in den Warteraum ging, war Christoph bereits dort. Er schaute hoch, während ich mit den drei Polizisten hereinkam, und nickte mir fast unmerklich zu. Dann drehte er sich um und sagte etwas zu dem Mann im eleganten Anzug, der neben ihm saß.

Einer der Polizisten nahm mir die Handschellen ab und sagte: »Jetzt brauchen wir nur noch zu warten. Wir wissen nicht, wie lange es dauert bis Ihr Fall verhandelt wird. Wenn es so weit ist, begleiten wir Sie. Und er wird auch dort sein.« Er deutete mit einer Kopfbewegung auf Christoph und fügte dann verächtlich hinzu: »Zusammen mit seinem Rechtsanwalt.«

Als unser Fall schließlich aufgerufen wurde und ich darauf wartete, den Gerichtssaal zu betreten, kam Christoph, stellte sich hinter mich und sagte leise: »Was immer sie sagen, sie können nicht beweisen, dass du mich kennst. Erzähl ihnen einfach, dass ich dich aus einem Gefallen für einen Mann, an dessen Namen du dich nicht erinnern kannst, zu dem Hotel gefahren habe. Sag ihnen, dass du den Mann, der dir die Arbeit verschafft, nie getroffen hast, dass du immer nur mit ihm telefoniert hast.«

Im Gerichtssaal standen wir nebeneinander: die drei Polizisten, ich, Christoph, sein Rechtsanwalt und die beiden verängstigten und verwirrten albanischen Mädchen, die offenbar um Haaresbreite daran vorbeigekommen waren, Prostituierte zu werden. Wir mussten unsere Namen nennen, und dann stellte mir die Richterin eine Frage auf Griechisch. Ich verstand nicht ganz, was sie sagte, teilweise weil Christophs Rechtsanwalt etwas sagte, während sie noch sprach. Die Richterin ermahnte ihn in scharfem Ton, den Mund zu halten. Dann schaute sie mich wieder an und sagte: »Ja oder nein? Das ist doch eine einfache Frage.«

»Ja«, sagte ich.

Plötzlich schauten mich alle im Gerichtssaal an. Als ich ängstlich zu Christoph hinüberblickte, schien er am Rande der Panik zu sein, und sein Rechtsanwalt starrte mich wütend an.

»Verlassen Sie alle den Gerichtssaal«, ordnete die Richterin an.

Ich war dabei, mit den anderen hinauszuschlurfen, als sie mit dem Finger auf mich zeigte und sagte: »Nein, Sie nicht. Sie bleiben hier.«

Als Christoph die Türschwelle erreichte, sah ich, wie er den Kopf umdrehte und mich mit einem wütenden, drohenden Blick anschaute, der mir einen Schauer über den Rücken jagte.

Sobald der Saal geräumt war, sagte ich der Richterin: »Ich glaube, ich habe Ihre Frage nicht richtig verstanden. Können Sie sie auf Englisch wiederholen?«

Sie musste wohl gedacht haben, ich sei bescheuert und auch meiner eigenen Sprache nur begrenzt mächtig, denn sie formulierte ganz langsam: »Ich habe Sie gefragt, ob Sie in die Prostitution gezwungen worden sind, und Sie sagten Ja.«

»Oh, nein! Nein, das ist nicht wahr«, sagte ich und wischte den Schweiß von meinen Händen an meinem zerknitterten Rock ab. »Nein, nein. Es tut mir wirklich leid. Ich kann nicht glauben, dass ich das gesagt habe.«

Sie warf mir einen Moment einen kalten Blick zu. Dann gab sie einen irritierten Klickton mit der Zunge von sich, seufzte und befahl dem Gerichtsdiener, wieder alle in den Gerichtssaal zurückzurufen. Ich zwang mich, Christoph direkt anzuschauen als er eintrat und ich betete, er möge an meinem Gesichtsausdrück irgendwie erkennen, dass es mir leidtat.

Nachdem die Richterin allen erklärt hatte, ich hätte mich geirrt, erzählte ich die Geschichte, wie ich in einem Auto mit einem Mann gelandet sei, den ich nicht kannte. Danach fragte die Richterin Christoph, weshalb die Polizei Tausende Kondome im Kofferraum seines Wagens, zentausend Euro und die Pässe zahlreicher Frauen im Handschuhfach gefunden habe, außerdem ein kleines Waffenarsenal unter dem Fahrersitz.

»Diese Frage kann ich nicht beantworten«, sagte Christoph und schien sein Selbstbewusstsein wiedergewonnen zu haben. »Es handelt sich nämlich nicht um mein Auto. Ich habe den Wagen von einem Freund geborgt, den ich seit Langem weder gesehen noch gesprochen habe.«

»Und wie lautet der Name dieses Freundes?«

Am Tonfall der Frage der Richterin war zu erkennen, dass sie bereits wusste, dass der Name, den er nennen würde, zu einem nicht existierenden Mann gehörte.

Ein paar Minuten später wurde die Anhörung vertagt, und Christoph und ich wurden getrennt zur Polizei zurückgefahren.

Ich sah Christoph kurz als wir wieder in der Polizeistation waren. Wir gingen auf dem Korridor aneinander vorbei und er warf mir einen warnenden Blick zu. Dann wurde ich in ein kleines Büro gebracht, wo vier Polizisten Fragen auf mich abzufeuern begannen. Sie setzten mich unter Druck ihnen Informationen zu liefern. Vermutlich in der Hoffnung, ich könnte einen Fehler begehen und ihnen sagen, was sie hören wollten.

»Sie kennen ihn, stimmt's?«, fragte einer der Polizisten. »Weshalb sagen Sie nicht die Wahrheit? Sie kennen ihn und er lässt Sie für sich arbeiten. Er zwingt Sie zur Prostitution, oder etwa nicht? Antworten Sie.«

»Ich kenne ihn nicht«, behauptete ich weiter. »Er hat mich nur dorthin gefahren.«

»Na gut, wenn Sie für sich selbst arbeiten, müssen Sie ja einiges an Geld haben. Wie viel verdienen Sie? Wie viel haben Sie gespart? Wofür geben Sie Ihr Geld aus?«

»Ich gebe alles aus, was ich verdiene«, sagte ich. »Ich kaufe mir Klamotten. Ich gehe aus. Deshalb habe ich kein Geld gespart. Mir gefällt die Arbeit, die ich mache. Ich will, dass Sie mich in Ruhe lassen.«

Es machte mir fast Spaß, die Polizisten auszutricksen und Christoph zu schützen, obwohl ich dadurch, dass ich sie belog und mich weigerte, ihre Fragen zu beantworten, jegliche Bemühungen ihrerseits verhinderte, mir möglicherweise zu helfen. Doch ich wusste, dass ich niemandem trauen konnte, insbesondere nicht nach der Art und Weise, wie die beiden Polizisten mich und das albanische Mädchen in der Nacht zuvor in der Zelle behandelt hatten.

Tatsächlich hielt ich alles für einen Teil eines abgekarteten Spiels. Christoph hatte mir oft genug erzählt, er hätte Kontakte zur Polizei, und ich war sicher, dass er, wenn ich etwas sagen würde, Leute losschicken würde, um erst meine Mutter und dann mich umzubringen. Und ich glaubte, der Rat, den mir das Mädchen in der letzten Nacht gegeben hatte, nämlich den Mund zu halten, sei richtig und der einzige Weg mit dem Leben davonzukommen. Daher blieb ich bei meiner Geschichte und beantwortete ihre Fragen, ohne ihnen etwas zu sagen.

Obwohl sie mich mit Fragen überschütteten, glaube ich, dass die Polizisten den Eindruck erwecken wollten, als stünden sie auf meiner Seite. Allmählich jedoch, nachdem sie die Geduld verloren hatten, wurden sie wirklich sauer, und dann schob einer von ihnen plötzlich seinen Stuhl zurück, stand auf und sagte: »Kommen Sie mit. Kommen Sie.«

Während ich den Raum verließ und hinter ihm in den Korridor ging, hörte ich ein scharfes Geräusch, als würde etwas zerbrochen. Und als er eine andere Tür öffnete, sah ich Christoph. Er saß zusammengesunken auf einem Stuhl, und ein Mann schlug ihm ein ums andere Mal ins Gesicht. Ich rang nach Luft und der Mann richtete sich auf und spannte seine Rückenmuskulatur an. Dann wendete Christoph seinen Kopf und schaute mich an, und ich spürte, wie mich eine Welle mitleidiger Zuneigung für den weichen, verwundeten Mann erfasste, der er zu sein schien. Ich weiß, es klingt absurd, dass mir der Mann leidtat, der mich jeden Tag viele Male an irgendjemanden verkaufte, der bereit war, ein paar Euro zu bezahlen, damit er Sex mit mir haben konnte. Auch wenn es unwahrscheinlich klingt, aber es ist möglich, wenn sich überhaupt niemand um einen kümmert, dass man sich an den einen Menschen klammert, der einem manchmal ein paar freundliche Dinge sagt.

Ich fühlte mich auch schuldig, weil ich dachte, ich sei dafür verantwortlich, was man mit Christoph machte. »Bitte, lassen Sie nicht zu, dass er geschlagen wird«, sagte ich zu dem Polizisten, der die Tür geöffnet hatte. »Er hat nichts Böses getan. Sie müssen mir glauben. Ich kenne ihn doch kaum. Er hat nur einem Freund geholfen, indem er mich mitgenommen hat.«

Der Polizist antwortete nicht. Er schloss nur die Tür und öffnete eine andere, ein bisschen weiter den Korridor hinunter. Einer seiner Kollegen folgte uns in das kleine, enge Büro und plötzlich bekam ich wirkliche Angst, da ich sicher war, dass der Moment gekommen war, wo sie mich irgendwie zwingen würden die Wahrheit zu sagen.

Statt allerdings eine der Sachen zu tun, die man in Filmen sieht, nahm einer der Polizisten eine Flasche aus einem Schrank, stellte ein Glas vor mich auf den Tisch, goss Whisky hinein und sagte: »Trinken Sie das. Es wird Ihnen helfen, sich zu beruhigen.«

Sehen zu müssen, wie Christoph niedergeschlagen und beinahe zerstört war, während ich ihn sonst stark und total kontrolliert erlebte, hatte mich wirklich aufgeregt und entnervt und ich weinte. Tatsächlich weinte ich viel in der Zeit auf der Polizeistation. Daher zögerte ich nur kurz, bevor ich das Glas an die Lippen führte und einen Schluck Whisky zu mir nahm, obwohl ich den Geschmack von Alkohol hasste.

»Trinken Sie mehr«, brüllte der Polizist, hob das Glas und hielt mit seinen kräftigen Fingern mein Kinn fest, während er mir den Whisky in den Mund zu zwängen versuchte. »Trinken Sie das. Sie *werden* reden. Wir *müssen* die Wahrheit erfahren.«

Danach drückte er mir das Glas in die Hand, und sobald ich es ausgetrunken hatte, füllte er es wieder.

»Sie müssen uns die Wahrheit sagen«, meinte der andere Polizist bestimmt, aber etwas ruhiger. »Wir sind schon seit Langem hinter diesem Mann her. Wir müssen ihm das Handwerk legen. Wollen Sie das nicht auch? Alles, was wir brauchen, ist eine Person, die mit der Wahrheit herausrückt, damit wir ihn festnageln können. Und danach ist alles vorbei.«

Ich weiß nicht, ob es der Whisky war, der meine Angst zur Panik steigerte, oder ob es das Schuldgefühl war, weil ich mit dem Gedanken kämpfte, dass für die Mädchen in der Wohnung die Zeit abzulaufen drohte. Doch plötzlich brach ich in Tränen aus.

»Es gibt noch andere Mädchen«, sagte ich, und die Worte strömten mir aus dem Mund, als versuchten sie zu fliehen, bevor ich meine Meinung änderte. »Es gibt noch andere Mädchen, die Hilfe brauchen. Ich habe sie gesehen. Sie sind in einer Wohnung eingeschlossen. Dort war auch ein Kind – ein kleines Mädchen. Aber Männer sind gekommen und haben es mitgenommen. Bitte, Sie müssen ihnen helfen.«

Einer der Polizisten legte mir seine Hand auf die Schulter, und ich sah, wie er mit seinem Kollegen einen Blick des stillen Triumphs wechselte, der sofort wieder verschwand, als ich in völlig anderem, verschlagenem Tonfall hinzufügte: »Aber ihn kenne ich nicht. Ich weiß nicht, wer er ist.«

Es war fast, als hätte jemand einen Schalter in meinem Kopf umgelegt, der meine Gefühle wild zwischen Schuld und Angst hin und her taumeln ließ – in Bezug auf mich, in Bezug auf all die anderen Mädchen, die in derselben Spirale hoffnungsloser Verzweiflung gefangen waren, und paradoxerweise auch in Bezug auf Christoph. Ich wollte unbedingt von ihm loskommen: Was immer einige Leute glauben mögen, niemand von ihnen würde bei klarem Verstand freiwillig das Leben führen, das ich erdulden musste. Die einzige Möglichkeit, die es mir erlaubt hatte, überhaupt zu überleben, war es gewesen, meine Gefühle in einem Behälter zu verschließen und den Schlüssel wegzuwerfen. Doch ich hatte Angst, nicht nur vor Christoph, sondern auch, weil ich durch ihn und die anderen Männer, die Kontrolle über mich gehabt und vor ihm mein Leben besessen hatten, einer Gehirnwäsche unterzogen worden war, sodass ich nicht wusste, was geschehen würde, wenn ich auf freien Fuß kam.

Eins war mir allerdings klar: dass ich verdammt war, wenn ich die Wahrheit sagte und dass ich verdammt war, wenn ich es nicht tat. Falls Christoph aufgrund einer Aussage von mir ins Gefängnis wandern sollte, würde er einen seiner Leute auf mich ansetzen, und was noch viel schlimmer war, auch auf meine Mutter. Wenn ich der Polizei nichts sagte, würde ich all die Mädchen, die er bereits in die Prostitution getrieben hatte, und all die anderen, die er künftig noch hereinlegen würde, zu einem Leben in Elend und Missbrauch verurteilen. Es war ein Gefühl gewaltiger Verantwortung und eine unmögliche Wahl. Was mich am Ende allerdings entscheidend beeinflusste, war der Gedanke, dass meiner Mutter etwas Grausames zustoßen könnte.

Die beiden Polizisten bearbeiteten mich weiterhin mit Fragen, was Stunden zu dauern schien. Und ich blieb bei meiner Geschichte, bis ich endlich wieder in die Zelle gebracht wurde.

Am nächsten Tag wurde ich entlassen und als ich mit Christoph die Polizeistation verließ, gab er mir fünfzig Euro und sagte: »Gutes Mädchen. Geh zurück ins Hotel. Ich melde mich.«

11

Ich nahm ein Taxi zum Hotel, wo ich duschte und mich dann aufs Bett setzte ohne zu wissen, was ich tun sollte oder was als Nächstes geschehen würde. Ich brauchte nicht lange zu warten. Christoph rief mich abends an und sagte, alles sei wieder normal und er würde mich abholen.

Während er mich abends zu einem Puff fuhr, lobte er mich erneut, ich sei ein »gutes Mädchen«. »Du gehörst zu den Cleveren«, sagte er. »Du bist nicht wie die anderen Mädchen. Du bist etwas Besonderes. Auf dich kann ich mich verlassen. Ich liebe dich, wie du weißt.«

Nur ein geistig minderbemitteltes Mädchen hätte ihm geglaubt. Oder eines, das so nach Zuwendung lechzte und dermaßen von der eigenen Wertlosigkeit überzeugt war, dass es mit beiden Händen nach dem armseligen Strohhalm griff, der ihm hingehalten wurde.

Ich weiß nicht, wie es mit der Polizei weiterging. Christoph erzählt mir einige Zeit später, die Anhörung vor Gericht sei vertagt worden, und dann hörte ich nichts mehr davon. Danach war für eine Weile Schluss mit dem Job als Callgirl. Stattdessen arbeitete ich jede Nacht in einem von vier Puffs, ab und zu auch tagsüber. Keiner von ihnen war weit von dem Hotel entfernt, in dem ich wohnte, daher ging ich oft zu Fuß dorthin und am nächsten Morgen wieder zurück. Christoph bestellte Essen für mich und rief mich regelmäßig an und wenn ich nicht arbeitete oder schlief, saß ich in meinem schäbigen Hotelzimmer und unterhielt mich mit meiner Mutter per SMS.

Obwohl sich die Dinge ziemlich schnell wieder normalisierten – oder zumindest zu dem wurden, was ich als normal zu akzeptieren gelernt hatte –, dauerte es nicht lange, bis sich etwas geändert zu haben schien.

»Was ist bloß los mit dir?«, fragte mich Christoph wiederholt. »Du hast doch immer mindestens dreitausend Euro pro Tag geschafft und jetzt kommst du auf nicht annähernd so viel.«

»Vielleicht haben die Leute nicht mehr so viel Geld in der Tasche«, sagte ich. »Ich gebe mir wirklich die größte Mühe.«

»Schau dich doch an!« Er legte mir eine Hand unters Kinn und drückte meinen Kopf nach hinten. »Du hast Tränensäcke unter den Augen. Bekommst du denn nicht genügend Schlaf? Wie oft habe ich dir gesagt, dass du schlafen sollst, wenn du nicht arbeitest, und nicht die Zeit vertrödeln. Du kannst duschen, wenn du aufwachst oder bei der Arbeit, wenn es gerade ruhig ist. Komm, Megan, du musst mehr leisten als jetzt.«

Kurz darauf brachte er mich in eine kleine Stadt einige Kilometer von Athen entfernt, wo ich in einem Puff arbeiten musste, der einer von vielleicht zehn in derselben Straße war. Er kam ein paar Mal in der Woche vorbei, um das Geld abzuholen, das ich verdient hatte.

Manchmal sagte die Betreiberin des Puffs zu mir: »Wir beide behalten das Geld des nächsten Kunden, der hereinkommt, einfach für uns und erzählen Christoph gar nichts davon.«

Aber obwohl sie sehr nett zu mir war, konnte ich nicht sicher sein, dass sie mir nicht eine Falle stellte. Daher sagte ich jedes Mal: »Das kann ich nicht. Ich muss ihm gegenüber loyal sein.«

Außerdem, was hätte ich mit dem Geld anfangen können?

Eines Tages sagte die Frau: »Christoph hat mich gerade angerufen. In Zukunft muss ich jedes Mal, wenn ich dich jemandem im Wartezimmer vorstelle, sagen, dass du für zusätzliche zwanzig Euro bereit bist, eine ›Ohne-Kondom-Nummer‹ zu machen.«

Ich wusste nicht viel über AIDS und sogar noch weniger über andere durch Geschlechtsverkehr übertragbare Krankheiten; doch ich wusste genug, um einen Horror bei der Vorstellung zu haben mit der Sorte Männern, die in den Puff kamen, ungeschützten Sex haben zu müssen. Ich hatte es auch früher schon gelegentlich machen müssen, aber nicht als »freiwilliges« Angebot für zwanzig Euro zusätzlich, von denen ich nichts hatte.

Obwohl er mich manchmal schlug, war Christoph nicht so gewalttätig, wie Jak es gewesen war. Deshalb hatte ich eigentlich keine Angst, ihn zu bitten, es nicht tun zu müssen. Trotzdem äußerte ich diese Bitte nicht. Zu dieser Zeit war ich seit über vier Jahren in Athen und ich war so daran gewöhnt, alles zu tun, was von mir verlangt wurde, dass ich die Tatsache einfach akzeptierte, dass ich keine Wahl hatte – in der Frage, mit wem und unter welchen Bedingungen ich Sex hatte, oder in irgendwelchen anderen Fragen. Dennoch hatte ich große Angst, und das zu Recht, wie sich herausstellen sollte.

Ich wohnte und arbeitete seit ein paar Wochen in dem Puff, als Christoph eines Morgens um zwei Uhr erschien, um mich zurück nach Athen zu bringen. Ich muss für wenige Minuten eingeschlafen sein, daher wusste ich nicht, wie weit er schon gefahren war als ich aufwachte und feststellte, dass er am Straßenrand angehalten und seine Hose geöffnet hatte. Nachdem ich getan hatte, was er von mir verlangte, begann er mich zu küssen und sagte mir, wie besonders ich sei und dass er mich liebe.

Seit Monaten hatte ich nichts mehr von Jak gehört. Ich war schon verletzlich gewesen, als ich ihm begegnet war, und ich war emotional sogar noch zerbrechlicher und schutzloser, als Christoph mir mitteilte, er würde sich jetzt um mich kümmern. Es stimmte, dass er erheblich älter als mein eigener Vater war und mich jeden Tag viele Male als Prostituierte verkaufte. Aber ich war einsam und hatte großes Verlangen nach Zuwendung und wollte glauben, dass ich jemandem nicht gleichgültig war.

Danach hatte Christoph irgendwann jeden Tag Sex mit mir. Er tat es immer ohne Kondom und er schlug mich oft und riss so heftig an meinen Haaren, dass ich das Gefühl hatte, meine Kopfhaut würde brennen und gleich breche er mir das Genick. Manchmal sagte er danach: »Das war Scheiße. Ich habe mich richtig gelangweilt. Wo liegt dein Problem? Magst du mich nicht mehr?«

Die traurige Wahrheit war, dass ich ihn wirklich mochte, obwohl das schwer zu verstehen ist, wenn ich heute darüber nachdenke. Ich hatte nur eben nicht mehr Lust, mit ihm Sex zu haben, als ich es bei Jak gehabt hatte.

Die Bauchkrämpfe stellten sich mehr oder weniger immer ein, wenn ich meine Periode hatte. Deswegen verstand ich auch nicht, weshalb ich ein paar Wochen nach meiner Rückkehr nach Athen Bauchkrämpfe bekam, die stärker waren als alles, was ich vorher erlebt hatte. Als mir dann schließlich klarwurde, dass sie nichts mit meinem Zyklus zu tun hatten und ich sie fast jeden Tag bekam, spürte ich auch ein brennendes Gefühl, als würden meine Nieren in Flammen stehen.

Irgendwann wurden die Schmerzen so heftig, dass ich sofort mit dem aufhören musste, was ich gerade tat, und dann konnte ich mich nur noch zusammenrollen und meine Knie an die Brust pressen.

Eines Abends geschah das, als Christoph mich zur Arbeit fuhr. Ich fühlte mich plötzlich krank, und mein ganzer Körper schien mit Gänsehaut bedeckt. Als ich ihm sagte, ich hätte Schmerzen, langte er mit einer Hand herüber und schlug mir mit solcher Wucht ins Gesicht, dass ich mir fast die Zunge durchbiss. Ich war dermaßen schockiert, dass ich blinzelte und in Erwartung des nächsten Schlags zusammenzuckte, als er nach meinem Kinn griff und meinen Kopf so drehte, dass ich ihn anschauen musste. Doch statt mich erneut zu schlagen, blickte er mich ein paar Sekunden an und sagte dann: »Wir gehen morgen Vormittag zum Arzt und lassen dich untersuchen.«

Ungeachtet der Schmerzen musste ich in dieser Nacht arbeiten. Die Frau im Puff gab mir Schmerzmittel, die nicht viel halfen. Tatsächlich weiß ich nicht, wie ich es schaffte, überhaupt Sex zu haben; viele der Männer, die Puffs aufsuchten, waren grob, aber in dieser Nacht schienen sie schlimmer zu sein als je zuvor. Trotzdem überstand ich es irgendwie und am nächsten Tag brachte mich Christoph zum Arzt.

Als Christoph mich morgens abholte, sagte er: »Du musst einen Bluttest machen, einen Urintest und eine gynäkologische Untersuchung.«

Ich besaß nur den gewöhnlichen Gesundheitspass, den alle Besucher in Griechenland haben mussten, und ich nahm an, er wollte, dass die Tests gemacht würden, damit ich die Papiere bekäme, die ich brauchte, um in einem Puff zu arbeiten. Doch mit achtzehn war ich immer noch drei Jahre unter dem Alter, mit dem es in Griechenland legal war, als Prostituierte zu arbeiten.

Nachdem alle Tests durchgeführt worden waren, fuhr er mich in eine andere Stadt, wo ich in einer noch anderen Art von Puff arbeiten sollte. Unterwegs sammelten wir die Besitzerin des Puffs auf – eine taff wirkende hochschwangere Frau namens Kyra, die mich mehr oder weniger ignorierte, sich aber mit

Christoph unterhielt, als wären sie beide alte Freunde. Als Christoph vor dem Puff anhielt – der an einer Hauptstraße lag, die durch das Zentrum der Stadt führte –, stieg Kyra aus dem Wagen, hob ihr Kleid hoch und pinkelte auf den Bürgersteig, sodass es jeder sehen konnte, der vorbeifuhr. Da begann ich den Verdacht zu hegen, ihr Etablissement könnte vielleicht genauso wenig fünf Sterne verdient haben wie das damals von Dimitri!

Nachdem Kyra mich herumgeführt hatte, gingen sie und Christoph mit mir zu dem Apartment, in dem ich wohnen sollte. Danach verschwand Christoph und während der nächsten Wochen holte mich Kyra jeden Morgen oder Abend ab, je nachdem, welche Schicht ich hatte, und brachte mich zum Puff, wo ich im Laufe der kommenden fünfzehn Stunden zwischen achtzig und neunzig Freier hatte. Ansonsten war es so ziemlich dasselbe wie in allen anderen Puffs, in denen ich gearbeitet hatte: Das Gebäude war düster und heruntergekommen, die Männer waren kaum voneinander zu unterscheiden, und Kyra war wie fast alle anderen Betreiber von Puffs, außer dass sie vielleicht ein bisschen dreister war und sich im Grenzbereich zur unzurechnungsfähigen Psychopathin bewegte.

Doch es gab einen fundamentalen, unglaublich wichtigen Unterschied zwischen der Arbeit in Kyras Puff und all den anderen: Nachdem die Arbeit beendet war und ich in mein Apartment zurückgekehrt war, konnte ich ausgehen.

Es war ein sehr seltsames, aber wirklich schönes Gefühl, einfach alleine herumzulaufen. Selbst nach einer Schicht von fünfzehn Stunden, nach der ich erschöpft war, stand mir der Sinn mehr danach als nach Schlaf. Manchmal ging ich tagsüber aus, manchmal nachts, abhängig davon, welche Schicht ich hatte. Oft ging ich in ein Café in der Nähe meines Apartments, das neben einem Bach und einer hübschen Steinbrücke lag. Ich konnte nichts kaufen, da ich kein Geld hatte, doch das machte mir nichts aus. Ich war glücklich, einfach nur dort zu sitzen, ein Glas Wasser zu trinken und die Leute zu beobachten.

Ich versuchte mir vorzustellen, ich gehörte zu den anderen Menschen, die in dem Café saßen oder auf dem Pfad am Bach entlang spazieren gingen, oder ich würde ein normales Leben führen, mit einem Beruf, einem Zuhause, einer Familie und Freunden. Es war nicht leicht, nicht zuletzt, weil ich keine Ahnung hatte, wie es sein würde, einer dieser anderen Menschen zu sein. Ich fühlte mich von allen anderen getrennt, als stünde eine unsichtbare Mauer zwischen ihnen und mir, die mich von ihnen fernhielt und trennte. Dennoch spielte es keine wirkliche Rolle: Sie einfach beobachten zu können, reichte mir.

Man könnte glauben, ich wäre dadurch, dass ich in der realen Welt herumlaufen konnte, auf den Gedanken gekommen, mich aus dem Staub zu machen. So verrückt das auch klingen mag, aber ich dachte nicht einmal darüber nach. Falls Sie schon mal eine Migräne gehabt haben, die Ihr peripheres Sehen ausschaltet, verstehen Sie vielleicht, wie das ist: Das Einzige, was ich sehen konnte, war das, was sich direkt vor mir befand, und das war mein Leben als Prostituierte; alles andere war verschwommen und außerhalb meines Fokus. Selbst wenn Christoph nicht meinen Pass gehabt hätte, wäre ich wohl immer noch zu ängstlich und misstrauisch gewesen – gegenüber der Polizei und allen anderen –, um irgendjemanden um Hilfe zu bitten. Ich weiß nicht, ob Christoph jemals erfahren hat, dass ich mich frei bewegte. Er hätte bestimmt dafür gesorgt dass meine Angst mich im Zaum hielt, genau wie es die anderen Männer getan hatten.

Nachdem ich ein paar Tage in dem Puff gearbeitet hatte,

brachte mich Kyra zum örtlichen Krankenhaus, um die Ergebnisse der Tests zu erfahren, die in Athen bei mir gemacht worden waren. Die meisten medizinischen Begriffe hätte ich nicht mal gekannt, wenn der Arzt sie auf Englisch gesagt hätte, und auf Griechisch verstand ich rein gar nichts. Was allerdings bei mir ankam, war, dass es ein Problem gab, und dass ich zur Behandlung ins Krankenhaus müsste.

Kyra sagte dem Arzt, sie würde mir später alles genau erklären. Doch als wir draußen waren, überreichte sie mir bloß den Zettel, den er ihr gegeben hatte, stieß ärgerlich mit dem Finger nach ihm und gab ein angewidertes Geräusch wie ›Pffing‹ von sich, bis ich schließlich kapierte, dass das, was sie sagte, für mich bedeutete, dass ich Syphilis hatte. Über Syphilis wusste ich nicht mehr, als dass Heinrich VIII. daran gestorben war. Ich jedenfalls dachte, Syphilis sei unheilbar und ich müsse sterben.

»Du bist eine dreckige Schlampe«, schleuderte mit Kyra entgegen. »Na, bei mir kannst du jedenfalls nicht mehr arbeiten. In meinem Puff arbeiten nur saubere Mädchen.«

Es war lächerlich, mir vorwerfen zu wollen, ich sei schmutzig. Meine Entscheidung war es ja nicht gewesen, ungeschützten Sex mit Hunderten dreckiger Männer zu haben; das war etwas, zu dem sie und Christoph mich zwangen. Allerdings betrachtete ich es damals nicht so. Ich dachte, sie hätte recht und es sei meine Schuld, und ich fühlte mich erniedrigt, verseucht und unrein.

Christoph holte mich spät in derselben Nacht ab und brachte mich wieder nach Athen. Es war eine lange Fahrt und er hielt zwischendurch immer mal wieder an, manchmal um Flaschen mit Bier für mich zu kaufen. Manchmal, damit ich ihm zu Willen sein konnte. Obwohl ich den Geschmack von Alkohol immer noch hasste, hatte ich begonnen, das falsche Gefühl freudiger Selbstsicherheit zu genießen, das er mir vermittelte, und ich trank ihn, wann immer ich Gelegenheit dazu hatte. In dieser Nacht trank ich die Flaschen mit Bier, die Christoph für mich kaufte, als handle es sich um Wasser. Daher war ich ein wenig betrunken, als wir in Athen ankamen und Christoph mich an dem Hotel absetzte, in dem ich gewohnt hatte, bevor ich in Kyras Puff zu arbeiten begann. Glücklicherweise war ich so müde, dass ich einschlief, noch ehe die Wirkung des Alkohols aufhörte, und so war ich in der Lage, den Moment noch etwas hinauszuzögern, in dem ich der grausamen Realität meiner Situation ins Auge zu schauen gezwungen war.

Ich hatte Syphilis im Sekundärstadium, was anscheinend bedeutete, dass ich sie seit ungefähr einem Jahr haben musste. Christoph begleitete mich ins Krankenhaus und schloss sich der Tablettenkur an, die mir verschrieben worden war – da er sich bei mir angesteckt haben müsste, sagte er. Ich vermute, dass er deshalb danach immer noch Sex mit mir hatte, allerdings weniger häufig als vorher, und dann auch jeweils mit Kondom. Ich litt sehr darunter, was geschehen war, und der Gedanke tat mir weh, Christoph könne mich deshalb nicht mehr lieben. Völlig idiotisch.

Manchmal saß seine Frau im Auto, wenn er mich zu einem Job abholte. Als sie damals mit der Sauerstoffflasche in die Polizeistation gekommen war, die ich Christoph weder vorher noch nachher hatte benutzen sehen, hatte sie mich angeschaut, als könnte sie sich gerade noch beherrschen, mir nicht ins Gesicht zu spucken. Ihre Gefühle mir gegenüber schienen sich nicht geändert zu haben und ich fühlte mich immer sehr unwohl, wenn sie anwesend war. Und jetzt hatte ich natürlich noch einen zusätzlichen Grund, beunruhigt zu sein, da ich Sex mit ihrem Mann hatte.

Ironischerweise und völlig unfair gab Christoph mir die Schuld, dass er nicht mit seiner Frau schlafen konnte, da er sich bei mir die Syphilis geholt hatte! Er sagte mir, ich dürfe ihr gegenüber nie und unter keinen Umständen irgendetwas erzählen. Ich ging davon aus, dass sich das nur auf unseren Sex bezog, denn sie musste doch wissen, wie er sein Geld verdiente.

Ich hatte ungefähr fünf Jahre als Prostituierte gearbeitet, als ich erfuhr, dass ich Syphilis hatte, vielleicht die beiden letzten davon unter Christophs Kontrolle. Es fällt schwer sämtliche Ereignisse chronologisch zu ordnen, da ich keine richtige Zeitvorstellung hatte und keine Veranlassung, die Zeit zu messen. Es gab nichts, worin sich die Tage, Wochen, Monate und Jahre von all den anderen unterschieden, die bereits vergangen waren oder noch folgen sollten. Das Einzige, was sich vielleicht von einem Monat zum nächsten änderte, war der Puff, in dem ich arbeitete, und der sich möglicherweise in einer anderen Stadt befand. Selbst die Puffs und, mit wenigen Ausnahmen, auch die Puffbesitzer waren sich ziemlich ähnlich. Und schließlich glichen sich auch die meisten Männer, die ein paar Euro dafür bezahlten, Fünf-Minuten-Sex mit einem Mädchen zu haben, das sie unter zwei aufgereihten Mädchen nicht hätten wiedererkennen können.

Nachdem ich fünf Jahre als Prostituierte gearbeitet hatte, hatte ich das Leben fast vergessen, dass ich mir immer vorgestellt hatte: mit der Arbeit als Kellnerin, um mir genügend Geld für eine Ausbildung zu verdienen. Nach einer Weile denkt man über gar nichts mehr nach, und ganz bestimmt nicht über die Zukunft, von der man weiß, dass sie genauso wie die Gegenwart ist, oder noch schlimmer.

Eines Tages holte mich Christoph vom Hotel ab und fuhr

mich zu einem »Outcall«, einem Callgirl-Job auf der anderen Seite der Stadt. Als er mich später zum Hotel zurückfuhr, hielt er an einem öffentlichen Parkplatz an und sagte: »Wir müssen miteinander reden.«

Ich hatte das Gefühl, mir zöge irgendetwas den Magen zusammen, mache mich krank und jage mir einen Krampf durch den gesamten Körper. Was hatte ich falsch gemacht? Ich versuchte mich an alles zu erinnern, was sich während der letzten paar Tage ereignet hatte. Und dann stellte ich fest, dass Christoph mit einer Stimme zu mir sprach, die alles andere als wütend klang.

»Ich finde, du solltest dich bei Facebook anmelden«, sagte er. »Du solltest dich mit einigen alten Freunden in England austauschen. Du hast bewiesen, dass man dir vertrauen kann. Es ist an der Zeit, dass du ein bisschen Freiheit bekommst und etwas Schönes tun kannst.«

Ich hatte erwartet, dass er mich schlagen oder zumindest wegen irgendetwas beschimpfen würde, das ich getan oder nicht getan hatte. Daher dauerte es ein paar Sekunden, ehe ich verstand, was er sagte, und ich starrte ihn nur an. Selbst als es zu mir durchgesickert war, wagte ich es kaum zu glauben.

»Wir machen es gleich. Komm mit«, sagte Christoph.

Er lächelte und stieg aus dem Auto und ich lief neben ihm her über den Parkplatz, eine Straße entlang und in ein Internetcafé.

Wenn man in seinem Leben so ziemlich am Tiefpunkt angelangt ist, sollte man annehmen, es brauche viel, um sich glücklich zu fühlen. Bei mir war es genau umgekehrt: Selbst relativ unbedeutende Ereignisse ohne große Konsequenzen erschienen mir aufregend. Zu wissen, dass Christoph mit mir zufrieden war, hätte bereits gereicht, um mich aufzumuntern. Der Gedanke, jetzt mit alten Freunden von zu Hause Kontakt aufnehmen zu können, ließ mich wie ein Kind fühlen, dem gerade gesagt worden war, es sei Weihnachten.

Im Café bestellte Christoph uns beiden einen Kaffee, und nachdem er für mich einen Facebook-Account eingerichtet hatte, begann ich nach Menschen zu suchen, die ich vor fünf Jahren gekannt hatte. Ich schickte mehreren Mädchen Nachrichten, mit denen ich befreundet gewesen war, fragte sie, wie es ihnen ginge und was sie machten, und berichtete selbst, dass ich in Griechenland arbeitete. Danach kam wieder Angst in mir hoch: Würde jemand antworten? Plötzlich erschien es verdammt wichtig, dass es jemand tat.

Als wir wieder im Auto saßen, gab mir Christoph ein neues Handy und sagte: »Nimm es. Ich glaube, ich kann dir jetzt trauen.«

Ich weiß nicht, ob ich annahm, dass er es nicht regelmäßig auf Nachrichten überprüfen und nachschauen würde, welche Anrufe ich gemacht und bekommen hatte; was auch immer ich dachte, ich erinnere mich auf jeden Fall, dass ich mich als etwas Besonderes fühlte und stolz war, seine Auszeichnung verdient zu haben.

An den folgenden drei Tagen gingen wir jeden Tag zu demselben Café, damit ich dort nach Nachrichten für mich suchen konnte. Ich hätte fast geweint, als ich sah, dass Leute Kommentare auf meiner Facebook-Seite hinterlassen hatten. Und ich war begeistert, als ich als Antwort auf eine Nachricht, die ich einem Mädchen namens Lexi geschickt hatte, mit dem ich in der Schule gut befreundet gewesen war, eine E-Mail bekam.

Lexi schrieb, sie sei richtig froh, dass ich mich endlich melden würde, und stellte mir eine Unmenge Fragen, wo ich wohnte und was ich machte. Christoph hatte ein paar der Fotos angehängt, die er von Zeit zu Zeit für mich machte, um sie meiner Mutter zu schicken, und Lexi meinte, sie hätte mich kaum wiedererkannt und es sähe so aus, als ginge es mir richtig gut.

Christoph sagte, er freue sich gewaltig für mich, und er schlug mir auch vor, was ich auf Lexis Nachricht antworten sollte – dass ich begeistert sei, in Athen zu leben, und dass ich eine Menge Geld mit meiner Arbeit in einer Bar verdiente, die bei Touristen sehr beliebt sei. Es war verrückt: Während ich schrieb, was Christoph sagte, spürte ich einen Hauch von Begeisterung in mir, als entspräche es der Wahrheit, was ich da schrieb.

Als Christoph mich am nächsten Tag abholte und zum Internetcafé brachte, fragte er mich: »Lad doch deine Freundin Lexi mal ein, dich zu besuchen und mit dir Urlaub zu machen!«

Ich antwortete ihm nicht, da ich glaubte, ihn missverstanden zu haben.

»Ich glaube, du weißt mittlerweile, dass ich Gefühle für dich habe«, fuhr er fort. »Gefühle, die ich für keins der anderen Mädchen habe. Du bist anders, etwas Besonderes. Du hast hart gearbeitet und eine Pause verdient. Teil deiner Freundin doch mit, dass ich ihren Flug bezahle und dass sie sich auch keine Gedanken über Geld zu machen braucht, wenn sie hier ist.«

Ich glaubte ihm jedes einzelne Wort. Ich war stolz, etwas Besonderes zu sein, war glücklich, dass Christoph zufrieden mit mir war, und fast ekstatisch über die Aussicht, wieder eine Freundin zu haben, wenn auch nur für ein paar Tage. Wenn ich heute darauf zurückblicke, spüre ich fast Verachtung für das naive, bedauernswerte, leicht zu manipulierende Mädchen, das ich damals war.

Lexi antwortete sofort auf meine Nachricht, nahm Christophs Einladung an und befand sich innerhalb einer Woche auf dem Weg, mich in Athen zu besuchen.

Ihr Flug kam in den frühen Morgenstunden an und Christoph brachte mich zum Flughafen, um sie abzuholen. Während ich am Ankunftsgate stand und darauf wartete, dass sie durch die Tür kam, war ich aufgeregt, gleichzeitig aber auch besorgt, als hätte ich die Realität meines Lebens verlassen und sei in eine Art Paralleluniversum getreten. Und dann sah ich Lexi, wie sie wie wild winkte und vor Freude fast hüpfte. Wir lachten, als wir uns umarmten, und ich stellte ihr »meinen Freund Christoph« vor, der lächelte und mit ihr flirtete und darauf bestand ihren Rucksack zu tragen.

Statt uns wie von mir erwartet zu dem Hotel zu bringen, in dem ich wohnte, fuhr Christoph ins Stadtzentrum und parkte neben einem Haus in einer engen Straße. »Ich fürchte, ich hatte noch keine Gelegenheit in dem Hotel ein Zimmer für deine Freundin zu bestellen«, sagte er und lächelte Lexi dabei entschuldigend an. »Daher lasse ich euch beide hier jetzt bei einem Freund von mir zurück, während ich mich aufmache und das Versäumte nachhole. Ich brauche dafür nicht lange.«

So unglaublich es mir jetzt erscheint, aber ich hatte keinen Verdacht. Tatsächlich dauerte es bis zu dem Moment, in dem die Haustür von einem gutgelaunten Albaner geöffnet wurde, den Christoph uns als Zamir vorstelle, dass mir die ersten Zweifel kamen.

Christoph kam nicht mit uns ins Haus. Er verließ uns auf der Türschwelle und sagte, er käme in ungefähr einer Stunde oder so zurück. Lexi und ich folgten Zamir ins Wohnzimmer, wo zwei weitere Männer vor dem Fernseher saßen und Whisky tranken. Ich verspürte plötzlich Angst und fühlte mich unwohl. Doch die Männer waren sympathisch und freundlich, daher akzeptierten wir die Drinks, die sie uns anboten, und nachdem wir alle eine Weile geplaudert hatten, entspannte ich mich.

Wir lachten gerade über irgendetwas, als Lexi aufstand und sagte, sie müsse zur Toilette. Einer der Männer griff nach der Fernbedienung und schaltete den Fernseher aus. »Sag ihr, dass sie sich setzen soll«, meinte er mit völlig veränderter Stimme.

Als ich ihn anschaute, bemerkte ich, dass er uns beide mit einem Ausdruck höhnischer Verachtung betrachtete. In diesem Bruchteil einer Sekunde wurde mir klar, dass ich einen furchtbaren Fehler gemacht hatte. Eine Stimme in meinem Gehirn schrie: »Nein! Du Idiotin! Was hast du nur getan?«

Und mein ganzer Körper begann zu zittern.

Lexi hatte nicht verstanden, was der Mann gesagt hatte, doch die Drohung in seiner Stimme war nicht zu überhören gewesen, und auch die plötzlich gespannte Stimmung im Raum war unmissverständlich. Und so brach sie in Tränen aus.

»Du weißt, was passiert ist, stimmt's?«, fragte mich der Mann. »Du verstehst, was du und deine Freundin in Zukunft tun werdet? Ihr gehört jetzt uns. Wir haben euch Christoph abgekauft, für viertausend Euro.« Er machte eine seitliche Bewegung mit dem Kopf zu Lexi. »Du solltest es deiner Freundin erklären.«

Weshalb schockierte und verletzte mich der Gedanke, dass Christoph mich an diese Männer verkauft hatte? Welche Gründe sollte ich haben, glauben zu können, dieser Mann, der mich wie eine leblose Ware behandelte, hätte etwas für mich übrig und wollte etwas Gutes für mich tun? Teilweise lag die Antwort darin, dass ich so verzweifelt nach einer Freundin suchte, dass mein Verstand einfach jede andere Information abblockte. Ich hatte mich fünf Jahre lang jeden Tag schuldig gefühlt und geschämt, aber nie so sehr wie an diesem Tag.

Man kann sich mit der Zeit an fast jede neue Situation anpassen, und in den letzten Jahren waren meine Gefühle und Reaktionen abgestumpft. Doch Lexi war an eine rationalere, alltägliche Normalität gewöhnt und als ich ihr erzählte, was der Mann gesagt hatte, begann sie zu schreien und im Zimmer herumzulaufen, schlug mit den Armen um sich, trat gegen die Möbel und fegte sämtliche Whiskygläser auf den Boden.

Als Zamirs beide Freunde aufstanden, hielt ich instinktiv meine Arme vors Gesicht, um es zu schützen. Doch statt uns mit ihren Fäusten zu bearbeiten, wie ich es erwartet hatte, sagte einer von ihnen zu Zamir: »Dazu sind wir nicht bereit. Die bereiten uns nur Ärger.«

Dann verließen sie das Wohnzimmer, und ein paar Sekunden später hörten wir, wie die Haustür geöffnet wurde und hinter ihnen zufiel.

Lexi schluchzte und schrie immer noch, als auch Zamir das Wohnzimmer verließ, und ich hörte ihn irgendwo in der Nähe der Haustür, wie er schnell und wütend in sein Handy sprach. Mir wurde klar, dass dies wahrscheinlich unsere einzige Chance war, daher schnappte ich mir Lexis Rucksack, drückte ihn ihr in die Hand und zog sie mit mir aus dem Wohnzimmer, durch den Flur und in einen Raum im hinteren Teil des Hauses.

Ich hatte es gerade noch geschafft, den Schlüssel im Schloss umzudrehen, als der Mann gegen die Tür zu treten begann und uns Drohungen zurief. Lexi schrie ebenfalls, und ich schluchzte. Doch ich wusste, dass ich mich zum Überlegen zwingen musste, wenn wir überhaupt noch eine Chance haben wollten, aus dem Haus zu kommen.

Es gab nur zwei Wege in den Raum und heraus, in dem wir

eingeschlossen waren – durch die Tür, die bald auf uns krachen würde, und durch das Fenster in der gegenüberliegenden Wand. Ein paar wertvolle Sekunden kämpfte ich mit dem Riegel des Fensters, bis es mir gelang, es zu öffnen. Danach schubste ich Lexi fast hinaus. Während ich hinter ihr herkletterte, über die Schulter zurückblickte und erwartete, dass Zamir in den Raum stürmen würde, verlor ich fast den Halt, und ich fiel. Dann berührten meine Füße den Boden, und wir liefen los.

Ich weiß nicht, was die Leute denken mussten, als sie uns sahen, zwei nebeneinander durch das Stadtzentrum rennende Mädchen, heulend und alle paar Sekunden nach hinten schauend wie Tiere auf der Flucht. Ich hatte kein Ziel vor Augen; ich folgte einfach meinem Instinkt, um so weit wie möglich von dem Haus wegzukommen. Ich dachte wie immer, jemand würde mich beobachten. Aber wir konnten doch nicht ewig laufen. Daher stoppte ich, als wir um eine Ecke kamen und einen Polizisten sahen, der am Straßenrand stand, und ich legte Lexi eine Hand auf den Arm und versuchte, wieder zu Atem zu kommen.

»Bitte, helfen Sie uns!«, sagte ich, als ich wieder sprechen konnte. Während ich dem Polizisten zu erklären versuchte, was geschehen war, schrie Lexi in einem fort auf Englisch: »Hilfe! Wir wurden entführt!«

»Sie sind jetzt in Sicherheit«, sagte der Polizist als ich schließlich eine Pause machte, um Luft zu holen. »Sie kommen jetzt mit mir.«

Also folgten wir ihm über die Straße in das Foyer eines Hotels, wo wir warten sollten, während er wieder nach draußen ging, um zu telefonieren.

Wir setzten uns in zwei Sessel auf einer Seite des Foyers, von wo aus wir den Eingang im Blick hatten, aber nicht sofort gesehen werden konnten, wenn jemand das Hotel betrat. Und da wurde mir plötzlich klar, dass ich hier schon mal gewesen war. Tatsächlich war es das Hotel, in dem ich mit meiner Mutter gewohnt hatte als sie mich in Athen besucht hatte.

Wo immer wir auch gewartet hätten, wäre ich von panischer Angst erfasst gewesen, doch einer der letzten Orte auf der Welt, an dem ich in diesem Moment sein wollte, war in einem Hotel, das einem Freund von Christoph gehörte und wo mich vielleicht jemand wiedererkennen konnte. Indem ich mich leicht in meinem Sessel umdrehte, sodass ich mit dem Rücken zur Rezeption saß, ließ ich meine Haare über mein Gesicht fallen. Ich versuchte immer noch zu entscheiden, was wir tun sollten, falls überhaupt noch etwas getan werden konnte. In dem Moment entdeckte ich Christoph.

Er hatte von der Straße kommend gerade die Tür aufgestoßen und schaute sich im Foyer um, als suchte er jemanden. Ich versuchte mich in meinem Sessel zu verkriechen und flüsterte Lexi zu, sie solle den Kopf herunternehmen. Doch es war zu spät, Christoph hatte uns bereits gesehen und kam über den mit braunen Fliesen bedeckten Boden auf uns zu.

»Es tut mir furchtbar leid«, sagte er lächelnd, als er zunächst Lexi und dann mich anschaute. »Ich hatte keine Ahnung. Ich kann gar nicht glauben, was euch zugestoßen ist. Ich bin unheimlich wütend auf Zamir. Gott sei Dank seid ihr beide in Sicherheit. Bitte, kommt mit.«

Ich brauchte einen Moment, um zu verdauen, dass er lächelte und sich entschuldigte, statt wütend auf uns zu sein. Und dann dämmerte es mir: Wenn Christoph wusste, was uns zugestoßen war, dann musste *er* die Person gewesen sein, die der Polizist angerufen hatte, als er nach draußen gegangen war. Was wiederum hieß, dass niemand unterwegs war, um uns zu helfen.

12

Statt uns zu dem Hotel zu bringen, in dem ich gewohnt hatte, fuhr er uns zu einem Apartment ungefähr eine Stunde außerhalb der Stadt. Er wiederholte immer wieder, wie wütend er auf die drei Albaner sei, und sagte uns, wir bräuchten uns keine Sorgen mehr zu machen, weil er sich um uns kümmern würde.

»Bleibt hier«, sagte er, als wir bei dem Apartment ankamen, »verlasst es nicht alleine.« Er schaute mich ein paar Sekunden ausdruckslos an und fügte dann hinzu: »Ich komme am Morgen mit etwas Geld zurück und zeige euch die Gegend. Es ist ein sehr interessanter Ort. Ich glaube, er wird euch gefallen.«

Tatsächlich kam er am nächsten Tag nicht, und auch am Tag darauf nicht. Ich war jetzt mehr denn je davon überzeugt, dass ich unter ständiger Beobachtung stand, und da Lexi und ich zu große Angst hatten, das Apartment zu verlassen, hatten wir nichts zu essen. Der Hunger war eine zusätzliche Belastung für Lexi, doch ich hatte schon längere Phasen nur mit Leitungswasser durchgestanden. Wir besaßen zwar beide Handys, aber kein Guthaben, und nach dem, was passiert war, erschien es nicht gerade ratsam, zur Polizei zu gehen.

Während die Stunden verstrichen, bekam Lexi immer mehr Angst, und ich fand es zunehmend schwieriger, mir irgendetwas halbwegs Beruhigendes auszudenken, was ich ihr sagen konnte. Ich erzählte ihr nicht die Wahrheit über Christoph, teilweise weil ich wusste, dass es sie noch mehr in Panik versetzen würde, und teilweise weil es bedeutet hätte, dass ich ihr auch die Wahrheit über mich hätte beichten müssen. Zusammen in diesem Apartment zu hocken, bereitete uns schon genug Probleme auch ohne dass Lexi die Tatsache verarbeiten musste, dass ich sie belogen hatte und in Wirklichkeit eine Prostituierte war. Und auch ohne dass ich mich mit dem Wissen auseinandersetzen musste, dass sie mich verachtete.

Ich wusste, dass wir nichts unternehmen konnten. Und Lexi war zu verängstigt und verwirrt, um mit mir zu diskutieren, als ich sagte, wir müssten einfach warten, bis Christoph käme. Letztendlich bezahlte ich den Preis dafür, weggelaufen zu sein und mit dem Polizisten gesprochen zu haben. Doch ich glaubte nicht, dass Christoph Lexi etwas antun würde oder dass er die Absicht hatte, sie in die Prostitution zu zwingen. Falls ich Unrecht haben sollte, wäre ich für alles verantwortlich, was ihr zustoßen würde.

Wir hatten drei Tage in dem Apartment zugebracht, als Christoph erschien. Er brachte mir etwas Kleidung und etwas Essen mit, und er entschuldigte sich kurz, dass er so lange weggeblieben war. Dann erklärte er mir kalt: »Du hast einen großen Fehler gemacht. Lass dir nicht noch mal in den Sinn kommen, wegzulaufen. Du und deine Freundin, ihr müsst euch jetzt euren Lebensunterhalt selbst verdienen. Heute Nacht werdet ihr in einer Bar arbeiten.«

Als ich es Lexi sagte, reagierte sie wütend und meinte, sie wollte es nicht tun. Daraufhin begann Christoph plötzlich zu lachen und sagte mit jetzt fast jovialer Stimme: »Erklär deiner Freundin, dass sie sich keine Sorgen machen muss. Ihr braucht nur mit den Kerlen zu reden, die in die Bar kommen und ihr müsst sie ermuntern, Drinks zu bestellen. Ihr bekommt einen Prozentsatz von dem Geld, das sie ausgeben.«

Ich hoffte, dass es stimmte und alles gutgehen würde, aber

ich kam mir immer noch wie Judas vor als ich Lexi übersetzte, was Christoph gesagt hatte und diese beschloss, das höre sich doch spaßig an und sie würde es tun.

Christoph ließ uns im Apartment zurück, um zu duschen und die Kleidung zu wechseln, und dann kam er am Abend zurück und brachte uns zu der Bar. Der Barbesitzer war freundlich und nachdem er uns kurz erklärt hatte, wie wir vorzugehen hatten, setzten sich Lexi und ich an verschiedene Tische und warteten.

Kurz darauf näherte sich ein Mann Lexi und nahm ihr gegenüber Platz. Ich konnte nicht hören, was sie sagten, doch er sprach offensichtlich ein gutes Englisch, denn Lexi lachte, und sie schienen sich glänzend zu verstehen.

Als Christoph uns spät in der Nacht abholte und zum Apartment zurückbrachte, hatten Lexi und ich gute Umsätze für die Bar gemacht. Für Lexi war es nur wie ein Spiel gewesen, ihr hatte es gefallen wie die Nacht verlaufen war. Für mich war es ein Kampf gewesen, weil ich versuchen musste, mich zu konzentrieren und zuzuhören, was die Männer zu mir sagten, da ich wusste, dass ich Lexi irgendwann die Wahrheit erzählen musste.

Ich konnte mir nicht länger vormachen, dass alles in Ordnung wäre, dass Lexi nur ein paar Nächte in der Bar arbeiten und dann ihren Rückflug nach England antreten würde. Ich hatte gehofft, das könnte geschehen, doch in meinem Herzen wusste ich, dass es nicht dazu kommen würde und dass ich versuchen musste, Lexi zu helfen, bevor es zu spät war.

Daher antwortete ich ihr auf die Frage, wann wir denn das Geld bekämen, das wir in der Nacht verdient hatten, dass wir nie Geld bekommen würden und dass Christoph nicht mein Freund sei, sondern jemand, der Mädchen kaufte und verkaufte und sie als Prostituierte arbeiten ließ. Und dass alles, was ich in meiner Nachricht an sie über mein Leben in Griechenland geschrieben hatte, gelogen war.

Sie starrte mich lange entgeistert an, bevor sie ganz leise sagte: »Ich verstehe es nicht.« Danach brach sie in Tränen aus. »Aber was, wenn er mich auch dazu zwingen will?« Sie klang erschrocken und kindlich. »Ich kann doch nicht in einem Puff arbeiten. Und du darfst hier auch nicht bleiben. Oh, mein Gott, Meg, was sollen wir nur tun?«

Ich war dankbar, dass sie nicht auf mich losging und mir die Schuld für die entsetzliche Lage gab, in der sie sich befand – obwohl sie das gar nicht nötig hatte, da ich mir bereits selbst die Schuld gab.

»Ich weiß, was zu tun ist!« Sie begann Sachen aus ihrem Rucksack zu zerren. »Dieser erste Kerl, der in die Bar kam und so lange blieb, der hat mir seine Telefonnummer und eine Prepaidkarte für mein Handy gegeben. Ich fand ihn wirklich nett, Meg. Ich glaube, wir können ihm vertrauen.«

»Ich glaube nicht, dass wir irgendjemandem trauen können«, erwiderte ich. Doch ich wusste, dass wir das Risiko würden eingehen müssen, wenn Lexi überhaupt noch eine Chance zur Flucht haben sollte.

Der Mann, den sie anrief, war ein Albaner namens Petros und nachdem sie kurz erklärt hatte, was geschehen war, und ihn um Hilfe bat, sagte er: »Ich komme morgen Abend wieder in die Bar. Sobald ich dort erscheine, müsst ihr genau tun, was ich sage. Und stellt keine Fragen.«

In dieser Nacht schlief keine von uns viel. Ich erzählte Lexi noch ein bisschen mehr über das Leben, das ich wirklich geführt hatte. Danach legte ich mich aufs Bett, starrte an die Decke und versuchte, nicht an die Falle zu denken, in die wir möglicherweise geraten konnten. Lexi war sicher, dass uns Petros helfen würde – genauso sicher, wie ich vor fünf Jahren gewesen wäre, wenn ich Jak um Hilfe gebeten hätte. Meine Hauptangst basierte allerdings auf meiner festen Überzeugung, Christoph sähe alles. Ich glaubte einfach nicht, dass ich jemals entkommen könnte.

Wir blieben den ganzen nächsten Tag im Apartment, bis Christoph abends kam, um uns zur Bar zu bringen. Ich bin immer noch überrascht, dass er keinen Verdacht schöpfte. Ich hatte Lexi tagsüber ständig gesagt – bis ich ihr ansehen konnte, dass sie davon die Nase voll hatte –, dass wir uns, was auch immer geschehen sollte, völlig normal verhalten müssten und nichts tun dürften, was Christophs Verdacht oder den von jemand anderem erregen könnte. Aber eigentlich war mir bewusst, dass unser Schweigen angespannt und unser Plaudern aufgesetzt fröhlich war, als wir mit ihm zur Bar fuhren.

Wir waren erst ein paar Minuten in der Bar, als sich ein Mann an Lexis Tisch setzte. Ich konnte sehen, dass sie sich zumindest Mühe gab, so zu tun, als konzentrierte sie sich auf das, was er sagte, doch sie hielt ihren Kopf immer etwas geneigt, sodass für jeden, der sie beobachtete, offensichtlich war, dass sie an ihm vorbei zur Eingangstür schaute. Ich überlegte noch, wie ich ihre Aufmerksamkeit gewinnen konnte, um sie zu warnen, als sich die Tür öffnete und Petros die Bar betrat.

Mein Herz raste bereits, und jetzt klammerte ich mich mit beiden Händen an die Tischkante. Der Moment war gekommen, wo wir erfahren sollten, ob man Petros trauen konnte oder ob er nur aus einem einzigen Grund in die Bar gekommen war: um uns hereinzulegen.

Lexi saß an dem Tisch neben meinem und als Petros zwischen uns hindurchging, zischte er leise, ohne uns anzuschauen:

»Sagt nichts, stellt keine Fragen. Steht einfach auf, folgt mir aus der Bar und steigt in mein Auto.«

Ich musste mich zwingen, das zu tun, was er uns gesagt hatte, und nicht vor ihm her in die Nacht hinauszulaufen. Es war das gleiche Gefühl wie vor einer Ewigkeit in England als ich in einem Geschäft etwas geklaut hatte – damals war ich sicher gewesen, der Blick jeder einzelnen Person in dem Laden sei auf meinen Rücken gerichtet. Jede Faser meines Körpers riet mir, zu rennen, und ich wartete nur auf den Moment, von dem ich wusste, dass er kommen würde und in dem jemand »Halt!«, schrie.

Doch in dieser Nacht in der Bar versuchte uns niemand aufzuhalten. Und was noch erstaunlicher war: Petros hatte sein Versprechen gehalten und war gekommen, um uns zu helfen.

Die Nacht verbrachten Lexi und ich bei Petros und seinem Freund in deren Hotelzimmer. Obwohl die beiden Männer uns ihre Betten überlassen hatten, glaube ich nicht, dass eine von uns viel schlief. Christoph rief mich fast unentwegt an und schickte SMS, in denen stand: »Ich weiß, wo du bist. Ich bin auf dem Weg, dich zu holen. Du und deine Mutter, ihr seid in GROSSEN Schwierigkeiten.«

Mit jeder neuen SMS wuchs meine Überzeugung, dass er irgendeine Möglichkeit hatte, der Spur meines Handys zu folgen, und dass er wirklich wusste, wo ich war. In den frühen Morgenstunden war ich nur noch ein Nervenbündel, aber ich hatte eine Entscheidung getroffen.

»Ich muss verschwinden«, sagte ich zu Lexi. »Ich glaube, Christoph weiß, wo ich bin, und wenn er herkommt, findet er auch dich. Selbst wenn ich falsch liegen sollte und er nicht weiß, dass wir hier sind, wird er meine Mutter überfallen, und ich kann nicht zulassen, dass er ihr etwas tut. Ich muss zu ihm zurück.«

»Das darfst du nicht!« Lexi begann zu heulen. »Bitte, Meg, es muss doch einen anderen Weg geben. Du kannst doch nicht in dieses Leben zurückkehren, zu dem er dich gezwungen hat. Wir schaffen das. Petros und sein Freund werden uns helfen. Ich weiß, dass wir ihnen vertrauen können.«

»Ich glaube, du hast recht«, sagte ich. »Aber ich kenne Christoph und ich kenne auch die Sorte Menschen, mit denen er zusammenarbeitet. Wenn ich nicht zu ihm zurückgehe, *wird* er meiner Mutter etwas tun. Ich bin sicher, dass Petros dir einen Flug nach Hause besorgen wird. Ich muss zurück zu Christoph.«

Es war das zweite Mal, dass ich mir vorzustellen versuchte, wie es wäre, auf einem Rückflug nach England zu sein. Die Wahrheit aber ist, dass ich es mir *nicht* vorstellen konnte und dass ich Angst hatte, vielleicht vergleichbar mit einem Wildtier, das jahrelang in einem Käfig gehalten wurde und verängstigt ist, wenn man die Tür plötzlich öffnet und es die Möglichkeit hat, in die Freiheit zu treten. Aus irgendeinem Grund glaubte ich, ich sei selbst schuld an dem Leben, das ich führte. Auf jeden Fall war es meine Schuld, dass Lexi in Griechenland und in dieser Lage war. Ich wollte mir auch nichts vorwerfen müssen, wenn meiner Mutter etwas Schreckliches zustieß. Daher umarmte ich Lexi und nahm Petros noch einmal das Versprechen ab, dass er sich um sie kümmerte; danach verließ ich das Hotel und wanderte eine unbelebte Straße hinab, mit dem Rücken zur aufgehenden Sonne.

Ich blieb immer auf derselben Straße, bis ich einen gewissen Abstand zum Hotel erreicht hatte und mich nicht weit von einem Gebäude entfernt befand, das inmitten staubiger und steiniger Felder wie ein Bauernhaus aussah. Dann rief ich Christoph an.

Er antwortete sofort. »Wo bist du?«, fragte er, wobei die kalte Ruhe seiner Stimme angsteinflößender war, als wütendes Gebrüll es hätte sein können.

Ich sagte ihm, was ich vor mir sehen konnte, und beschrieb verschiedene Orientierungspunkte, an denen ich vorbeigekommen war.

»Geh weiter, und bleib am Telefon«, sagte er.

Ich musste weitere ein oder zwei Kilometer zurückgelegt haben, als er mir sagte, ich sollte mich an den Straßenrand setzen. Und da wusste ich, dass er mich sehen konnte.

»Tu mir bitte nicht weh«, flüsterte ich ins Handy. »Es tut mir leid. Bitte!«

Als sein Auto neben mir erschien, war seine eisige Selbstbeherrschung wütendem Brüllen gewichen, und er schrie mich an, ich solle einsteigen. Ich heulte und zitterte dermaßen, dass ich eine Ewigkeit am Türgriff herumfummelte, wie es schien, bevor es mir endlich gelang, die Tür zu öffnen. Sobald ich im Wagen saß, schlug mir Christoph mit derartiger Wucht mit einer Pistole auf den Kopf, dass ich dachte, ich würde das Bewusstsein verlieren.

»Wo ist das Mädchen?«, brüllte er und schlug mich erneut mit der Pistole, diesmal von der Seite, sodass die andere Seite des Kopfes gegen die Scheibe knallte. »Habt ihr wirklich geglaubt, ihr könnt euch einfach aus dem Staub machen? Wo ist sie?«

»Ich weiß es nicht«, schluchzte ich. »Ich weiß es wirklich nicht. Sie ist mit einem Mann abgehauen, den sie in der Bar getroffen hat. Ich weiß nicht, wohin sie gegangen sind. Ehrlich.«

»Und ich dachte, ich könnte dir vertrauen.« Für einen Moment glaubte ich, er hätte zu weinen begonnen. Es war, als hätte er völlig die Kontrolle verloren, und plötzlich hatte ich größere Angst vor ihm als je zuvor. »Weshalb bist du weggelaufen?«, fragte er. »Warte nur ab, was jetzt auf dich zukommt! Hast du nicht verstanden, was ich dir über deine Mutter gesagt habe? Ich kann jemanden einfach so loswerden.« Er schnipste mit seinen Fingern vor meinem Gesicht. »Gib mir dein Handy.«

Nachdem ich es ihm gegeben hatte, nahm er die SIM-Karte heraus, zerbrach das Handy und warf die Teile aus dem Fenster.

»Verarsch mich nicht!«, brüllte er. »Ich bin ein äußerst gefährlicher Mensch. Ich zerhacke dich in kleine Stücke und verscharre sie in der Erde.« Er langte zu mir herüber, wo ich an die Tür gekauert saß, und schlug mich erneut. Und dann hörte er zu schreien auf, als hätte jemand den Schalter umgelegt, und er sagte ganz ruhig mit einer Stimme voller ominöser Drohung: »Das Mädchen ist mir egal. Diese blöde Nutte hat mir nur Scherereien bereitet, seit sie hier angekommen ist. Und dann hat sie auch noch versucht, dich mir zu klauen.«

Fünf Jahre hatte ich damit verbracht, Dinge zu glauben, die unmöglich wahr sein konnten, doch jetzt konnte selbst ich erkennen, dass dies eine sehr eigenartige Interpretation der Ereignisse war. Allerdings wollte ich sie gern unterstützen, wenn Lexi dadurch in Sicherheit war und ich etwas entlastet wurde.

Christoph brachte mich nicht zu dem Apartment zurück, um meine Sachen zu holen, bevor er mit mir nach Athen fuhr. Es war nicht das erste und auch nicht letzte Mal, dass ich meinen Koffer samt Inhalt irgendwo stehen lassen musste. Doch es spielte keine Rolle; ich besaß ja sowieso nichts, daher war das einzige, auf das ich jedes Mal verzichten musste, ein paar billige

Kleidungsstücke, die leicht zu ersetzen waren. Als wir wieder in die Stadt kamen, brachte er mich zu einer Nobelabsteige, wo er ein Doppelzimmer buchte und Sex mit mir hatte. Dann drehte er sich auf die Seite und schlief ein.

In einer Welt zu leben, in der die normalen Regeln und Erwartungen nicht gelten, bringt einen auf die Dauer total durcheinander. Ich frage mich heute, ob Christoph – oder einer der anderen Männer, die mich über die Jahre hinweg zu unterschiedlichen Zeiten in Griechenland ausbeuteten – irgendwann *irgendetwas* spontan und ohne zugrunde liegende Absicht getan hat. Ich denke, die Antwort lautet eindeutig Nein, und jedes einzelne Wort, das sie sagten, alles, was sie taten, diente einzig dem Zweck, mich zu verwirren und zu destabilisieren. Damit ich nicht mehr wusste, was überhaupt »normal« ist.

Ja, ich bin mir in diesem Punkt sehr sicher. In der einen Minute tobte er noch und warf mir schreckliche Dinge an den Kopf; in der nächsten Minute lobte er mich und sagte, ich sei etwas Besonderes. Da ich nie voraussehen konnte, wie seine Reaktion sein würde, und da ich nie wusste, ob etwas, was ich machte, richtig oder falsch war, wurde ich unglaublich unsicher und voller Selbstzweifel.

Das galt sogar während des Geschlechtsverkehrs. »Du hältst deine Beine zu eng zusammen«, sagte er beispielsweise. »Beim nächsten Mal machst du sie gefälligst so weit auseinander«, meinte er und zeigte mir mit ausgebreiteten Armen den »richtigen« Abstand. Manchmal beschwerte er sich, mein Make-up sei furchtbar, meine Frisur sei eine Katastrophe oder ich hätte zugenommen – was ganz sicher nicht stimmte, da ich keinen Appetit hatte und mich zwingen musste, überhaupt etwas zu essen. Trotzdem war ich so programmiert, dass ich alles glaubte, und ich ging sogar davon aus, es sei meine Schuld, dass ich alles falsch machte, so sehr ich mich auch bemühte.

Christoph schlief an diesem Tag ungefähr eine Stunde in dem Hotel. Als er wieder aufwachte, gab er mir meine alte SIM-Karte und ein neues Handy, legte fünfzig Euro auf den Tisch und sagte, er käme am nächsten Morgen zurück. Nachdem er verschwunden war, ging ich nach unten und verwendete das Geld, das er mir gegeben hatte, für Alkohol, den ich alleine auf meinem Zimmer trank.

Am Abend bekam ich eine SMS von Lexi, in der sie mir mitteilte, Petros habe sein Wort gehalten und einen Rückflug für sie nach England gebucht. »Du hättest zusammen mit mir fliegen sollen«, schrieb sie.

Ich las den Text vielleicht zwanzig Mal, bevor ich ihn löschte, damit Christoph ihn nicht finden konnte. Jedes Mal, wenn ich ihn las, versuchte ich mir vorzustellen, wo ich jetzt wohl wäre und was ich tun würde, wenn ich nicht zu große Angst gehabt hätte, mit meiner Freundin nach London zu fliegen.

Ich fühle mich immer noch unheimlich schuldig wegen dem, was mit Lexi geschah. Ich hatte sie eingeladen, mich in Griechenland zu besuchen, da ich unbedingt glauben wollte, was Christoph mir sagte. Und ich tat, was ich bereits tausend Male vorher getan hatte, indem ich meine Augen vor der Möglichkeit verschloss, er könne vielleicht andere Gründe haben als die, die er mir genannt hatte – in diesem Fall, dass ich einen Kurzurlaub mit einer Freundin verdient habe. Ich hatte mich seinerzeit aufgrund einer falschen Einschätzung mit Jak zusammengetan. Aber als Lexi nach Athen kam, war es noch zehn Mal schlimmer. Als Ergebnis meiner unfassbaren Dummheit wäre es fast dazu gekommen, dass man sie zur Prostitution gezwungen hätte.

Danach hörte ich nie wieder etwas von Lexi. Ich bin sicher,

dass sie mich nach einigem Nachdenken dafür verantwortlich machte, was ihr beinahe widerfahren wäre. Ich weiß ja, dass ich mir selbst die Schuld gab. Unabhängig davon, was ich ihr erzählt hatte, muss sie gedacht haben, ich hätte mich in Wirklichkeit selbst für das Leben entschieden, das ich führte – sonst wäre ich doch mit ihr geflüchtet. In gewisser Weise hatte sie sogar recht, denn ich glaube, dass ich mir dieses Leben zwar nicht *ausgewählt* hatte, dass ich aber gelernt hatte, es zu akzeptieren, weil ich nichts Besseres verdient hätte.

Lexi hatte eine normale Reaktion auf Angst gezeigt: Sie versuchte, davonzukommen. Daher musste es ihr schwerfallen, zu verstehen, weshalb ich keinen Versuch unternahm. Aber es gibt noch eine andere Art von Angst, die man vielleicht nur begreifen kann, wenn man sie selbst erlebt hat. Es ist eine Furcht vor allem und nichts, vor realen und eingebildeten Dingen, und sie ist so überwältigend, dass sie einen daran hindert, irgendetwas zu tun außer dem, was einem befohlen wird.

Als Christoph am nächsten Tag kam, brachte er mich zu einem Apartment, das zwar ziemlich primitiv war, aber im Vergleich zu allen anderen Wohngelegenheiten, in denen ich bisher untergekommen war, recht geräumig. Es gab ein kleines Wohnzimmer mit einem Bett und Schiebefenstern, durch die man auf einen winzigen Balkon kam, ein noch kleineres Schlafzimmer, ein Badezimmer und eine Küche mit gerade genügend Platz für ein Spülbecken, eine Kochgelegenheit und einen versifften, mit Schimmel verkrusteten Einbaukühlschrank. Während der letzten fünf Jahre hatte ich von Essen zum Mitnehmen gelebt, und mir gefiel die Vorstellung, für mich selbst kochen zu können. Daher brachte mich Christoph, nachdem ich meine Tasche im Apartment abgestellt hatte, zu einem Supermarkt und kaufte Lebensmittel für mich ein.

Das Einzige, das sich geändert hatte, war der Ort, an dem ich schlief. Ansonsten lief alles ziemlich genauso weiter wie zuvor. Christoph holte mich jeden Vormittag ab, fuhr mich zu einem Puff oder zu Callgirl-Jobs und setzte mich in den frühen Morgenstunden des nächsten Tages wieder bei meiner Wohnung ab. Die Tatsache, dass ich Syphilis gehabt hatte, schien keine Rolle zu spielen, außer dass jetzt alle Männer, mit denen ich Sex hatte, Kondome benutzen mussten.

Wenn ich nicht arbeitete, hielt ich mich in meinem Apartment auf und war nur mit Schlafen und Essen beschäftigt. Tatsächlich war das einzige, das sich von Tag zu Tag änderte, die Art und Weise, wie mich Christoph behandelte. Manchmal tauchte er in der Wohnung auf und begann ohne Vorwarnung oder ersichtlichen Grund auf meinen Kopf einzudreschen. Oder er packte mich am Hals, hob mich hoch und schmetterte mich gegen die Wand, wobei er schrie: »Deine Zeit ist bald abgelaufen. Du verdienst nicht genug Geld. Du musst anfangen, dich unschuldiger zu verhalten. Was ist los mit dir? Du siehst aus wie ein Junkie. Die Männer wollen Frischfleisch, und du wirst alt.«

Ich war neunzehn, aber ich fühlte mich sehr viel älter und war unheimlich müde.

Eines Tages holte Christoph eine Schere aus der Küche, nachdem er mich vorher beschimpft und dermaßen geschlagen hatte, dass mein Ohr zu bluten begann, und zerschnitt meine sämtlichen Kleider. Dann schnappte er sich eine Hand voll meiner Haare, riss meinen Kopf so heftig zur Seite, dass ich das Gefühl hatte, er würde mir das Genick brechen, und schnippelte das gesamte überstehende Haar ab.

Als er sich später beruhigt hatte, brachte er mich in einen Frisiersalon, um meine Haare ordentlich schneiden zu lassen. Der

Friseurin erzählte er, er sei mein Vater, und ich hätte einen Wutanfall bekommen und sie mir selbst abgesäbelt.

»Ich komme in ungefähr einer Stunde, um sie abzuholen«, sagte er, tätschelte meine Schulter und hob eine Augenbraue in Richtung der Friseurin, als wollte er sagen: »Wie finden Sie das?«

Ich schämte mich wirklich, wie eine verwöhnte Göre, die total ausgeflippt war. Und obwohl ich zu dieser Zeit gut Griechisch sprach, musste die Friseurin genau wissen, dass ich keine Griechin war. Ich habe keine Ahnung, was sie sich gedacht hat.

Wenn einen jemand beschimpft und gewalttätig ist und wenn man nur dastehen und es einstecken muss, da man sich nicht wegdrehen und auch nirgends verstecken kann, fühlt man sich wie ein sehr eingeschüchtertes, verletzliches Kind. Das Schlimmste von allem aber war, zu wissen, dass Christoph recht hatte und ich nicht mehr »gut genug« war, um als Prostituierte in einem schäbigen Puff zu arbeiten. Und wenn ich dafür nicht mehr gut genug war, wofür war ich dann noch gut genug?

Eines Abends, als ich meine Periode hatte und nicht arbeiten konnte, kam Christoph trotzdem in meinem Apartment vorbei. Sobald ich die Wohnungstür hinter ihm geschlossen hatte, begann er mich zu verprügeln und warf mir richtig üble Dinge an den Kopf. Dann hörte er plötzlich auf, drehte sich um und stürmte wieder davon.

Nachdem er verschwunden war, blieb ich auf meinen Knien und heulte auf eine Weise, wie ich noch nie zuvor geheult hatte. Ich glaube, es war das erste Mal, dass ich so wütend um meiner selbst Willen war. In Rückblenden sah ich alles, was geschehen war, seit ich vor fast sechs Jahren nach Athen gekommen war –

Jahre, von denen ich jetzt erkannte, dass ich sie nie wieder zurückbekommen würde und die mein Leben für immer zeichnen würden.

Als ich eingezogen war, hatten sich ein paar Kleidungsstücke und eine Flasche Wodka in dem Apartment befunden. Ich fragte mich oft, was mit dem Mädchen geschehen war, das die Sachen hiergelassen hatte, und darüber dachte ich in diesem Moment wieder nach. Machte sie dieselben Erfahrungen wie ich? Fühlte überhaupt jemand so wie ich? Manchmal glaubte ich, in einer Art Parallelwelt zu leben, die schon immer neben jener Welt existiert hatte, in der ich meine Kindheit verbracht hatte, und in der die Dinge, die ich tat, normal waren.

In meinem Kopf hörte ich Christoph sagen: »Die Männer wollen Frischfleisch und du wirst alt.«

Wie jeder junge Mensch konnte ich mir nicht vorstellen, wirklich alt zu sein, doch es führte mich zu der Frage, was aus mir werden sollte, wenn die Männer absolut keine Lust mehr hatten mit mir Sex zu haben und wenn ich für Christoph wertlos war. Die Gegenwart war bereits erschreckend; die Zukunft schien es noch mehr zu sein.

Jeden Tag dachte ich hundert Mal an meine Mutter, und an sie dachte ich auch jetzt, als ich auf dem Boden kniete und wie ein trauerndes Kind heulte. Ich fühlte mich einsamer und verzweifelter als jemals zuvor in all den einsamen, verzweifelten Jahren, die ich in Griechenland verbracht hatte. Und dann erinnerte ich mich an die Flasche Wodka, die sich noch im Küchenschrank befand.

Ich trank direkt aus der Flasche, doch der Wodka war so stark und schmeckte so schlecht, dass ich würgen musste. Daher goss ich etwas in ein Glas und fügte Wasser hinzu, sodass ich ihn schnell trinken konnte, ohne dass mir übel davon wurde. Ich fand auch ein paar Schmerztabletten in der Küche und schluckte sie alle hinunter. Dann stolperte ich ins Badezimmer und betrachtete mich in der Spiegeltür des Hängeschränkchens an der Wand.

»Ich hasse dich!«, brüllte ich mein Spiegelbild an. »Du bist ein Nichts. Niemand kümmert sich um dich. Niemand liebt dich. Weshalb bist du immer noch hier? Du hast es nicht verdient, weiterzuleben.«

Doch nur der kälteste, hartherzigste Mensch wäre imstande gewesen, das bedauernswerte junge Mädchen zu hassen, das mich aus dem Spiegel anschaute. Als die ganze Wut und Frustration aus mir heraussickerte, berührte ich mit der Hand das geschwollene Gesicht des Mädchens und öffnete dann die Tür des Hängeschränkchens, um es verschwinden zu lassen.

Unter den wenigen ausrangierten Sachen in den Regalen befand sich auch ein Rasierapparat. Als ich den Griff berührte, erfasste mich wieder die Wut, und während ich zurück in die Küche lief, begann ich mit der Klinge auf meine Handgelenke und meinen Hals einzuhacken. Ich fing an, mir Schnitte an den Armen und danach an den Beinen zuzufügen, und schon bald war überall Blut: an meinem Körper, an meiner Kleidung, es waren Spritzer an der Wand und Tropfen auf dem Fußboden.

Ich weiß nicht, was genau es war, das mich ohnmächtig werden ließ; es könnte der Alkohol gewesen sein, die Tabletten, Überanstrengung durch meinen manischen Anfall, Blutverlust, oder die Kombination von allen vier Sachen. Die Nachbarn hatten gehört, wie ich herumgeschrien und in der Wohnung gewütet hatte, und als sie mich zusammengesackt und blutüberströmt auf dem Fußboden fanden, riefen sie die Polizei.

Es muss das Geräusch der Wohnungstür gewesen sein, als sie eingetreten wurde, das mich weckte. Ich kam langsam zu mir, wie ein Taucher, der aus den Tiefen des Ozeans auftaucht, und zunächst war ich desorientiert und konnte mich nicht erinnern, was passiert war. Ich hörte den Klang rennender Schritte und Stimmen, die »Polizei!«, riefen, und plötzlich schien das Wohnzimmer voller Männer mit Gewehren zu sein. Ich schaffte es, auf die Beine zu kommen und den Balkon zu erreichen, wo ich mich über das Geländer zu stürzen versuchte, das ihn umgab.

Die Wohnung befand sich im fünften Stock, und ich wäre sicher tot gewesen, wenn es zwei Polizisten nicht gelungen wäre, meine Beine zu erwischen, als mein Bauch gerade das Metallgeländer berührte. Doch ich wollte nicht gerettet werden, daher sträubte ich mich und versuchte sie abzuschütteln. Ich schlug immer noch um mich und fluchte, als sie mir Handschellen anlegten. Und während sie mich aus dem Haus führten, begann ich zu brüllen: »Er beobachtet mich immer noch. Ich weiß, dass er hier ist. Er wird nicht eher aufhören, bis er mich hat. Er hat noch andere Mädchen, müsst ihr wissen. Er wird mich umbringen.«

»Wer beobachtet dich?«, fragte mich einer der Polizisten. »Wer wird dich umbringen?«

»Der Mann«, sagte ich. »Es gibt da einen furchtbaren Mann. Seinen Namen nenne ich nicht.«

Nur weil ich betrunken war, wagte ich es, Christophs Existenz zu erwähnen. Daher war es vielleicht auch der Wodka, der mich plötzlich erkennen ließ, dass ich es unglaublich satt hatte, immer Angst zu haben. Für die Polizisten muss ich wie jeder andere paranoide Betrunkene geklungen haben, mit der sie es zu tun bekamen.

Auf der Polizeistation säuberte mich jemand, verband die schlimmsten Schnittwunden an meinen Armen und fragte mich, was geschehen sei.

»Ich habe mich selbst geschnitten«, sagte ich.

Danach lachte ich wie jemand, der den Verstand verloren hat. Die Polizisten gaben mir Kaffee und waren sehr nett zu mir. Sie ließen mich sogar nach draußen gehen und eine Zigarette rauchen, obwohl der Polizist, der mich begleitete, nicht zögerte, seine Pistole zu ziehen, als ich wegzulaufen versuchte. Erst als ich das Klicken hörte, mit dem er die Pistole entsicherte, ließ ich es sein.

Als ich nach meinem Pass gefragt wurde, sagte ich: »Der befindet sich wahrscheinlich irgendwo in der Wohnung. Ach nein, warten Sie, ich glaube, ich habe ihn in den Mülleimer geworfen.«

Ich lachte wieder, als hätte ich einen wirklich guten Scherz gemacht.

»Na gut, dann werden wir ihn eben dort suchen«, sagte einer der Polizisten.

Doch ich wusste, dass sie ihn nie finden würden, weil Christoph ihn hatte.

Während der nächsten paar Stunden saß ich in der Polizeistation, trank Kaffee und starrte in die Ferne, da sich in meinem Kopf kein Gedanke regte. Als man mich schließlich aufforderte, in ein anderes Auto zu steigen, ließ die betäubende Wirkung des Wodkas langsam nach, und mir wurde schlecht.

»Wir bringen Sie ins Krankenhaus«, sagte einer der Polizisten.

Und selbst in meinem verwirrten, betrunkenen Zustand erkannte ich, dass das vermutlich eine gute Idee war: Schließlich wollte ich nicht zusätzlich zu all meinen anderen Problemen auch noch eine Blutvergiftung durch den ausrangierten Rasierapparat einer fremden Person bekommen. Allerdings wäre ich nicht freiwillig in das Polizeiauto gestiegen, wenn ich vorher gewusst hätte, wohin sie mich wirklich brachten.

13

Der Wagen stoppte vor dem Haupteingang eines alten, baufälligen Backsteingebäudes. Nachdem mich die beiden Polizisten nach drinnen gebracht hatten, musste ich, noch in Handschellen, in einem Büro Platz nehmen, wo mir ein Mann jede Menge Fragen stellte. Hatte ich jemals versucht, ähnliche Dinge anzustellen? Woher stammte ich? Hatte ich Verwandte in Griechenland? Welchen Beruf übte ich aus?

»Ich bin Prostituierte«, antwortete ich.

Diesmal war ich nicht sicher, ob das laute, irre Lachen wirklich von mir stammte, obwohl niemand sonst zu lachen schien, als ich mir den Mann und die Krankenschwester genau anschaute, die neben ihm stand. »Ich habe nur einen Scherz gemacht«, sagte ich. »In Wirklichkeit bin ich Kellnerin. Ich hatte Sehnsucht nach meinen Verwandten und Freunden. Ich nehme an, dass mir alles über den Kopf gewachsen ist.«

Ich glaube, ich sagte ihm, ich würde das nicht mehr schaffen, und alles, was ich wollte, sei zu sterben. Allerdings bezweifle ich, dass die meisten Antworten, die ich auf seine Fragen gab, sehr viel Sinn ergaben, und manche waren total gelogen.

Schließlich stand der Mann auf, nickte der Schwester zu und sagte: »Gut, als Erstes müssen wir uns dann mal die Schnitte anschauen und sie reinigen.«

Die Schwester brachte mich in einen anderen Raum, wo sie eine braune Flüssigkeit auf die verletzte Haut an meinen Armen, den Beinen, dem Gesicht, dem Hals, der Brust und dem Busen tupfte und danach die schlimmsten Stellen erneut verband.

»Prima. In Ordnung«, sagte ich, als sie fertig war. »Dann kann ich ja jetzt wohl gehen, oder?«

Da sie nicht antwortete, drehte ich mich zu den beiden Polizisten um. Doch sie sagten auch nichts. Sie schauten nur die Krankenschwester an, einer von ihnen wünschte mir viel Glück, und dann verließen sie den Raum.

Mein Übermut – der teilweise auf dem Alkoholeinfluss beruhte, teilweise gespielte Tapferkeit und teilweise das Ergebnis des mentalen Zusammenbruchs war – verrauchte sofort, und ich schrie: »Hallo! Warten Sie! Wohin gehen Sie? Was geht hier vor sich?«

Ich wollte den Polizisten gerade hinterherlaufen, als zwei Männer in weißen Kitteln in der Tür erschienen und mir eine Nadel in den Arm stachen.

Ich glaube, ich schrie und kreischte noch mehrere Sekunden lang, obwohl ich es mir auch nur eingebildet haben kann. Danach begann sich die gesamte Muskulatur in meinem Körper zu entspannen. Ich versuchte mich darauf zu konzentrieren, einen Befehl von meinem Gehirn an die Beine zu schicken, doch nichts geschah; daher warf ich einen schnellen Blick nach unten, um sicherzugehen, dass sie noch da waren, und dann lachte ich, diesmal aus Verlegenheit.

Jemand half mir in ein Bett. Vielleicht war es derselbe Mensch, der meine Arme mit dicken Lederriemen am Gitter festband. Ich konnte schon niemanden mehr richtig erkennen, da in meinem Kopf wirbelnder weißer Nebel herrschte und ich meine Augen auf nichts fokussieren konnte.

Ich erinnere mich noch, dass ich auf dem Rücken lag, auf die Lichter an der Decke starrte und mich wunderte, weshalb sie sich bewegten. Und dann befand ich mich in einem Zimmer, lag immer noch in dem Bett, und da war ein anderes Mädchen, das auf einem anderen Bett saß und seine Knie mit den Armen umklammerte und langsam nach vorne und hinten ruckte.

Das Mädchen schaute mich nicht an und eine Weile lag ich dort und beobachtete es. Schließlich fragte ich: »Was machst du da? Warum bist du hier?«

Und das Geräusch meiner eigenen Stimme brachte mich zum Lachen, da sie tief und krächzend war, überhaupt nicht wie meine echte Stimme. Sie schien in meinem Kopf widerzuhallen. Noch einmal, vielleicht sprach ich gar nicht laut, denn das Mädchen ruckte weiter vor und zurück, und es antwortete mir nicht.

»Ich habe ein Messer«, brüllte ich in Richtung der offenen Tür, hinter der vermutlich ein leerer Flur lag. »Ich hatte es in meinem Hemd versteckt. Ich werde mich damit erstechen. Ich tue es jetzt.«

Natürlich hatte ich kein Messer und da meine Arme immer noch am Kopfende des Bettes festgebunden waren, hätte ich sowieso nichts damit anfangen können, wenn ich eins gehabt hätte. Ich wollte nur, dass jemand ins Zimmer kam, damit ich ihm erzählen konnte, dass ... Ich wusste nicht, was ich ihm erzählen wollte. Es spielte ja auch gar keine Rolle, da niemand kam. Doch ich gab nicht auf: Ich schrie immer weiter, bis mir die Stimme versagte und ich dachte, ich müsse vor Durst sterben. Die ganze Zeit ruckte das Mädchen vor und zurück. Und immer noch kam niemand.

Irgendwann muss ich eingeschlafen sein. Als ich aufwachte, fiel Licht durch das vergitterte Fenster und ich war beinahe ruhig. Ich war noch nicht lange wach, als eine Schwester hereinkam, meine Handgelenke losband und mich fragte, ob ich duschen wolle. Nachdem ich mich gewaschen hatte, fühlte ich mich besser, obwohl ich aus irgendeinem Grund nicht aufhören konnte zu heulen. Die Schwester setzte sich neben mich aufs Bett und redete auf eine nette, freundliche Art auf mich ein. Danach brachte sie mich in den Speisesaal, wo ich nicht mehr als einen Orangensaft schaffte, obwohl ich seit mindestens vierundzwanzig Stunden nichts mehr gegessen hatte.

Ich stand unter starken Medikamenten, daher ist in meinem Gedächtnis alles durcheinandergewürfelt, was während der nächsten paar Tage geschah. Allerdings weiß ich noch, dass ich irgendwann am ersten Morgen, vielleicht nach dem Frühstück, von der Schwester nach draußen geführt wurde, wo wir in der gewaltigen Krankenhausanlage spazieren gingen. Jenseits der Wiese, die das Gebäude umgab, befand sich ein kleiner Wald, und hinter dem Wald wurden zwei große Tore auf jeder Seite von sehr hohen Mauern flankiert, auf denen Stacheldraht und zahlreiche Kameras angebracht waren. Ich glaube, als ich diese Tore sah, wurde mir schließlich klar, dass ich in eine psychiatrische Klinik eingewiesen worden war.

An diesem ersten Tag wurde ich von einer anderen Schwester wieder in das Büro gebracht, in dem ich tags zuvor bereits gewesen war, und wo mir von einem Mann, der sich als der leitende Psychiater der Klinik erwies, weitere Fragen gestellt wurden. Paradoxerweise – wenn man bedenkt, dass ich mich fast umgebracht hätte und eine stationäre Patientin in einer geschlossenen psychiatrischen Einrichtung im Ausland war – machte ich mir lediglich Gedanken darüber, was ich geschrien hatte, als ich mit den Polizisten das Apartmenthaus verlassen hatte.

Ich wusste, dass ich etwas über Christoph gesagt hatte, aber ich konnte mich nicht erinnern, ob ich seinen Namen genannt hatte. Ich fragte mich immer noch, ob er irgendwo im Schatten gelauert und gehört hatte, was ich von mir gegeben hatte.

Ich glaube, die meiste Zeit des restlichen Tages verbrachte ich damit, auf dem Bett zu liegen, Trübsal zu blasen und mich von dem ganzen Alkohol zu erholen, den ich am Tag davor getrunken hatte. Irgendwann, nachdem ich mit dem Psychiater gesprochen hatte, gab man mir alles, was sich in meiner Handtasche befunden hatte, als mich die Polizisten fanden, und kurz darauf klingelte mein Handy.

»Wo bist du?« Christoph klang wütend. »Die Frau, von der ich die Wohnung gemietet habe, sagte mir, du hättest Ärger gemacht, und sie will sie mir nicht weiter vermieten. Was hast du getan? Was läuft da?«

»Ich war betrunken«, sagte ich mit der traurigen Stimme eines kleinen Mädchens. »Es tut mir leid. Ich habe mich dumm verhalten. Ich habe mich geritzt, deshalb hat mich die Polizei verhaftet, und jetzt bin ich in einem Krankenhaus.«

Ich wartete darauf, dass er vor Wut explodieren würde. Doch als er wieder sprach, hatte sich sein Tonfall völlig geändert. »Weshalb denn, Baby?«, fragte er. »Ich bin vollkommen von der Rolle, dass du dir so etwas antun konntest. Weshalb hast du das getan? Was ist nur los mit dir?«

»Entschuldige bitte«, flüsterte ich.

»Was hast du denen im Krankenhaus erzählt?« In seiner Stimme lag ein scharfer Unterton.

»Die glauben, ich hätte Probleme«, sagte ich. »Die haben mich unter Medikamente gesetzt, und sie meinen, ich bräuchte Hilfe.«

»Ich denke, dass sie recht haben, Baby.« Jetzt klang er wieder besorgt. »Ich glaube, du hast dich in den letzten Wochen zu sehr abgerackert. Ich habe es bemerkt, und ich hätte dich lieber selbst ins Krankenhaus bringen sollen. Darf ich dich besuchen?«

Ich sagte ihm, ich würde fragen, und ganz langsam, ohne

dass ich etwas davon mitbekam, lockte er mich wieder in die Falle.

Die Besuchszeiten in der Klinik waren flexibel und als Christoph am nächsten Tag erschien, war er hinter einem riesigen Blumenstrauß kaum zu sehen, und in der anderen Hand trug er eine Tasche, unter anderem mit schönen Dingen zum Essen. Dem Klinikpersonal sagte ich, er sei ein Freund von mir, jemand, der sich um mich kümmerte, und er gab sich alle erdenkliche Mühe, höflich zu sein und sie zu bezirzen. Trotz allem konnte ich nicht anders, als mich über seinen Besuch zu freuen.

Patienten und deren Besucher konnten sich in ein Besuchszimmer setzen oder auf dem Gelände herumlaufen. Christoph kam zunächst mit in mein Zimmer, während ich die Dinge verstaute, die er mitgebracht hatte. Meine Zimmergenossin – das Mädchen mit dem leeren Blick, das jeden Tag Stunden damit verbrachte, ständig vor und zurück zu rucken – war nicht da. Daher war außer mir niemand im Zimmer, als er meinen Arm berührte und sagte: »Du hast ja keine Vorstellung, wie sehr ich es vermisse, mit dir zu ficken. Ich kann es gar nicht erwarten, dass alles wieder so ist wie vorher. Ich besorge dir eine wunderschöne Wohnung, wenn es dir wieder besser geht. Ich glaube, du musst mal eine Pause machen. Vielleicht solltest du Urlaub machen. Mach dir keine Sorgen, mein Mädchen. Ich regle das alles.«

Christoph nannte mich oft »mein Mädchen«, und das gefiel mir. Ich hatte immer jemandes Mädchen sein wollen. Eine Weile hatte ich gedacht, ich sei Jaks Mädchen, und ich hatte mich deshalb für etwas Besonderes gehalten. Als ich noch klein war, hatte ich immer angenommen, ich sei meines Vaters Mädchen, bevor er seinen Verstand dem Alkohol und den Drogen opferte und aufhörte, sich um irgendetwas oder irgendjemand zu kümmern.

Es ist komisch, wie etwas so Einfaches derartige Bedeutung für mich haben konnte. Dass Christoph mich »mein Mädchen« nannte, war einer der Gründe, weshalb ich mir vorgemacht hatte, er könnte tatsächlich echte Gefühle für mich haben. Unter den anderen Gründen waren Selbstbetrug aus einem emotionalen Bedürfnis heraus und die Tatsache, dass ich absolut kein Urteilsvermögen gegenüber Männern und Beziehungen besaß.

Christophs ruhige und besänftigende Stimme änderte sich nicht, als er hinzufügte: »Wenn du irgendjemandem erzählst, was du getan hast, wird dir niemand glauben. Sie gehen davon aus, dass du verrückt bist, und dann werden sie dich für immer einsperren. Aber falls sie dir aus irgendeinem Grund doch glauben sollten und ich durch etwas, was du sagst, in Schwierigkeiten gerate, dann unterzeichnest du damit dein eigenes Todesurteil – und gleichzeitig auch das deiner Mutter.«

Es war kein Wunder, dass ich ständig verwirrt und unsicher war. Man gab mir während des Klinikaufenthalts die unterschiedlichsten Medikamente. Darunter befanden Antidepressiva, ein Mittel, das die Wirkung des Antidepressivums noch verstärken sollte, und ein anderes Medikament, das meine Ängste bekämpfen sollte. Außerdem hatte ich jeden Tag Sitzungen mit dem Psychiater. Ich sprach nie über Christoph oder irgendetwas, was während der letzten sechs Jahre mit mir geschehen war. Doch ich begann zu vermuten, dass der Psychiater es wusste.

Nachdem sich die Tage zu Wochen hinzogen, sagte er mir

häufig, ich mache gute Fortschritte. Und dann meinte er eines Tages: »Ich glaube nicht, dass Sie sich wirklich umbringen wollen, stimmt's, Megan? Ich glaube, dass Sie einen besonderen Grund hatten, das zu tun, was Sie getan haben. Falls Sie unsere Hilfe brauchen, können wir Sie schützen, müssen Sie wissen.«

Er war ein freundlicher Mensch und obwohl ich nicht davon überzeugt war, dass er imstande wäre, mich vor Christoph zu schützen, wusste ich doch, dass seine gute Absicht ehrlich gemeint war. Tatsächlich gefiel es mir sogar in der Klinik zu sein, auch wenn das vielleicht seltsam klingen mag. Dort fühlte ich mich zum ersten Mal seit Jahren sicher. Es war wie in einer undurchdringlichen, aber unsichtbaren Blase: Ich konnte an allem teilnehmen, was um mich herum geschah, und gleichzeitig wurde ich behütet und beschützt. Was mir außerdem gefiel, war die Tatsache, dass ich Freunde gewann und es Leute gab, mit denen ich reden konnte.

Insbesondere befreundete ich mich mit einer älteren Dame. Gewöhnlich war sie nett und zugänglich, aber manchmal, wenn ich mit ihr zu reden versuchte, sagte sie ganz plötzlich: »Verpiss dich!« Allerdings war sie dabei nie aggressiv oder boshaft, und alle mussten lachen.

Eines Tages gab sie mir eine Schachtel mit einer rosa Schleife darum. Als ich den Deckel abhob, dachte ich zunächst, es sei nur Watte darin. Dann aber entdeckte ich das silberne Kreuz.

»Es ist für dich«, sagte die alte Dame. »Es ist ein Geschenk. Ich möchte, dass du es behältst.«

Außerdem gab sie mir noch ein Kärtchen, auf das sie auf Griechisch »Viel Glück!« geschrieben hatte. Ich habe beides immer noch – das silberne Kreuz und das Kärtchen; sie gehören zu meinen wertvollsten Besitztümern.

Vielleicht muss man erst eine Weile nach menschlichem

Kontakt gehungert haben, bevor man erkennt, wie wichtig es ist, sich mit anderen Menschen austauschen zu können. Nachdem Jak mich in Athen zurückgelassen hatte, hatten sich selbst alltägliche Gespräche mit Leuten in einem Geschäft nur höchst selten ergeben. Die überwiegende Zeit hatte ich alleine in Puffs gearbeitet und danach war ich wieder in ein Hotelzimmer oder ein Apartment gegangen, wo ich erneut mutterseelenallein gewesen war.

Über die Jahre hinweg hatte sich die Einsamkeit in mir breitgemacht, bis es war, als hätte sie feste Formen angenommen. Zumindest teilweise war auf diese Einsamkeit und das Alleinsein zurückzuführen, dass ich so abhängig von Christoph geworden war und weshalb ich jetzt so dankbar dafür war, dass in der Klinik alle nett zu mir waren.

Christoph besuchte mich fast jeden Tag. Wir wanderten dann auf dem Gelände herum und er schwärmte mir von dem Apartment vor, das er mir besorgen wollte, und wie sich alles völlig ändern würde, wenn es mir wieder besser ginge. Er wiederholte aber auch ständig seine Warnung, was passieren würde, falls ich jemandem die Wahrheit erzählen sollte – obwohl er dabei natürlich das Wort »Wahrheit« nie in den Mund nahm.

Auch wenn ich mich in der Klinik sicher fühlte, hatte ich doch immer den Gedanken im Hinterkopf, dass ich hier nicht ewig bleiben konnte. Nachdem ich dort annähernd drei Monate zugebracht hatte, lag ich eines Morgens in meinem Bett, weinte und betete, es möge doch etwas geschehen, das mich aus der Misere befreite, in die ich geraten war, als eine Schwester das Zimmer betrat. Mir war nicht bewusst, dass sie gekommen war, bis sie sich zu mir aufs Bett setzte, meine Hand hielt und sagte: »Ich weiß Bescheid, Megan. Es wird alles gut.«

Als ich am nächsten Tag zur Sitzung mit dem Psychiater

ging, stellte dieser mir die üblichen Fragen, sagte, er sei sehr zufrieden mit meinen Fortschritten, und meinte dann: »Ich weiß nicht genau, was los ist; aber ich weiß ganz sicher, dass Sie in Schwierigkeiten stecken. Ich werde Sie nicht bedrängen, mir Dinge zu erzählen, über die Sie nicht reden wollen, aber wir wollen Ihnen helfen. Das verstehen Sie doch, nicht wahr?«

Er reichte mir ein Taschentuch, und nachdem ich meine Tränen weggewischt hatte, nickte ich.

»In Ordnung«, sagte er. »Dann beantworten Sie mir bitte folgende Frage einfach nur mit Ja oder Nein: Brauchen Sie Hilfe?«

»Ja«, flüsterte ich.

»Gut.« Er klang ehrlich erleichtert. »Also, Sie müssen Griechenland verlassen. Hier ist es für Sie nicht sicher. Gibt es irgendjemanden in England, der sich um Sie kümmern könnte?«

Er wusste bereits, dass meine Mutter mit Nikos an der Küste lebte. »Ich habe Großeltern in England«, sagte ich ihm. »Sie wohnen in der Nähe von London. Ich kenne ihre Telefonnummer nicht, aber meine Mutter hat sie bestimmt. Sie würden für mich sorgen; ich bin mir sicher, dass sie es tun würden.«

Während ich das sagte, schoss mir ein Bild durch den Kopf, wie ich als kleines Mädchen im Haus meiner Großeltern am Küchentisch sitze und mir mit meinem Opa ein Buch anschaue. Ich glaube, ich hatte bereits mit dem Gedanken abgeschlossen, dass ich ihn oder meine Oma nie mehr wiedersehen würde. Und jetzt bestand plötzlich die Möglichkeit, und an diese klammerte ich mich verzweifelt.

»Gut. In dem Fall muss ich zunächst mit Ihrer Mutter reden.«

Einen Moment presste er seine Handkanten auf den Schreibtisch, dann griff er zum Telefon.

Solange ich mich erinnern kann, ganz sicher seit ich ein kleines Mädchen war, war meine körperliche Reaktion auf extreme Angst immer ein Zittern gewesen. Manchmal ist es ziemlich peinlich, da es sich nicht nur um ein leichtes Schütteln handelt; es ist recht auffällig und in keiner Weise beeinflussbar. Ich zitterte also, während ich da saß und zuhörte, wie der Arzt mit meiner Mutter sprach. Denn mir war klar, dass etwas in Bewegung gesetzt worden war, das alles entweder besser oder erheblich schlimmer machen konnte.

Als ich in die Klinik eingeliefert worden war, hatte ich nicht gewollt, dass meine Mutter erfuhr, was geschehen war, daher hatte ich darum gebeten, sie nicht zu benachrichtigen. Es fiel mir nicht schwer – in SMS und gelegentlichen Telefonaten –, den falschen Eindruck zu erwecken, mir ginge es gut, besonders nachdem ich mich in der Klinik sicher zu fühlen begonnen hatte. Schließlich war mir dies auch gelungen, als ich keine Sicherheit gehabt und als Prostituierte gearbeitet hatte. Daher wusste ich, dass es für meine Mutter ein gewaltiger Schock sein musste, die Wahrheit zu hören.

Tatsächlich berichtete ihr der Arzt aber nur, dass ich nach einem Selbstmordversuch in eine psychiatrische Klinik eingewiesen worden sei und mich in Athen in großer Gefahr befände, wie er annahm. Meine Mutter konnte anfangs offenbar gar nicht aufnehmen, was er sagte, und er musste einiges wiederholen und ihr wiederholt versichern, dass es mir gut gehe.

Nachdem sie schließlich verstanden hatte, was er ihr mitteilen wollte, sagte der Arzt: »Ihre Tochter meinte, sie habe in England Großeltern, die sich um sie kümmern würden. Wenn wir sie aus der Klinik entlassen und zu Ihnen bringen, wären Sie dann bereit und in der Lage, sie zurück nach England zu begleiten?«

Meine Mutter muss zugestimmt haben, denn der Arzt fuhr fort: »In dem Fall muss ich mit Megans Großeltern reden. Könnten Sie mir daher bitte die Telefonnummer geben?«

Bevor er den Hörer auflegte, sprach ich noch mit meiner Mutter, nur um ihr zu sagen, dass es mir wirklich gut gehe und ich ihr alles erklären würde, wenn wir uns träfen. Danach reichte mir der Arzt, nachdem er mit meinem Großvater gesprochen und ihm so ziemlich dasselbe gesagt hatte wie meiner Mutter, erneut den Hörer herüber. Vor langer Zeit hatte ich gelernt, die Tränen zurückzuhalten, wenn ich mit meiner Mutter sprach. Aber als ich jetzt nach vielen Jahren die Stimme meines Großvaters hörte, weinte ich so sehr, dass er wahrscheinlich kaum etwas von dem verstand, was ich sagte. Für ihn muss es ein noch größerer Schock gewesen sein als für meine Mutter aus heiterem Himmel einen derartigen Anruf zu bekommen. Er klang verwirrt, versicherte mir aber immer wieder – wie er es bereits gegenüber dem Arzt getan hatte –, er und meine Großmutter würden alles tun, um mir zu helfen, wenn ich nach England käme.

Später am gleichen Tag sagte eine der SchWestern: »Wir brauchen Ihren Pass. Wissen Sie, wo er ist?«

»Er befindet sich in dem Apartment, in dem ich gewohnt habe«, log ich. »Ich könnte meinen Freund bitten, ihn zu holen und mitzubringen, wenn er das nächste Mal kommt.«

»Das wäre prima«, sagte sie, und obwohl sich ihr Gesichtsausdruck nicht änderte, glaube ich nicht, dass sie sich auch nur einen Moment täuschen ließ.

Als Christoph später anrief, bat ich ihn, den Pass am nächsten Tag bei seinem Besuch mitzubringen. »Die Leute hier in der Klinik haben mich danach gefragt«, sagte ich. »Sie brauchen ihn für meine Unterlagen. Ich habe ihnen gesagt, er sei im Apartment, und ich würde dich bitten, ihn mitzubringen.«

»Weshalb hast du nicht gesagt, dass du ihn verloren hast?«, sagte er ärgerlich. »Um Himmels Willen, Megan, lernst du denn überhaupt nichts?«

Doch er muss erkannt haben, dass es bereits zu spät war und dass es aus seiner Sicht besser war, Fragen und Komplikationen zu vermeiden.

»Ich bringe ihn morgen mit«, sagte er und zwang sich, wieder freundlich mit mir zu reden. »Und ich verspreche dir auch ein paar schöne Sachen zu essen.«

Als Christoph am nächsten Tag kam, gingen wir auf dem Gelände spazieren, wie wir es schon viele Male zuvor bei all den Gelegenheiten getan hatten, wenn es einfach angenehm gewesen war, einen Besucher zu haben. Diesmal konnte ich es jedoch gar nicht abwarten, dass er wieder verschwand. Die Schwestern waren genauso frostig höflich zu ihm wie immer, doch meine Paranoia schien auf Turbo geschaltet zu haben, und ich dachte die ganze Zeit: *Was, wenn er meine Gedanken lesen kann?*

Daher war mein erster Gedanke, als er mir sagte, er hätte viel zu tun und könne mich ein paar Tage nicht besuchen kommen, dies sei ein Trick und er wolle nur testen, wie ich reagiere. Glücklicherweise gelang es mir, ihm ruhig zu antworten – zumindest teilweise dank der Tabletten, die ich nahm.

Heute erscheint es lächerlich, wenn ich sage, dass ich an diesem Tag gemischte Gefühle hatte, während ich im Flur stand und Christoph davongehen sah. Als er am Ausgang stehen blieb und sich umdrehte, um mir zuzuwinken, musste ich den Atem anhalten, um nicht in Tränen auszubrechen. Sobald er gegangen war, übergab ich meinen Pass jemandem vom Klinikpersonal.

Am nächsten Morgen half mir eine Schwester, die paar Kleidungsstücke, die mir Christoph in den letzten Wochen gebracht hatte, in meinem Koffer zu verstauen. Vielleicht war es paradox, dass ich sehr traurig war, die Klinik verlassen zu müssen. Während der gesamten drei Monate, die ich hier verbracht hatte, hatte niemand etwas Barsches, Kritisches oder Unfreundliches zu mir gesagt. (Und dass die ältere Dame »Verpiss dich!« zu mir gesagt hatte, zählte nicht, da nie eine Spur von Bosheit darin gelegen hatte. Und ich wusste ja auch, dass sie es nicht so meinte.)

Ich hatte keine Ahnung, was mich erwartete, und der Gedanke, mich auf der anderen Seite der Mauer zu befinden, die das Klinikgelände umgab und einem innerhalb der Festung Sicherheit verlieh, war sehr beängstigend und erschreckend.

Später am Vormittag brachten mich eine Schwester und ein Mitarbeiter des Klinikpersonals zur Busstation im Zentrum von Athen, wo sie für mich eine Fahrkarte zu der Küstenstadt kauften, in der meine Mutter mit Nikos lebte. Obwohl sie die ganze Zeit dicht neben mir standen, konnte ich nicht aufhören, mich alle paar Sekunden nervös umzusehen, in der ständigen Erwartung, Christophs Gesicht in der Menge zu entdecken, oder jemand anderen, der mich beobachtete und darauf wartete, in welchen Bus ich einstieg.

Dann kam der Bus, und die Tür wurde geöffnet, und es war an der Zeit, mich auf den Weg zu machen. Ich weinte, als die Schwester mich umarmte und mir viel Glück wünschte. »Das ist für dich«, sagte sie und gab mir ein Armband. »Das Symbol darauf ist ein türkisches Auge. Es soll das Böse von dir fern halten. Ich wünsche dir Sicherheit, Megan. Und dass Gott dich beschützen möge.«

Wenn ich nicht gewusst hätte, dass mich meine Mutter am Ende der Reise erwartete, wäre ich wohl kaum in der Lage gewesen in den Bus zu steigen. Doch ich schaffte es und während ich dort saß und darauf wartete, dass der Fahrer die Tür schloss und den Motor startete, versuchte ich mich darauf zu konzentrieren, einen Atemzug nach dem nächsten zu machen und die Panik zu unterdrücken, die mich zu verschlingen drohte.

Mir hatte vor der langen Fahrt von Athen zur Küste gegraut und sie wurde mindestens genauso schlimm wie ich sie mir vorgestellt hatte. Ich konnte mich nicht entspannen, nicht einmal für einen Moment. Ich zuckte jedes Mal zusammen, wenn jemand auf dem Weg zur Toilette am Ende des Busses an mir vorbeikam, und ich musste mich zwingen, mich nicht ständig umzudrehen und zu schauen, ob mich jemand beobachtete.

Und dann begann ich mir Sorgen zu machen, dass die Tabletten, die ich nahm, möglicherweise nicht mehr wirkten und dass sich meine Paranoia so weit steigern würde, bis sie in eine Art manischer Form umkippte.

Ich hatte bereits seit geraumer Zeit befürchtet, dass ich unter Paranoia leide – selbst bevor ich meinen Selbstmordversuch unternommen hatte und in der psychiatrischen Klinik gelandet war. Tatsächlich habe ich noch bis vor Kurzem so gedacht, wenn ich es mir richtig überlege. Eine Definition des Begriffs Paranoia ist »ein irrationaler oder wahnhafter Gedankenprozess«, eine andere lautet: »Der Glaube, dass andere Menschen versuchen, einem Schaden zuzufügen, obwohl es keinen überzeugenden Beweis dafür gibt, dass dies der Fall ist«. Und eine weitere beschreibt »die unbegründete Furcht, dass etwas Schlimmes geschehen wird, und dass andere Personen dafür verantwortlich sind«.

Daher war es am Ende vielleicht nicht einmal wirklich eine Paranoia, da die meisten meiner Ängste nicht wahnhaft oder unbegründet waren. Wenn man Tag für Tag körperlich und psychisch missbraucht und misshandelt wird, gibt es genügend »überzeugende Beweise«, dass die Leute einem Schaden zuzufügen versuchen, was wiederum bedeutet, dass meine Ängste absolut rational waren. Es ist nur ein kleiner Trost, schätze ich.

Während ich an diesem Tag im Bus saß, war ich aufgeregt und ängstlich zugleich, da ich meine Mutter wiedersehen würde. Erst das zweite Mal innerhalb von sechs Jahren. Es war nach Mitternacht, als der Bus den Busbahnhof erreichte. Ich entdeckte meine Mutter, sobald sich die Tür öffnete, und ich stolperte die Stufen hinab, setzte meinen Koffer ab und rannte auf sie zu. Wir weinten beide, als wir uns in die Arme fielen. Dann schob sie mich etwas von sich weg, sodass sie mich betrachten konnte, und sie war total geschockt und entsetzt von dem, was sie sah.

»Was ist nur mit dir passiert?«, fragte sie. »Ich verstehe das nicht, Megan. Ich dachte immer, es geht dir so gut in Athen. Ich war überzeugt, dass du da glücklich bist. Komm, lass uns nach Hause gehen.«

Während wir durch die fast menschenleeren Straßen zum Apartment wanderten, in dem sie mit Nikos wohnte, fragte sie mich erneut: »Was ist mit dir passiert, Megan?«

Aber was sollte ich ihr erzählen, wo ich es doch selbst nicht wirklich verstehen konnte? Selbst jetzt noch klammerte ich mich an den Glauben, Jak habe mich geliebt und alles, was sich auf irgendwie unerklärliche Weise ereignet hatte, sei das Ergebnis eines schrecklichen Fehlers gewesen und nicht von ihm geplant, als ich vierzehn Jahre alt war und wir zusammen nach Athen aufgebrochen waren.

Nikos wartete auf uns, als wir in der Wohnung ankamen. Er wirkte angespannt und ängstlich, und als er mich in die Arme nahm, brach er in Tränen aus. Ich hatte mir so oft vorzustellen versucht, wie mein Leben in diesen verlorenen Jahren verlaufen wäre, wenn ich in dieser kleinen Stadt an der Küste geblieben wäre, in der Nähe von meiner Mutter und Nikos. Nachdem ich jetzt wieder hier war, dachte ich immer, ich würde vielleicht plötzlich aufwachen und feststellen, dass ich gar nicht hier sei.

Meine Mutter und Nikos wussten nur, was der Arzt meiner Mutter am Telefon gesagt hatte – dass ich versucht hatte, mich umzubringen, und dass man mich gegen Ängste und Depressionen behandelt hatte. Im Bus war ich immer nur für ein paar Minuten eingenickt und ich war erschöpft. Daher redeten wir nicht lange miteinander in dieser Nacht. Allerdings berichtete ich ihnen, dass ich ab dem Zeitpunkt, als ich mit Jak nach Athen umgezogen war, als Prostituierte gearbeitet hatte.

»Aber die Fotos . . .!« Meine Mutter verschränkte die Arme vor der Brust, umklammerte ihren Rücken und beugte sich kurz nach vorne. »Du hast auf den Fotos immer gelacht«, sagte sie und richtete sich wieder auf. »Du hast so glücklich ausgesehen.«

»Sie waren alle gestellt und falsch«, gestand ich.

Es fiel mir wirklich schwer, ihnen die Wahrheit zu beichten. Sechs Jahre lang hatten sie geglaubt, ich hätte in Athen Erfolg, und ich hasste es, sie jetzt enttäuschen zu müssen – und mich selbst so zu demütigen. Ich fürchte, meine Mutter war dermaßen schockiert über das, was ich sagte, dass sie es gar nicht richtig begreifen konnte.

Nikos allerdings verstand es und er legte seinen Kopf in die Hände und schluchzte. Dann stand er plötzlich auf, versetzte dem kleinen Kaffeetisch einen Tritt, sodass dieser über den Steinfußboden schlitterte, und brüllte wütend: »Jak hat dir das angetan! Der Kerl kommt in meine Bar und redet mit mir wie mit einem Freund, und dabei weiß er ganz genau, was er dir angetan hat!«

Erst sehr viel später, als meine Mutter und ich wieder in England waren, erzählte ich ihr nähere Einzelheiten über ein paar Dinge, die in Athen geschehen waren. Was ich ihr und Nikos jedoch berichtete, war, dass ich mit Christoph verhaftet worden war und zu viel Angst gehabt hatte, die Wahrheit zu sagen, als man mich fragte, ob ich von Menschenhändlern in die Prostitution gezwungen worden sei.

»Oh, mein Gott, Megan!« Meine Mutter wurde ganz bleich im Gesicht, und ich dachte schon, sie würde gleich ohnmächtig. »Darüber haben wir doch etwas in den Nachrichten gesehen, stimmt es nicht, Nikos?«

Nikos nickte und schloss die Augen.

»Ich mag es mir gar nicht vorstellen«, sagte meine Mutter. »Wir saßen da vor dem Fernseher, während du einen Albtraum durchstehen musstest, über den in den Nachrichten berichtet wurde.«

Am nächsten Morgen nahm ich die SIM-Karte aus dem Handy und warf das Gerät selbst in einen Abfalleimer am Straßenrand. Ich weiß nicht genau, weshalb ich die SIM-Karte behielt. Ich denke, dass ich auf irgendeine irre, verquaste Weise noch Gefühle für Christoph hegte und es mir trotz allem widerstrebte, die letzte Verbindung zu ihm zu kappen. Es ist schwer zu erklären, selbst mir selbst gegenüber. Aber noch einmal, ich glaube, es war zumindest teilweise deshalb, weil ich die Tatsache nicht akzeptieren wollte, dass ich Christoph nie etwas bedeutet hatte.

Es schmerzt unter allen Umständen, der Wahrheit ins Auge zu blicken, dass jemand, den man liebhatte, nie etwas für einen empfunden hat. Es ist sogar noch schlimmer, wenn man sich eingestehen muss, dass man für diesen Menschen nichts als eine Gelegenheit war, gekauft, verkauft und schließlich rücksichtslos entsorgt zu werden, sobald man seinen wirtschaftlichen Wert verloren hat.

Meine Mutter weinte, als ich ihr erzählte, ich hätte Syphilis gehabt; und sie wurde wütend, als ich ihr beschrieb, wie mir Christoph eines Tages im Auto ein Foto von ihr gezeigt hatte, wie sie lachend in Nikos Bar stand, und dass er gedroht hatte, sie umzubringen, falls ich ihn jemals verraten sollte.

»Schade, dass er es nicht versucht hast«, sagte sie. »Wenn ich gewusst hätte, was er dir angetan hat, hätte ich ihn wahrscheinlich eigenhändig umgebracht. Wenn er denkt, dass ich Angst vor ihm habe, dann täuscht er sich.«

Es war nett von ihr, dass sie mich beschützen wollte, aber wenn sie wie ich gewusst hätte, wozu Christoph imstande war, wäre ihr klar gewesen, dass wir nicht die geringste Chance hätten, falls er es auf uns abgesehen haben sollte.

Obwohl ich die Tabletten einnahm, die man mir in der Klinik gegeben hatte, sprang ich immer noch entsetzt hoch, wenn die Fehlzündung eines Autos, das Knallen einer Tür oder eine laute Stimme zu hören war. Erst seit ich mich wieder normal unter Menschen befand, wurde mir bewusst, wie ängstlich zu sein ich gelernt hatte. Meine Mutter versuchte die paar Tage bis zu meiner Abreise aus Griechenland für mich so angenehm wie möglich zu gestalten, doch ich hatte das Gefühl, als passte ich nicht mehr in eine normale Gesellschaft. Ich fühlte mich die ganze Zeit unbehaglich, egal ob wir im Supermarkt Essen einkauften, in einem Café saßen oder bei Tageslicht umgeben von anderen Menschen eine Straße entlanggingen. Was immer wir taten, ich konnte mich nicht von dem Gefühl freimachen, ständig beobachtet und verfolgt zu werden.

Ich hatte nicht einfach nur Angst, weil ich mich davor fürchtete, Christoph könne jemanden schicken, der mich fand und nach Athen zurückschleppte. Ich dachte auch immer an Jak. Und nachdem ich drei Tage bei meiner Mutter und Nikos verbracht hatte, sah ich ihn, wie er einen Supermarkt verließ. Meine Mutter und ich schlängelten uns gerade an Kästen und grellbunten Strandbällen und Ständern mit Postkarten vorbei in den Laden, und sie bemerkte ihn nicht. Als er mich sah und zu sich herüberwinkte, blieb ich stehen und ließ sie alleine weitergehen.

»Wo bist du gewesen?« Jak hielt meine Hand. »Ich konnte dich nicht erreichen. Ich habe alles versucht.« Er begann zu weinen. »Ich habe Leute geschickt, die dich suchen sollten. Was war da nur los, Megan?«

Ich weiß nicht, ob es seine Tränen waren, die den Ausschlag gaben, oder ob ich ihm auch so geglaubt hätte. Ich wünschte mir verzweifelt, das, was er sagte, möge wahr sein. Der Gedanke beflügelte mich, dass er nach mir gesucht hatte und mich nicht alleine in Athen hatte zurücklassen wollen, um die ganzen Jahre als Prostituierte benutzt und missbraucht zu werden. Daher streckte ich die Hand aus, als er eine Ecke seiner Zeitung abriss und seine Handynummer aufschrieb, und ich nahm den Zettel und versprach ihm, im Laufe des Tages eine SMS zu schicken. Danach holte ich ein paar Mal tief Luft, um meine Nervosität und Aufregung zu bekämpfen, betrat den Laden und suchte meine Mutter.

Wieder im Apartment angekommen, bat ich Nikos, mir sein Handy zu leihen. Sobald ich meine SIM-Karte einschob, begann das Handy zu klingeln. Der Anruf kam von Christophs Nummer, genauso wie Dutzende verpasster Anrufe und SMS, die hereingekommen waren. Natürlich ging ich nicht dran, und er rief mich erneut an und schickte eine SMS, während ich Jak eine Nachricht schrieb. Jak schickte fast sofort eine SMS zurück und bat mich, ihn in einer halben Stunde vor dem Laden zu treffen, wo ich ihm vorher begegnet war.

Ich hatte meiner Mutter nicht viel über die Männer erzählt, die mich zur Prostitution gezwungen hatten, daher kapierte sie vermutlich noch weniger als ich, dass es sich dabei um skrupellose Kriminelle handelte, die gewaltige Summen Geld damit verdienten, dass sie Menschen kauften und verkauften. Hätte sie es gewusst, hätte sie wahrscheinlich ganz anders reagiert, als ich ihr sagte, ich wolle draußen etwas spazieren gehen. So betrachtete sie es wohl als ein Zeichen dafür, dass ich wieder etwas Selbstvertrauen entwickle, und das gefiel ihr.

Ich hätte ihr die Wahrheit sagen sollen. Dass ich es nicht tat, lag wohl daran, dass ich wusste, sie hätte versucht, mich zurückzuhalten. Wenn ich heute darüber nachdenke, ist es kaum zu glauben nach all dem, was mir während der letzten sechs Jahre widerfahren war, aber offenbar hatte ich so gut wie nichts dazugelernt.

14

Jak wartete vor dem Supermarkt auf mich. Er saß hinter dem Steuer eines nagelneuen Autos, daher sah ich ihn zunächst gar nicht, da ich ihn mit seinem alten Motorrad oder etwas Ähnlichem erwartet hatte. Er beugte sich über den Beifahrersitz und stieß die Tür für mich auf. Ich setzte mich vorsichtig neben ihn, woraufhin er die kurvenreiche Straße entlang des Meers fuhr.

Er hielt am Fuß des Hügels und erst als wir ausstiegen, fiel mir auf, dass der Strand vor uns lag, an dem wir immer mit seinen Freunden gesessen hatten, als wir uns kennenlernten. Die Sonne war bereits ziemlich weit untergegangen, fast auf unserer Höhe, und es sah aus, als tanzten auf der Wasseroberfläche Tausende winziger, sich ständig bewegender Spiegel.

Ich hörte, dass sich in der Ferne ein Motorrad näherte, und als es näher kam, erkannte ich dessen unverkennbares ratterndes Geräusch.

»Schnell, zurück ins Auto«, sagte ich eindringlich zu Jak. »Ich darf nicht gesehen werden.«

Ich versuchte immer noch, die Tür zu öffnen, als Nikos auf seinem alten Mego-Motorrad um die Kurve kam. Ich duckte mich, aber ich wusste nicht, ob er mich gesehen hatte, und mein Herz schlug wie wild, während Jak an ihm vorbeifuhr und davonjagte.

»Du musst mich zu dem Geschäft zurückbringen«, sagte ich. »Wir können uns nicht wiedersehen. Meine Mutter und Nikos geben dir die Schuld für alles, was mir zugestoßen ist.

Und ich habe dich ebenfalls dafür verantwortlich gemacht, aber ...«

Ich beendete den Satz nicht, und Jak schien mein Zögern nicht zu bemerken. Während er mich zum Supermarkt zurückfuhr, sprach er begeistert über das Haus, das er sich gebaut hatte – die Erfüllung eines langgehegten Traums, wie er sagte, als wäre es ein Traum, den ich nie geteilt hatte.

Als ich aus dem Auto stieg, hielt er meine Hand fest und sagte: »Wir bleiben in Kontakt, Megan. Du weißt doch, wie sehr ich dich liebe, nicht wahr? Es tut mir furchtbar leid, was dir zugestoßen ist. Ich habe nichts davon gewusst, das musst du mir glauben. Und ich habe auch keinen einzigen Euro von dem bekommen, was du verdient hast.«

Ich schaute ihm nach, als er davonfuhr. Dann ging ich in den Supermarkt und kaufte eine billige Flasche Retsina, die ich unten in meine Handtasche steckte.

Meine Mutter und Nikos warteten auf mich in der Wohnung.

»Was hast du getan?«, fragte mich meine Mutter, sobald ich zur Tür hereinkam.

»Ich habe dich gesehen!« Nikos war den Tränen nahe. »Ich habe dich mit ihm gesehen! Ich habe versucht, ihm zu folgen, aber er fuhr zu schnell. Weshalb bist du nicht mit mir mitgefahren, auf meinem Motorrad?«

»Was ist nur mit dir los, Megan?« Meine Mutter klang völlig verzweifelt. »Weshalb um Himmels Willen willst du wieder zu ihm zurückgehen?«

»Ach, lasst mich doch in Frieden!«, brüllte ich die beiden an. »Ihr wisst doch überhaupt nichts. Nichts von all dem ist Jaks Schuld. Aber ich treffe ihn nicht wieder, also müsst ihr euch keine Sorgen machen.«

»Oh, Megan!«, stöhnte meine Mutter.

Meine berechtigte Empörung geriet etwas ins Wanken, als ich den Schmerz in ihren Augen sah, und noch stärker, als Nikos mit seiner leisen, gepeinigten Stimme sagte: »Ich wollte, ihr würdet heute nach England fliegen, damit ich wüsste, dass du in Sicherheit bist.«

Ich wollte nicht darüber reden; ich wollte nicht über Jaks Haus nachdenken oder sein teures Auto oder die Tatsache, dass die schiefen, verfärbten Zähne, die er sich nie hatte behandeln lassen können, jetzt absolut gerade und weiß waren. Ich ging in das Zimmer, das als behelfsmäßiges Schlafzimmer für mich diente, setzte mich aufs Bett und öffnete die Flasche Retsina.

Ich trank direkt aus der Flasche und versteckte sie nach jedem Schluck wieder in meiner Handtasche. Ich musste ungefähr ein Viertel vernichtet haben und setzte die Flasche gerade wieder an die Lippen als meine Mutter das Zimmer betrat. Sie hatte angefangen, etwas zu sagen, während sie die Tür öffnete, doch als sie bemerkte, was ich tat, blieb sie ein paar Sekunden mit offenem Mund stehen. Dann rastete sie aus und schrie mich an: »Was machst du da? Willst du jetzt etwa auch noch zu trinken anfangen? Hast du vor dich in der Hoffnung dem Suff zu ergeben, dass dadurch deine ganzen Probleme gelöst werden?«

Sie riss mir die Flasche aus den Händen, sodass der Wein auf das Bettzeug spritzte.

Ihr Zorn verrauchte so schnell, wie er gekommen war, und nachdem sie sich neben mich auf das Bett gesetzt hatte, sagte sie: »Bitte, Megan, lass das sein. Das ist keine Lösung. Du weißt es doch selbst.« Sie klang müde und verzweifelt, danach ängstlich, als sie fortfuhr: »Nikos braucht es nicht zu erfahren. Er macht sich so schon genug Sorgen um dich. Und er macht sich selbst Vorwürfe, weil er Jak nicht richtig eingeschätzt hat. Wenn er glaubt, dass du jetzt noch zu trinken anfängst, würde es ihm das Herz brechen.«

An diesem Abend gingen meine Mutter und ich hinunter zur Küste in ein Café, wo wir uns draußen hinsetzten und Eis aßen. Ich hatte die beiden Kerle kaum bemerkt, die am Nachbartisch saßen, bis sich einer von ihnen zu mir herüberlehnte und auf Albanisch sagte: »Megan? Du bist es doch, stimmt's? Hallo!«

Sein Name war Vasos; er war mit einer Kusine von Jak verheiratet, und ich war ihm begegnet – und mochte ihn –, als ich bei Jaks Eltern gewohnt hatte.

»Du siehst so anders aus«, sagte er. »Aber es ist ja auch Jahre her, dass ich dich das letzte Mal gesehen habe. Bist du wieder nach England zurückgegangen? Was hast du die ganze Zeit gemacht?«

Mir war nicht klar, ob er Bescheid wusste. Heute denke ich, dass er wahrscheinlich informiert war. Doch statt seine Fragen zu beantworten, erkundigte ich mich nach Jak und was dieser gemacht hatte, während ich weg war.

»Ach, der hat nur gearbeitet und sich sein neues Leben eingerichtet.« Er zuckte mit den Schultern und wirkte verlegen. »Du weißt ja, wie das ist.«

»Wie ist sein neues Leben denn?«, fragte ich. »Hat er ... eine Freundin?«

Vasos zuckte erneut mit der Achsel und blickte zur Seite.

»Ist schon in Ordnung.« Ich versuchte so zu klingen, als sei es mir egal. »Du kannst es mir ruhig sagen. Ich wüsste nur gerne, was so läuft.«

Vielleicht war er wirklich ein netter Kerl; ich wüsste nicht, welchen Grund er außer einer gewissen Sympathie für mich gehabt haben sollte, mir die Wahrheit zu sagen, da er doch sehen konnte, dass ich aufgeregt war.

»Jak ist verheiratet«, sagte Vasos. »Er hat eine Menge Geld gespart, sodass er und seine Frau sich ein angenehmes Leben leisten können.«

Wir sprachen Albanisch, daher verstand meine Mutter nicht, was wir sagten. Doch die Verletzung, die sich wie ein heftiger körperlicher Schmerz anfühlte, muss deutlich in meinem Gesicht zu erkennen gewesen sein, denn sie drängte mich, schnell aufzubrechen.

Ich weiß nicht, ob Vasos mir klarzumachen versucht hatte, dass alles, was in der Vergangenheit eventuell zwischen mir Jak bestanden hatte, endgültig vorbei war. Aber ich hätte wirklich vollkommen verrückt sein müssen, wenn ich jetzt noch geglaubt hätte, Jak hätte mich jemals geliebt.

Es war das erste Mal, dass ich der Wahrheit wirklich in die Augen geschaut hatte: Während ich in einem Albtraum aus Einsamkeit, Entwürdigung und Gewalt gefangen war, hatte Jak »Geld gespart«, das nicht er verdient hatte, sondern ich. Und das alles, damit er eine andere heiraten und das Haus bauen konnte, von dem er mir immer gesagt hatte, wir würden eines Tages mit unseren Kindern darin leben. Der Gedanke, dass er mit seiner Frau in »unserem Haus« wohnte, war beinahe schlimmer als alles andere.

Ich begegnete Jak nie wieder. Das kurze Gespräch, das ich an jenem Tag mit Vasos geführt hatte, zwang mich, die Möglichkeit in Betracht zu ziehen, dass er ein skrupelloser, egoistischer, unmoralischer Krimineller war. Doch es dauerte bis vor recht Kurzem, dass ich endlich damit aufhörte, in meinem Herzen Entschuldigungen für ihn zu suchen, und dass ich mir eingestand, was er getan hatte. Eins der schwierigen Dinge, mit denen ich mich abfinden musste, war die Tatsache, dass ich mich bei dem, was mein Leben mit Jak sein sollte, wie eine Heldin gefühlt hatte. Ich hatte ihm geglaubt, als er mir sagte, seine Mutter sei sehr krank, und irgendwie war ich stolz auf mich gewesen, etwas zu tun, um das notwendige Geld für die Operation zu verdienen, die ihr vielleicht das Leben retten würde. Möglicherweise war das aber auch nur eine Ausrede, mit der ich damals mir selbst gegenüber rechtfertigte, was ich tat. Auf diese Weise musste ich nicht zugeben, dass ich naiv und leicht zu manipulieren war und dass mir das Selbstvertrauen fehlte, einfach Nein zu sagen.

Als die Erkenntnis schließlich einsetzte, brach meine gesamte Welt um mich herum zusammen. In gewisser Weise hätte ich es vorgezogen, die Wahrheit nie erfahren zu haben – dann wäre mir zumindest die Illusion geblieben, jemand habe mich wirklich geliebt und etwas für mich übrig gehabt.

Nachdem meine Mutter und ich Ende der Woche nach England zurückgeflogen waren, blieben wir nicht bei meinen Großeltern, trafen sie aber ein paar Tage nach unserer Rückkehr. Nikos hatte darauf bestanden, meiner Mutter genug Geld mitzugeben, dass es für uns beide reichte, bis wir Pläne gemacht hatten wie es weitergehen sollte. Meine Mutter hatte uns in einem Bed & Breakfast einquartiert, gleich um die Ecke von ein paar Freunden von ihr.

Wenige Tage nach unserer Ankunft in England machte sie für mich einen Termin bei einem Arzt. Ich erzählte ihm nichts darüber, was ich in Griechenland gemacht hatte; ich sagte lediglich, ich hätte Depressionen gehabt, und zeigte ihm die Tabletten, die mir der Psychiater mitgegeben hatte. Er schaute sich die Etiketten hen genau an, schaufelte sie dann zusammen und warf sie in den Abfalleimer neben seinem Schreibtisch.

»Nehmen Sie einfach das hier«, sagte er und überreichte mir ein Rezept für das Antidepressivum Prozac.

Nachdem wir die Arztpraxis verlassen hatten, brachte mich meine Mutter zu einer Apotheke und danach in eine ambulante Klinik für Geschlechtskrankheiten. Ich hasste es, mein neues Leben damit zu beflecken, dass ich zugeben musste, Syphilis gehabt zu haben. Der Krankenschwester erzählte ich, ich sei in Griechenland deswegen behandelt worden, sie meinte jedoch, es könne nicht schaden, noch ein paar Tests zu machen, um sicherzugehen, dass alles in Ordnung sei. Ich wusste, dass ich mich bei der Einnahme der Tabletten nicht immer an die Anweisungen gehalten hatte, aber es war ein Schock, als sie mir verkündete, ich sei immer noch krank.

»Wir können die Angelegenheit jetzt mit einer Penicillin-Spritze erledigen«, sagte sie auf eine sachliche, neutrale Art, die mir sehr gefiel. »Es tut ein bisschen weh – wir geben sie Ihnen in den Hintern –, aber die gute Nachricht ist, dass Sie nur diese eine Spritze brauchen.«

Ich hasse Spritzen und nachdem mir jetzt niemand mehr regelmäßig Schmerzen zufügte, hasste ich den Gedanken, dass mir wehgetan werden sollte. Ich muss genauso elend dreingeschaut haben, wie ich mich fühlte, denn die Krankenschwester berührte meinen Arm und sagte: »Sie müssen die Sache loswer-
52den, Megan. Ich gehe davon aus, dass Sie sich im Internet schlau gemacht haben, daher werden Sie wissen, wie die Langzeitfolgen sein können, wenn die Syphilis nicht vollständig beseitigt wird.«

Tatsächlich hatte ich mich überhaupt nicht informiert. Damals war die Vorstellung, mich um irgendetwas kümmern zu müssen, unfassbar beängstigend. Was die Syphilis betraf, hoffte ich vermutlich, sie würde verschwinden, wenn ich sie ignorierte.

Ich wusste allerdings, dass das idiotisch war. Daher biss ich die Zähne zusammen und ließ mir die Spritze geben.

Die Schwester hatte recht, dass es wehtat, doch nachdem sie fertig war, sagte sie: »Sie sind der erste Mensch, dem ich begegnet bin, der nicht mal gezuckt hat.«

Sie konnte natürlich nicht wissen, dass ich eine fast unendliche Zahl von weit schmerzhafteren Erfahrungen hinter mir hatte, genauso wie jede Menge Praktiken, bei denen ich meinen Verstand ausgeschaltet hatte, wenn mit meinem Körper fürchterliche Dinge angestellt wurden.

Noch heute lassen mich schon Angst und laute Geräusche zusammenzucken. So stand ich beispielsweise ein paar Monate nach meiner Rückkehr in England an einer Fußgängerampel und wartete darauf, die Straße überqueren zu können, als hinter mir zwei Männer erschienen. Sie unterhielten sich ziemlich laut und machten Scherze und als einer von ihnen den Arm hob, duckte ich mich und machte einen Schritt zur Seite.

Der Mann lachte und sagte: »Meine Fresse, Mädchen, was hast du denn? Du brauchst vor mir nicht so in Deckung zu gehen. Ich beiße nicht und ermorden oder dergleichen tue ich dich auch nicht.«

Also lachte ich ebenfalls und machte einen Scherz daraus.

Ich habe immer noch Angst vor Fremden. Ich rede mir immer ein: *Dir geht es jetzt gut. Du bist in Sicherheit. Du brauchst dir wegen nichts Sorgen zu machen.* Doch ich schaffe es nie, mir wirklich zu glauben.

Nachdem meine Mutter nach Griechenland zurückgekehrt war, nahm ich die Aufgabe in Angriff, mein Leben wieder aufzubauen, und ich stellte fest, dass ich mit allen möglichen Dingen zu kämpfen hatte. Wenn man keinerlei Selbstachtung besitzt, ist es schwierig, Sachen zu erledigen, die Leute mit Selbstachtung tun – wie die Bewerbung um einen Job oder zu glauben, man habe es verdient, anständig behandelt zu werden.

Ich hatte ein paar Jobs im Niedriglohn-Sektor und ich arbeitete eine Weile in einem Geschäft, aber da ich bei jedem Geräusch zusammenfuhr und jeden männlichen Kunden ängstlich verdächtigte, war es kein Wunder, dass ich nicht lange bleiben konnte.

Im Laufe der nächsten Wochen gelang es mir besser, meine instinktive Überreaktion gegenüber Fremden zu kontrollieren, und ich bekam einen Job als Bedienung in einem Café. Die Realität entsprach nicht unbedingt dem, was ich mir vorgestellt hatte, doch einige der Stammgäste waren wirklich nett, und ich befreundete mich mit einem Mädchen namens Claire, das dort angestellt war. Nachdem ich eine Weile in dem Café gearbeitet hatte, erzählte ich Claire ein bisschen von meiner Geschichte und sagte ihr, ich sei besorgt, da ich glaubte, Leute aus der Menschenhändler-Szene könnten in England nach mir suchen.

Ich vermute, dass Claire mit dem Café-Besitzer gesprochen haben muss, denn eines Tages kam kurz vor Schluss als das Café fast leer war ein Mann, den ich noch nie gesehen hatte, und als ich ihm seinen Kaffee servierte, sagte mir der Besitzer, ich solle mich kurz setzen und mit dem Mann reden. Anfangs war ich nervös und einen Moment dachte ich sogar, es handle sich vielleicht um eine Falle. Doch der Mann war freundlich und in keiner Weise furchteinflößend. Er teilte mir mit, er arbeite für eine Stiftung gegen Menschenhandel, und gab mir eine Telefonnummer bei der ich anrufen könnte, falls ich jemanden zum Reden brauchte. Tatsächlich nahm ich das Stück Papier, das er mir hinhielt.

Ich rief nicht sofort dort an. Zunächst vergaß ich die Angelegenheit fast, bis ich zuweilen ein Prickeln im Nacken spürte, wenn ich auf der Straße ging, und meine Hände zu Fäusten ballen musste, um mich daran zu hindern, mich umzudrehen und zu schauen, ob mich wirklich jemand verfolgte. Ich brauchte Tage, um den Mut zu fassen, den Anruf zu tätigen, aber danach konnte ich in einem »sicheren Haus« in London wohnen.

Nach all den Turbulenzen und chaotischen Zuständen, an die ich mich gewöhnt hatte, war es wie das Leben in einem ruhigen, gut organisierten Familienhaus. Die Leute, die das sichere Haus unterhielten, waren hilfsbereit und brachten mir einige grundlegende Alltagsfähigkeiten bei, die mir durch die verlorenen Teenagerjahre entgangen waren. Ich hatte immer noch entsetzliche Albträume, in denen häufig Pistolenschüsse zu hören waren, und dann wachte ich schluchzend auf und war überzeugt, Christoph habe sich irgendwo im Schlafzimmer versteckt. Allerdings hatte sich etwas geändert: dass ich nämlich, wenn ich nachts schwitzend und total verängstigt aufwachte, nach unten gehen konnte, wo jemand war, mit dem ich reden konnte und der mir sagte, alles sei in Ordnung und ich befände mich in Sicherheit.

Drei weitere Mädchen wohnten zusammen mit mir in dem Haus. Sie alle waren zur Prostitution gezwungen worden und eins hatte ein Baby. Man könnte annehmen, dass wir uns über das ausgetauscht hätten, was uns widerfahren war, aber wir sprachen überhaupt nicht viel miteinander. Vielleicht brauchten wir es nicht. Ich glaube, es bestand ein unausgesprochenes Band zwischen uns. Deshalb sagten die anderen wohl dem Personal auch nicht, dass ich wieder zu trinken begonnen hatte. Damit brach ich eine der striktesten Regeln des Hauses und diesmal konnte ich niemand anderen dafür verantwortlich machen als mich selbst.

Ich redete mir ein, Trinken sei nur ein Bewältigungsmechanismus. Aber ich hatte gesehen, welches Unheil der Alkohol anrichten konnte, und ich hätte besser als jeder andere wissen müssen, dass das Trinken nicht hilft, wenn man etwas verarbeiten will. Im Gegenteil sogar.

Eine Weile gelang es mir, es geheim zu halten, bis ich eines Tages richtig betrunken war, zu heulen und schreien anfing und unten weitermachte. Das Hauspersonal muss sofort gemerkt haben, was mit mir los war. Nachdem man mein Zimmer durchsucht und die Flasche gefunden hatte, wurde ein Krankenwagen gerufen und ich wurde in eine Klinik eingewiesen.

Ich hatte ungefähr ein halbes Jahr in dem sicheren Haus verbracht, und damals dachte ich, es sei eine ziemlich drastische Überreaktion auf meine Trunkenheit, doch vermutlich war man besorgt – um mich, um die anderen äußerst verletzlichen Mädchen im Haus und um das Baby. Vielleicht versprach man sich auch davon, dass es ein Weckruf sein könnte, der mich erkennen ließ, dass falsche Entscheidungen Konsequenzen nach sich ziehen. Und es war auch auf jeden Fall ein Schock für mich, erneut in einer geschlossenen psychiatrischen Klinik aufzuwachen.

Als ich nach nur wenigen Tagen wieder entlassen wurde, nahm man mich nicht mehr in dem sicheren Haus auf. Ich hatte die Regeln gebrochen und eine zweite Chance wurde nicht gewährt. Ich war am Boden zerstört. Gerade als ich endlich die praktische und emotionale Unterstützung bekam, die ich so dringend brauchte, hatte ich alles vermasselt. Eine Stimme in meinem Kopf schrie ständig: »Idiotin. Idiotin. Idiotin.«

Was mir ein noch schlimmeres Gefühl gab, war die Erkenntnis, dass ich Menschen enttäuscht hatte, die mir vertraut und sich alle erdenkliche Mühe gegeben hatten, mir zu helfen.

Das Trinken war allerdings nicht die einzige Dummheit gewesen, die ich begangen hatte. Obwohl wir eigentlich keinen unüberwachten Zugang zum Internet haben sollten, hatte ich auch diese Regel verletzt und dort einen Burschen namens Paul »getroffen«. Unter dem Gesichtspunkt emotionaler Reife – wie auch unter vielen anderen Blickwinkeln – war ich halt immer noch das naive vierzehnjährige Mädchen, dem es nicht geglückt war, die negativen Auswirkungen einer zuweilen schwierigen Kindheit abzuschütteln.

Nachdem ich aus dem sicheren Haus geflogen war und Paul mir vorschlug, ich solle bei ihm einziehen, klang das verlockend. Als wir uns das erste Mal direkt begegneten, obwohl wir uns bereits eine Weile über das Internet unterhalten hatten, fand ich ihn zu meiner großen Erleichterung noch attraktiver als erwartet. Die Vorstellung, eine »normale« Beziehung zu haben, reizte mich sehr.

Nachdem ich in seine Mietwohnung im Norden Londons eingezogen war, war ich überzeugt, nicht eine einzige Faser seines Körpers sei böse. Ich war zum ersten Mal wirklich glücklich, so weit ich zurückdenken konnte. Und dann begann er plötzlich eifersüchtig zu werden und ohne Grund die Beherrschung zu verlieren. Eines Tages schmiss er etwas nach mir, kurz darauf schlug er mich, und es dauerte nicht lange, da kontrollierte er alles, was ich tat.

Ich war traumatisiert. Konflikte jedweder Art habe ich immer verabscheut und ich dachte, mit mir könne irgendetwas nicht stimmen, da ich wieder einmal alles in den Sand gesetzt hatte. Vielleicht war es zwangsläufig so gelaufen, dass ich mich selbst in eine Beziehung mit Missbrauch manövriert hatte. Da ich Konflikte nicht ertrug, glaubte ich, ich alleine trage die Verantwortung für die Art, wie mich die Leute in Griechenland behandelt hatten, und so war ich auch davon überzeugt, es sei meine Schuld, dass Paul gewalttätig geworden war.

Da meine Mutter wieder in Griechenland war, hatte ich das Gefühl, ich würde alles verlieren, wenn ich Paul aufgeben müsste, und so begann ich erneut zu trinken. Schlussendlich schlug er mir eines Tages jedoch ein blaues Auge und brach mir fast die Nase, daher erschien mir der Verlust im Endeffekt kein so großes Problem mehr, und ich verließ ihn.

Jetzt bestand aber die Schwierigkeit, dass ich nirgendwo unterkommen konnte. Ich hatte das Gefühl, gestrandet zu sein: Ich konnte nicht zurückgehen – und hätte es auch nicht gewollt, selbst wenn ich die Möglichkeit gehabt hätte –, und ich hatte keine Perspektive. Es ist ein schreckliches Gefühl, wenn man weiß, dass man allein ist und nicht die erforderliche mentale Stärke besitzt, um herauszufinden, was man als Nächstes tun soll.

Zu meinem großen Glück konnte ich mit Hilfe und Unterstützung meiner Großeltern eine kleine Mietwohnung beziehen. Danach fand ich einen Teilzeitjob und belegte einen Kurs an einer Schule, um meine abgebrochene Schulausbildung nachzuholen.

Mir fällt es immer noch schwer, an etwas dranzubleiben, und manchmal erscheint mir alles zu schwierig und mühsam. Wenn das geschieht, erinnere ich mich daran, dass ich jetzt zumindest eine Zukunft habe. Lange Zeit habe ich an so etwas nicht mehr geglaubt.

Ich bin entschlossen, mich nicht als Opfer zu betrachten. Ich war frustriert und fühlte mich elend, da es mir nicht gelang, mit dem fertig zu werden, was in Griechenland geschehen war – bis ich erkannte, dass ich niemals damit »fertig werden« würde. Das heißt nicht, dass ich ständig die Ereignisse dieser Jahre in meinem Kopf herumwälze. Ich weiß, dass ich meine Kraft darauf konzentrieren muss, Vergangenes ruhen zu lassen und zu lernen, damit zu leben, da ich sowieso nichts an der Vergangenheit ändern kann. Ich habe mir an allem selbst die Schuld gegeben, doch jetzt weiß ich, dass ich als Vierzehnjährige nicht wirklich verantwortlich dafür war oder emotional stark genug gewesen wäre, mich zur Wehr zu setzen.

Manche Menschen werden mir die gesamte Schuld für das geben, was ich erleben musste, auch dafür, dass ich keinen Versuch zur Flucht unternommen habe, als ich die Gelegenheit dazu hatte. Vor Kurzem hörte ich von jemandem, dass Geiseln und Entführungsopfer etwas entwickeln können, das man Stockholm-Syndrom nennt. Sie beginnen mit ihren Geiselnehmern oder Kidnappern zu sympathisieren und entwickeln sogar eine starke Zuneigung und Bindung zu ihnen. Ich glaube, dahinter steckt, dass die betroffenen Geiseln auf diese Weise dem Trauma begegnen, bedroht oder geschlagen zu werden. Und irgendwann ordnen sie das Ausbleiben von Misshandlung als Freundlichkeit ein. Vielleicht war es das, was mit mir geschah. Doch die Gründe spielen heute keine Rolle mehr.

Ich mache auch meiner Mutter keine Vorwürfe: Ich weiß, dass sie es immer bedauern wird, mich bei Jak gelassen zu haben. Sie und Nikos leben immer noch zusammen. Sie sind aus der Stadt weggezogen, in der sie sich kennengelernt haben – und in der ich Jak begegnet bin –, aber sie sind in Griechenland geblieben.

Ich werde nie mehr nach Griechenland reisen, daher vermisse ich sie sehr. Wir telefonieren regelmäßig miteinander und meine Mutter kommt so oft wie möglich nach England. Außerdem habe ich meine Großeltern, die alles tun würden, mir zu helfen. Aber alte Gewohnheiten lassen sich schwer überwinden und so habe ich immer noch die Tendenz, so zu tun als sei alles in Ordnung, auch wenn es nicht stimmt.

Ich hatte das Glück, die Unterstützung von einigen richtig guten Freunden zu finden, insbesondere die Unterstützung meiner Schwester. Ich habe sie sechs Jahre lang weder gesehen, noch Kontakt mit ihr gehabt, daher bin ich wirklich dankbar, heute eine gute Beziehung zu ihr zu haben. Sie schlägt sich tapfer und ich bin sehr stolz auf sie. In meinem Bericht habe ich nicht viel über sie geschrieben, da ich sie nicht mit hineinziehen will. Wie sich herausstellte, war das Beste, was ihr passieren konnte, vermutlich die Tatsache, dass sie nicht mit meiner Mutter und mir nach Griechenland gereist ist.

Es ist komisch: Als ich in Griechenland war, machte ich mir Sorgen, keine Zukunft zu haben. Jetzt, da ich wieder hier bin, ist die Vergangenheit die Wurzel all meiner Probleme. Mir bleibt nichts anderes übrig, als zu versuchen, mich darauf zu konzentrieren, das Beste aus allem zu machen, was vor mir liegt. Es ist nicht einfach; oft habe ich das Gefühl, als müsste ich darum kämpfen, den Kopf über Wasser zu halten, während ich ständig in einem Schwimmbecken voller Verzweiflung herumschwimme.

Manchmal bricht der Zorn, den ich immer als kleinen Knoten in meinem Inneren mit mir herumtrage, aus mir heraus und ich bekomme einen Wutanfall. Dennoch habe ich niemals jemanden außer mir selbst körperlich verletzt. Gelegentlich habe ich mich betrunken, wenn alles zu viel für mich wurde; dann meldete sich wieder die Angst und ich begann zu heulen.

Doch meistens tue ich, was alle tun: Ich kämpfe mich durch, so gut es eben geht.

Als ich im Alter von vierzehn Jahren nach Griechenland kam, wusste ich noch nicht mal, dass es Menschenhandel und Zwangsprostitution gibt. Tatsächlich war ich eine von geschätzt 2,4 Millionen Männern, Frauen und Kindern, die derzeit weltweit Opfer von Menschenhandel sind. Einige sind eingesperrt, während andere – so wie ich – durch Angst, Drohungen und Gewalt gefangen gehalten werden. Das Kaufen und Verkaufen von Menschen ist ein großes Geschäft, das global enorme Gewinne abwirft, die zweitgrößten nach dem Drogenhandel.

Ich würde Ihnen gerne vermitteln, dass ich Fortschritte gemacht habe und es mir gut geht seit ich wieder in England bin. Nur leider stimmt das nicht. Ich schlage mich durch und weiß, dass alles besser werden wird. Es wird immer Zeiten geben, in denen mein Leben ins Stocken gerät und das pure Überleben eine so große Anstrengung zu erfordern scheint, dass ich es fast nicht schaffe. So ist es nun mal. Ich kann es nicht ändern, daher muss ich lernen, damit zu leben. Allerdings lasse ich mich davon nicht unterkriegen.

Annähernd sechs Jahre habe ich ein Leben unerbittlicher Isolation, Erniedrigung und Brutalität geführt. Wenn ich das durchstehe – und ich habe es geschafft –, dann weiß ich, dass ich alles überleben kann.

Was mir in Griechenland zugestoßen ist, wird mich den Rest meines Lebens beeinflussen, sowohl physisch als auch psychisch. Nicht zuletzt in Form der Verletzungen, die ich im Laufe vieler Prügel erlitten habe. Ich kämpfe immer noch mit mangelndem Selbstwertgefühl und ich habe häufig Albträume, die so realistisch und angsteinflößend sind, dass ich Angst habe, wieder einzuschlafen. Aber ich weiß jetzt, dass ich eine der

Glücklichen war, da ich entkommen konnte und eine Zukunft vor mir habe. Viele der anderen Millionen Menschen hingegen, die immer noch Opfer des Menschenhandels sind, werden weiterhin für den Rest ihres Lebens gekauft und verkauft werden.